법적 방법론 강요

제3판

프란츠 비들린스키 / 페터 비들린스키 지음

김성룡 옮김

Grundzüge der juristischen Methodenlehre

3. Auflage

Franz Bydlinski / Peter Bydlinski

Übersetzung von Sung-Ryong Kim

b 3659   utb.

Copyright © Facultas Verlags- und Buchhandels AG, 2018
Translation Copyright © June Communications, 2019
All right Reserved.

Korean edition is published by arrangement with Facultas Verlags- und Buchhandels AG.

이 책의 한국어판 저작권은 Facultas Verlags- und Buchhandels AG와
독점계약한 준커뮤니케이션즈에 있습니다.

Grundzüge der juristischen Methodenlehre

von

Dr. Dr. h. c. mult. Franz Bydlinski †

em. o. Universitätsprofessor in Wien

(Verfasser der 1. Auflage)

und Dr. Peter Bydlinski

o. Universitätsprofessor in Graz

3. Auflage

Wien 2018

facultas

법적 방법론 강요

프란츠 비들린스키 복수박사

비인 대학 정교수

(제1판 저자)

와

페터 비들린스키 박사

그라츠 대학 정교수

제3판

비인 2018년

파쿨타스

김성룡 박사 옮김

경북대학교 법학전문대학원 교수

Übersetzung von Prof.Dr. Sung-Ryong Kim

대구 2021

준커뮤니케이션즈

June Communications

Daegu, KOREA Süd

2021

역자서문

그라츠 대학의 민법교수인 페터 비들린스키와 작고한 그의 아버지 프란츠 비들린스키의 공저로 출간된 이 책자는 프란츠 비들린스키가 2005년 최초 출간한 책자의 제3판으로 2018년 9월 그라츠에서 발행되었다.

법의 방법론이라는 제목 자체의 무게에 더하여 두꺼운 종이 무게에 짓눌려 아예 한번 읽어 보고 싶은 생각도 못 하게 해서는 안 된다는 아버지의 생각을 이어받아 새로운 판례 등으로 보완한 것 외에 그 두께는 그대로 유지하고자 했다고 한다.

민법학자의 시각으로, 같은 독일어권이지만 오스트리아 민법학자의 시각으로 법적 방법론의 기초 내용이자, 실무에서 무시할 수 없는 도움이 될 수 있는 내용을 적고 있다고 하니 일독할 충분한 가치가 있어 보인다. 독일어를 사용하고 독일에 비해 작은 인구의 국가이지만 연방과 주의 특성과 다양성을 보여주는 오스트리아 법학자와 법률가들의 법적 방법론에 대한 생각, 특히 민법학자의 생각을 따라가 보는 것도 나름대로 의미 있는 시간이 될 듯하다.

인간 세상에 발생한 구체적 사례와 일반적·추상적 법 규범 간의 피할 수 없는 간극은 해석을 필요로 하고, 이러한 해석을 위해서 때로는 아주 소모적인 방법론적 행동방식에 필요하다는 것에 대해 법학 또는 법실무를 조금이라도 경험한 사람들은 누구라도 동의할 것이다. 출판사의 소개글에 따르면, 바로 그 방법론과 그것을 다루는 방법에 대한 정보를 이 작은 152쪽의 책자가 제공하고 있다고 한다.

크게 5개의 장으로 구성된 이 책자에서는 좁은 의미의 해석(Auslegung)의 방법론, 보충적 법창조로 불리는 유추와 목적론적 축소, 법발견 방법론들의 적용순위 그리고 법관법·판례법의 형성과 적용 등을 민사법 영역의 예를 주로 하여 간략히 설명하고 있어 초학자도 그리 어렵지 않게 주요 개념을 익힐 수 있을 것이다.

옮긴이는 비들린스키 부자의 법적 방법론에 관한 이 책자를 시작으로 유럽과 영미의 다양한 전공자들이 자신의 지적 성과를 담아 출간한 법이론과 법학방법론 책자들을 한글로 옮겨 소개함으로써 독자들의 다양한 지적 호기심을 충족시켜주는 것은 물론, 국내에서 보다 깊이 있는 관련 논의와 연구가 심화될 수 있는 기회를 제공하고자 한다.

특히 전문 능력을 가진 법 실무가를 양성하겠다는 기치로 출범한 법학전문대학원이 법학의 서식지를 급속도로 황폐화하는 것을 넘어서, 인공지능도 충분히 할 수 있는 일들을 익히는데 대부분의 시간을 보내야 하는 안타까운 예비법조인들을 보면서 역자가 해야 할 일은 가능한 현재의 법학전문대학원의 교육과는 멀리 떨어진 무엇이어야 한다고 생각했다. 이 책자는 그런 생각이 만든 하나의 예(Beispiel)이다.

이런 역자의 반사회적이거나 비사회적인 행태에 동조하며, 우리의 법문화와 법 이론이 조금이라도 더 성숙하면 그것이 결국 '약자인 국민의 이익으로' 돌아가리라는 신념으로, 대한민국 서울의 유수 출판사도 자존심을 내려놓아야 하는 이 어려운 시기에, 이윤보다는 손해가 많다는 것이 뻔히 보이는 이 일에 기꺼이 함께 해주신 준커뮤니케이션즈 박준성 사장님에게 감사를 전한다.

　인생의 아주 작은 순간이겠지만 이 책에 소중한 시간을 투자할 독자분들에게도 기대한 성과가 함께 하기를 바란다.

2021. 3.
코로나 19에 백신이 대응하기 시작한 봄날에

옮긴이 김성룡

Geleitwort

Die „kleine" juristische Methodenlehre, die mein Vater im Jahre 2005 veröffentlicht hat, wurde auch in den beiden von mir betreuten Neubearbeitungen im deutschsprachigen Raum gut aufgenommen. Sie versucht, für Fachleute und für interessierte rechtliche Laien zu erklären, dass und warum auch in der juristischen Tätigkeit systematisches Vorgehen, also eine saubere Methode, unerlässlich ist. Das wird an vielen Beispielen näher erläutert.

Zwar laufen die methodischen Ansätze im internationalen Vergleich nicht immer ganz parallel. Methodische Sorgfalt und Präzision sind aber weder auf deutschsprachige Länder noch auf Europa beschränkt, sondern weltweit bedeutsam. Daher freut es mich besonders – und hätte auch meinen im Jahre 2011 verstorbenen Vater sehr gefreut –, dass „unsere" Grundzüge der juristischen Methodenlehre nunmehr auch in koreanischer Sprache vorliegen. Für die sicherlich mühevolle Übersetzungsarbeit ist Herrn Professor Dr. Sung Ryong Kim von der Kyungpook National University Law School ganz herzlich zu danken.

Graz, 5, 2021   o.Prof. Peter Bydlinski

한국어판 서문

나의 아버지가 2005년에 출간한 이 '작은' 법학방법론 책자는 내가 두 번에 걸쳐 개정하였고, 독일어를 사용하는 지역에서는 좋은 평판을 얻었다. 이 책은 전문가들은 물론 흥미를 가진 법 문외한들을 위해서도 법적 활동에 있어서 체계적 일처리, 즉 깔끔한 방법론이 필요불가결하다는 것과 왜 그런 것인지를 설명하려고 했다. 그것은 다수의 예로 설명되었다.

사실 방법론적 착상들은 국제적으로 비교할 때 항상 모두 비슷한 것은 아니다. 하지만 방법론적으로 꼼꼼하고 정밀함은 독일어권이나 유럽에 제한되는 것은 아니고 전 세계적으로 유의미한 것이다. 따라서 나는 특히 '우리'의 법학방법론의 강요가 이제 한국어로도 출간된다는 것이 너무나 기쁘다. 그리고 2011년 돌아가진 아버지도 매우 기뻐할 것이다. 많은 수고가 필요한 번역작업을 해 주신 경북대학교 법학전문대학원의 김성룡 교수님에게 진심으로 감사의 마음을 전한다.

그라츠, 2021년 5월   정교수 페터 비들린스키

제3판 서문

이 작은 책자 제1판은 나의 아버지가 단독으로 집필했다. 그 책은 아버지가 법규범을 가능한 합리적으로 다루기 위한, 달리 말해 법규범을 이해가능하고 근거지워진 방식으로 다루기 위한 정제되고 실천적인 입장에 대한 십 수 년 동안의 노력에 기초하고 있었다. 그것이 매우 까다로워지면, 경험 많은 법적용자도 그들의 법 감정(Rechtsgefühl)과 그들의 (주관적인) 정의관(Gerechtigkeitsvorstellung)에만 믿고 맡겨둘 수는 없는 것이다. 오히려 이때는 경우에 따라서 아주 낭비적인 방법론적 처리방식이 필요하다. 여기서는 이에 관한 정보가 제공되어야만 하고, 전적으로 의도적으로 짧게 함으로써 -책은 가능한 많은 사람들에 의해 읽혀져야만 하고, 그 두께로 인해 지레 겁먹게 해서는 안된다- 많은 단순화와 중점선택을 피할 수 없었다. 중점은, 이 책이 학생들 외에 우선적으로 고려하고 있는 독자들, 즉 실무적으로 활동하는 법률가들이 항상 도움을 필요로 하는 곳에 있다. 즉, 법규범들의 해석에 (어쩌면) 흠결이 있는 규정들 또는 과도한 규정들(표제어 : 유추와 환원)과 일하는 경우, 특히 판결선례(Präjudizien)를 다루는 경우, 즉 이제 -새로운- 현실적 법적 문제에 대해 이미 의견을 표명하고 있는 선 판결(Vorjudikatur)을 다루는 경우{표제어: 법관·판례법(Richterrecht)}에 중점이 있다.

그러한 서술은, 한편으로는, 반드시 일정 단계의 추상화에 도달해야만 하지만, 동시에 설명하는 사례 없이는 잘 될 수가 없다. 이러한 사례들은 대부분 사법(私法, Privatercht)에서 도출했다; 그리고 그 중에서도 무엇보다 (그것만은 아니지만) 오스트리아 민법에서 가져왔다. 제

3판에서는 이런 사례들이 증가되었다. 그리고 나도 다시 한번 더 -이번에는 학생들인 초안독자들의 도움을 받아, 예를 들어 나의 조교들인 오띠(Michaelk Otti)와 파아르(Elisabeth Paar)의 검독을 받아- 현재의 독자들을 위해 언어적 접근성을 쉽게 해주려고 시도했다. 특히 유럽(연합)법일치적 해석에 대한 편장은 다소 확장을 해서 현실 사례들로 보완하였다. 그것은 바로 최근에 오스트리아와 독일에서 하자보증법(Gewährleistungsrecht)과 관련하여 큰 관심을 받고, (다시 한번) 법 발견의 이러한 부분측면(Teilaspekt)의 허용 한계에 관하여 격렬한 논의를 촉발시켰던 하나의 주제에 대한 부분이다.

책의 내용은 -다루어진 소재 때문에- 예전과 다름없이 물론 까다로운 것이다. 따라서, 말하자면 독서를 어렵게 하지 않게 위해서 나는 종적으로 남성명사(generisches Maskulinum)를 사용했고 부분적으로 여성 형태로 보완했다. 하지만 법률가라고 하면 당연히 여성법률가도 함께 말하는 것은 자명한 것이고 법관이라고 하면 여자법관도 함께 표현되는 것이다.

이 신판에서는 트룸머(Martin Trummer) 석사가 아주 가치 있는 기여를 했다. 다시 한번 나는 나의 아버지가 이제 출간되는 개정판에 만족하시기를 희망해 본다.

Graz, im September 2018　　　　　　　　　　　　　　　Peter Bydlinski

제1판 서문

이 작은 책은 3권의 책과 다수의 논문들에서 발전된 것과 같은 나의 방법론적 입장을 소개하는 요약적 내용을 담고 있다. 먼저 이 책은 2003년 비인 경제대학의 중부유럽과 동유럽의 경제법 연구소(Forschungsinstitut für mittel- und osteuropäisches Wirtschaftsrecht der Wirtschaftsuniversität Wien)로부터 이 연구소와 이해관계를 같이하는 좁은 범위의 사람들을 위해 그 '연구보고서'(Arbeitspapie)로 출간되었다. 이것은 내가 2003년 체코 브르노(Brünn) 대학 법학과, '오스트리아 법학파'(Österreichische Rechtschule), '독일어권 국가들의 법 연구를 위한 체코학회'(Tschechische Gesellschaft für das Stadium des Rechtes der deutschsprachigen Länder)의 초청으로 브루노 대학에서 했던 강연에 기초하고 있다{이에 대해서는 일련이 강연을 기획한 사람들인 도랄트(Peter Doralt), 포코르나(Jarmila Pokorná) 그리고 부코바(Ivana Bučková)의 서문 참고}.

일반이 접근할 수 있는 출판에 대한 요구가 여러 곳에서 표현되었기 때문에 도랄트(Peter Doralt) 교수는 출판을 부추겼다. 그는 출판계약도 중재했다. 이 책이 나오는데 지원한 그의 관심에 대해 매우 감사한다. 출판사에 대해서는 여러 면에서 부응해준 점에 대해서 감사한다. 아마도 이 책과 같은 입문이, 두꺼워서 거의 전부 읽은 경우가 없는 책보다는 젊은 법률가들에게 적어도 방법론적으로 훈련된 법 발견의 과제, 가능성 그리고 한계에 관한 다양한 면에서 잘못되었거나 오해를 불러일으키는, 이따금 아주 박식한 표현들에 대한 면역을 생기게 하는데에는 보다 더 적합할 것이다.

Maria Enzersdorf, im Juli 2005   Franz Bydlinski

[읽어 두기]
원문에서는 각주나 미주가 없다.
우리말로 옮긴 본 번역서에서는 오스트리아의 관련 법상태를 알지 못하는 독자들의 이해를 돕기 위해 '옮긴이 주'를 달았다.
원문의 쪽수로 표기하여 원문과 비교해보거나 원문을 인용하고자 하는 독자들의 편의를 고려하였다.
가능한 원저자의 표현방식과 어조를 그대로 옮기기 위해 직역을 원칙으로 하였으나, 도저히 글의 의미전달이 어려운 경우 뜻을 풀어 옮겼다. 어순과 부문장의 활용이 우리의 문장구조와 달라 글의 흐름이 끊기는 문제도 의미 이해를 위해 불가피한 경우가 아니면 그대로 옮겼다. 오역의 책임은 모두 옮긴이에게 있으며 향후 수정의 기회를 가지고자 한다.

목 차

역자 서문
한국어판 서문
제3판 서문
제1판 서문
읽어두기
약어표
주요 참고문헌

A. 도입 : 법적 방법론은 무엇이며, 무엇을 위해 법적 방법론을 행하는가? ········· 1
  Ⅰ. 개념과 과제 ········· 1
  Ⅱ. 방법론의 필요불가결성 ········· 2
  Ⅲ. 반대모델 ········· 4
  Ⅳ. 법적용 일반을 위한 방법론 혹은 개별 법 영역을 위한 방법론? ········· 12

B. (좁은 의미의) 해석 ········· 16
  Ⅰ. 문언('문법적') 해석 ········· 16
    1. 사전설명 ········· 16
    2. 설명을 위한 사례 ········· 17
    3. 해석소재 ········· 17
    4. 단순한 사례와 간단한 포섭 ········· 18
  Ⅱ. 체계-논리적 해석 ········· 24

1. 해석(의)소재 ··· 24
  2. 예들 ·· 25
Ⅲ. 역사(주관)적 해석 ·· 29
  1. '주관적' 해석목적 또는 '객관적' 해석목적을 둘러싼 논쟁 ··· 29
  2. 해석소재 ·· 30
  3. 일반민법전 제578조의 예 ··································· 33
  4. 누가 '입법자인가?' ·· 37
Ⅳ. 객관적·목적론적 해석 ·· 40
  1. '객관적 목적'? ·· 40
  2. 기본도식 ·· 41
  3. 목적(론)적-체계적 해석 ······································ 45
  4. '사물의 본질(본성)'에 부합하는 해석 ················ 50
  5. 부조리 논증을 이용한 해석································ 54
  6. 우선순위의 법(특히 헌법)에 부합하는 해석과 규범충돌 ··· 60
  7. 비교법적 해석 ·· 65
  8. 해석에서 경제적 관점의 의미···························· 68
Ⅴ. 유럽법에 부합하는 해석의 최근 현상···················· 71
  1. 출발상태 ·· 71
  2. 구체적인 사례에 적용문제들 ······························ 73
Ⅵ. 통일법의 해석 ·· 79
Ⅶ. 특히 어려운 사례들에서 해석 ······························· 80
  1. 표지들 ·· 80
  2. 복잡한 쟁점과 법 이론들 ···································· 83
  3. (법원칙들과 그 충돌에 대한 설명들로) 하나의 사례에 대한 예증
   ·· 87

C. 보충적 법창조(특히 유추와 환원) ·············· 97
Ⅰ. 기초 ·············· 97
   1. 보다 좁은 의미에서 해석에 대한 관계 ·············· 97
   2. '일반적 부정원칙' ·············· 103
Ⅱ. 유비추리와 반대추론 ·············· 111
   1. 소위 '시소(그네)' 타기 ·············· 111
   2. 유추의 유형들 ·············· 116
   3. 유추의 강화된 하부 유형으로 대소추론 ·············· 119
Ⅲ. 목적론적 축소·환원(제한) ·············· 121
Ⅳ. 일반적 법원칙들의 적용 ·············· 125
   1. 총설 ·············· 125
   2. 원칙들의 발견과 특성 ·············· 126
   3. 원칙들의 흠결들 ·············· 131
   4. 예들 ·············· 133

D. 법 발견 방법들의 순위 ·············· 140
Ⅰ. 추상적 순위문제 ·············· 140
   1. 통상의 실천적 처리방법 ·············· 140
   2. 순위문제의 이론적 정당화 ·············· 143
   3. 변칙 모델들 ·············· 145
Ⅱ. 필요한 변형들 ·············· 146
   1. 특별한 경우 해석론의 한계 ·············· 146
   2. '기능변천'을 통해 해석론의 한계를 밖으로 밀어냄 ·············· 151
   3. 일반조항들의 구체화 ·············· 155
Ⅲ. 유럽법에 부합하는 해석의 특별한 우선적 지위? ·············· 158

E. '법관법·판례법'의 의미와 그 적용 ················· 159
Ⅰ. 현상과 그 실제 의미 ································· 159
Ⅱ. 법관법의 법적 의미에 대한 논쟁(관습법에 대한 고려 포함) ··· 165
   1. 기본적 위치설정 ································· 165
   2. 법관법과 관습법 ································· 169
   3. 제정법(법률적 법)의 우위 ······················ 172
Ⅲ. 판례법의 제한된 구속력에 관한 여러 단초들 ············· 176
Ⅳ. 보조적 구속력 이론 ································· 177
Ⅴ. 실무적인 결과들 ····································· 188
Ⅵ. 몇몇의 개별적인 것들 ······························· 191
Ⅶ. 독립된 문제로서 판례의 변경? ······················ 194

색인 ··· 206

약어표

ABGB	Allgemeines Bürgerliches Gesetzbuch (Ö) 일반 민법(전) (오스트리아)
Abs	Absatz 제○항
AEUV	Vertrag über die Arbeitsweise der Europäischen Union 유럽연합의 업무처리방식에 관한 협약
Art	Artikel 제○조
BGB	Bürgerliches Gesetzbuch 민법(전)
BWG	Bankwesengesetz (Ö) 은행법 (오스트리아)
bzw	beziehungsweise 또는
BGH	Bundesgerichtshof (D) 연방대법원/연방일반법원 (독일)
CH	Schweiz 스위스

CISG	United Nations Convention on the International Sale of Goods (UN-Kaufrecht) 국제물품매매에 관한 국제연합 협약(UN-매매법)	
D	Deutschland 독일	
dh	das heißt 즉/ 말하자면	
EKHG	Eisenbahn- und Kraftfahrzeughaftphlichtgesetz (Ö) 철도와 자동차손해배상법	
EMRK	Europäische Menschenrechtskonvertion 유럽인권협약	
EU	Europäische Union 유럽연합	
EuGH	Europäische Gerichtshof 유럽법원	
f	und der (die) folgendend 그리고 그 이하/ ○쪽 이하	
ff	und die folgenden 그리고 그 이하들/ ○쪽 이하 몇 쪽	
hA	지배적 견해	

Kfz	Kraftfahrzeug 자동차
KSchG	Konsumentenschutzgesetz (Ö) 소비자보호법
NotAKtsG	Notariatsaktsgesetz (Ö) 공증법
Ö	Österreich 오스트리아
OGH	Oberster Gerichtshof (Ö) 대법원/최고법원 (오스트리아)
OGHG	Gesetz über den Obersten Gerichtshof (Ö) 대법원에 관한 법률, 대법원 조직법 (오스트리아)
OR	Obligationenerecht (CH) 채권(채무)법 (스위스)
RL	Richtlinie (EU) 지침/가이드라인 (유럽연합)
sog	sogenannte, -er, --es 소위/ 이른바
USA	United States of America (Vereinigte Staaaten von America) 미연방공화국

usw	und so weiter 기타 등등
uU	unter Umstände 사정(상황)에 따라서
VfGH	Verfassungsgerichtshof (Ö) 헌법재판소 (오스트리아)
vgl	vergleiche 비교하라/참조하라
zB	zum Beispiel 예를 들면
ZGB	Zivilgesetzbuch (CH) 민법(전) (스위스)

참고문헌 발췌 (Ausgewählte Literaturhinweise)

법적 방법론의 강요는 입문 또는 요약적 반복을 위한 것이다. 이러한 목적을 위해 세부적 문헌 제시나 나아가 각주에 인용하는 것은 전혀 필요한 것이 아니다. 심지어 많은 독자들은 오히려 겁을 먹게 된다. 특별히 관심이 있는 사람들을 위해 몇몇의 추가적 참고문헌이 제시되어야 할 것이다. 아래와 같이 선별된 참고문헌의 예는 단지 독일어로 발간된 책들이고 의식적으로 소수로 줄였고 (그렇기 때문에 이미 자의적인 것이다).

1. 일반 방법론 문헌

Bydlinski Franz, Juristische Methodenlehre und Rechtsbegriff [2] (1991, Nachdruck 2011); 광범위하고, 세부적인 책, 중점은 오스트리아 사법.

Engisch, Einführung in das juristische Denken [11] (2010): 전통적 입문서

Kerschner, Wissenschaftliche Arbeitstechnik und Methodenlehre für Juristen [6] (2014); 오스트리아 사법을 중심으로 한 실무서

Larenz, Methodenlehre der Rechtswissenschaft [6] (1991); 독일 사법을 중심으로 한 고전

Larenz/Canaris, Methodenlehre der Rechtswissenschaft [6] (1995); 축약되고 최신화된 학생판

Möller, Juristische Methodenlehre (2017); 최신화된, 광범위한 작품

Müller/Christensen, Juristische Methodik I [9] (2004); 독일 공법 중심

Pupper, Kleine Schule des juristischen Denkens [3] (2014); 형법을 중점으로 한 입문서

Zippelius, Juristische Methodenlehre, Eine Einführung [11] (2012); 법이론을 중점으로 한 독일법에 대한 축약된 입문고전서

2. 법적 근본문제 및 방법론적 특수주제에 대한 문헌

Adams, Ökonomische Theorie des Rechts [2] (2004)

Alexy, Theorie der juristischen Argumentation [3] (1996)

Bydlinski Franz, System und Prinzipien des Privatrechts (1996, Nachdruck 2013)

Bydlinski Franz, Der Begriff des Rechts (2015)

Koller, Theorie des Rechts. Eine Einführung [2] (1997)

Riesenhuber (Hrsg), Europäische Methodenlehre [3] (2015)

Schäfer/Ott, Lehrbuch der ökonomischen Analyse des Zivilrechts [5] (2012)

원문 17p

A. 도입 : 법적 방법론은 무엇이며, 무엇을 위해 법적 방법론을 행하는가?

Ⅰ. 개념과 과제

방법(Methode)은 모든 학자들의 공구(Handwerkzeug)다. 따라서 법학(Rechtswissenschaft)도 그의 방법을 필요로 한다. 그리고 통상 모든 학문들과 매한가지로 특히 (남여) 법관들이 그렇듯이 법규범들을 '단순히' 적용해야 한다. 여기서 말하는 '고유한 법학 (Jurisprudenz)'(법도그마틱; Rechtsdogmaitk)의 방법에 관한 이론은 -법사학, 법사회학, 법철학 혹은 입법론 또는 법정치학(정책학)이 아니라- 종종 **실정법률의 이해**'(Verstehen des geltenden Rechts)가 관건이 된다거나, 실정법을 가지고, 또는 실정법으로 하는 일이 문제된다는 식으로 기술한다. 그것이 틀린 말은 아니지만, 그리 언명력이 있는 것은 아니다. 따라서 이미 여기서 **법학의 주요과제**(Hauptaufgabe der Jurisprudenz)가 무엇인지 강조되는 것이 좋겠다; 법학은 실천적 필요, 즉 법공동체와 그 구성원들에게 **법이 무엇인지를 알려 주는**(Orientierung über Rechtliches) 실천적 필요를 충족시켜야만 한다. 따라서 그것은 한편으로 우리가 법적 활동의 직접적 대상, 즉 법률을 알려주는 경우에 보다 명확해 질뿐만 아니라, 다른 한편으로는 학문적으로 추구되는 법학의 과제를 보여주는 경우에도 더욱 명확해진다. 이것은 누군가 관심을 가지고 있는 실제 발생한 법적 문제, 혹은 여전히 발생할 가능성이 있는 법률문제는 법으로부터 가능한 한 합리적이고, 따라서 심사가능하게 근거 지워져 해결된다는 것에 있다[체계적이고 합리적인 입법론적 작업(de lege ferende), 즉 법률 상태의 **개정**(Änderung der Gesetzeslage)에 대한 작업은 -그리고 가장 좋은 경우는 동시에 법률 상태의 개선은- 이와 아주 유사하지만 실정 법률에 구속되지 않기 때문에 이와 구별되어야만 한다). 법적 방법론의 척도들이 이를 위해 유용한 논거들에 관한 정보를 제공한다. 아래의 개별적 내용에서 언급되듯이, 여기서 '법'(Recht)은 넓게 이해되어야만 한다: 그것은 단순히 공포(출간)된 개별 규정들만을 포함하는 것이 아니라, 그에 기초되어 있는 법체계에서의 목적층들(Zweckschichten)과 원칙층들(Prinzipienschichten)도 포함한다.

II. 방법론의 필요불가결성

법에 대한 정돈되고 통제된 작업의 필요성은 소위 **사례들**(Fälle), 달리 말해 개별사실관계(Einzelsachverhalte) 또는 법적 문제가 감지되는 **사례유형**(Falltypen)에 대한 법률의 적용에서 나타난다. 그것은 무엇보다 구체적 사례(혹은 사례유형)를 한편으로, 일반적·추상적 규범을 다른 한편으로 한 그 사이의 피할 수 없는 간극에 기인한다. 이 간극은 이성적이고 사안에 맞아떨어지는 논증을 통해 최대한 극복되어야만 한다. 따라서 법학의 '원재료'(Rohstoff)는 단순히 법은 아니다. 그에 속하는 것은 오히려, 예를 들어 어린 아이를 도와줄 필요성, 경제의 분업적 조직 혹은 조달가능한 주거의 부족과 같은 '규범영역의 일반적 사실'(generelle Tatsachen des Normbereichs)을 포함한 법적으로 중요한 사실관계도 원재료에 속한다.

법적 문제들의 단지 2차적 출처는 입법자의 사실적, 체계적 혹은 언어적 실수들이다. 이것들은 조심하면 줄어 들 수는 있지만 실무에서 완전히 회피 가능한 것은 아니다; 특히 만약 입법에서 정치적·이데올

로기적 요소 또는 (예를 들어 정당들 사이 혹은 노동협약의 당사자들 사이에) '추악한 거래'(Kuhhandel)가 강하게 전면으로 드러나게 되면 그렇지가 않다: 상이한 로비활동들이 법률의 수정에서 이용되어, 모순에 이르게 되거나 타협적 –따라서 모호한– 표현들을 통해 완화되는데, 그 표현으로 우선 (규범이 처음으로 하나의 구체적 사례에서 적용되어야 할 때까지) 각 진영은 살아 남을 수 있는 것이다.

법적·법률가의 일의 목적(Ziel der juristischen Arbeit)은 문제되는 사실관계에 대해 가장 먼저 발견된, 실정의 출발점이 되는 규범(Ausgangsnorm)보다 그 사실관계에 더 가깝고 바로 지금 제기된 사례의 문제(Fallproblem)를 결정하는 가능한 최고로 근거지워진 법적 규칙(Rechtsregel)을 발견하는 것이다. 이러한 문제점과 관련하여 발견된 규칙은 법률층보다 더 구체적이어야만 한다. 그 예들과 그렇게 정확한 법률인식도 법적 작업을 위해서는 충분하지 않다는 것에 대한 예도 아래에서 곧 언급된다.

여하튼 법적 작업의 기본모델은 문제를 해결하는 규칙을 얻기 (도출하기) 위하여 사실문제(Sachproblem)에 관련이 있어 보이는 법의 부분을 사실관계의 문제되는 부분과 방법론적으로 정돈되게 결합하는 것이다.
〔원문 19p〕 따라서 이성적으로 행해지는 법획득에 이르는 첫 번째 단계는 항상 적용될 가능성이 있는 규범의 관점에서 **판단되어야할 사실관계의** 가장 최선의 **확정**(die bestmögliche Feststellung des zu beurteilenden Sachverhalts)이고, 법적으로 중요한, 무엇보다 문제있는 사례의 요소들을 분석적으로 도출하는 것이다. 그리고나서 여기에 –어쩌면– 중요한 법규범들이 방법론적으로 정돈된 방식으로 긍정적 혹은 부정적 결과로 적용되어야만 한다. 문제되는 사실관계의 요소들과 고려되는 법규

범들 사이에 분석적인 접근은 이성적으로 없어서는 안 될 '근원적 방법'(Urmethode)이며, 이것 없이는 단지 모호하게 파악된 전체사실의 감정에 부합하는·일반적인 평가, 달리말해 단순한 직관적 평가에 머무를 수밖에 없다. 이어서 개별적 부분문제들의 부분적 판단들은 최종적으로 발견된 전체결과의 관점에서 결합되어야만 한다. 첫 번째 단계에서는, 특히 법적으로 덜 복잡한 사례에서는 개별 법 영역에서 보증된 사례해결기법이 유용하다; 사법(Privatrecht)에서는 예를 들면 '청구권심사'(Anspruchsprüfung)방법이 (그 예이다.) 이에 대해서는 여기서는 더 이상 언급할 수가 없다. (물론 사례심사의 가장 중요한 단계들은 오늘날 개별 과목들의 적용에 관련된 연습들에서나 교과과정에서 전수된다). 하지만 적어도 여기서 언급해야만 하는 것은, 바로 제1심의 법원의 절차에서는, 법관으로서 가능한 최대한 이른 단계에 (추측컨대) 중요한 법적 문제에 관해 명확히 하는 것이 특별히 중요하다는 것이다. 이것은 불필요한 증거조사를 피하게 하기 때문에 분명히 신속한 재판을 가능하게 하는 것이다.

III. 반대모델

법학에서는 본질적으로 모든 것이 논쟁거리이다; 하지만 종종 부당하게 그렇다. 그것은 예를 들어 바로 위에서 약술한 합리적 법적 방법론에 관한 생각에 대해, 법적 안정성(Rechtssicherheit)의 요구를 내세우며 엄격한 법률구속의 **법실증주의적 모델**(gesetzespositivistisches Modell)을 대비시키는 경우가 그렇다. 물론 이것은 저마다의 문제에 중요한 법률 내용이 판단되어야할 사실관계에 적용가능하다는 것이 명확하고 의심할 여지가 없는 그러한 경우에만 도대체 기능할 수 있는 것이다.

〉원문 20p〉 나아가 세분화되고 때때로 어려운 법적 방법론들의 자리에

단순히 담당 법관 혹은 그 밖의 판단기구들의 '재량'(Ermessen) 혹은 **'자기평가'**(Eigenwertung)가 다목적의 도구(Allzweckinstrument)로 제안되기도 한다. 이것은 곧 공적으로 관할권을 가지는 판단자들의 개인적 선호 혹은 집단에 특수한 선호에 결정적 역할을 부여하는 것이다. 달리 말하자면 이것은 합리적 근거지음(Begründung), 제3자에게 유효하거나 적어도 제3자가 공감할 수 있는 이유제시를 광범위하게 포기하는 것이자 너무 이른 시기의 포기를 의미하는 것이다. 어쨌거나 개별사례의 판단이 가능한 광범위하게 **예견가능하다는 것**(Voraussehbarkeit)이 법적 안정성에 속하는 것이라면, 왜 사람들이 모든 공적 관할을 가진 판단자의 주관성, 즉 자기중심의 태도(Subjektivität)에 그렇게 우선적으로 맞춤으로써 법적 안전성(Rechtssicherheit)을 조장할 수 있다고 믿는지 이해하기 어렵다. 또한 애당초 명확하지 않은 사례들에서는 그들 자신의, 객관적으로 심사할 수 없는 재량판단을 통하는 것 외에(!) 어떻게 저마다의 판단자들의 권한·관할(Zuständigkeit)이 확정될 수 있다는 것인지도 미해결 상태이다.

양극단은 맞닿는 것이기 때문에, '법현실주의'(Rechtsrealismus) 경향과 결합한 급진적인 규범적 인식의 회의(normative Erkenntnisskepsis)는 하나의 유사한, 여전히 **전망 없는 막다른 골목**(Sackgasse)에 다다르게 하는 것이다. 극단적 사례에서는 심지어 법률들은 그 추상성으로 인해 이미 구체적인 인간들 사이의 사실관계에 적용되기 위해서 인식 가능한 내용을 가지고 있는지 조차 의심되기도 한다. 적용 가능한 것은 오히려 단지 하나의 특정 내용을 판결을 통해 법문들에 귀속시키는 것이라고 한다. 물론 이러한 '귀속시킴'(Zuschreibung)은 당연히 사실관계의 기술보다는 일반적이어야만 하는 단어들과 문장들을 통해 이루어져야만 하는 것이다. 왜 그러한 언어적인 '귀속시킴'이 – 법문 그 자체와 반대로-당연히 하나의 인식가능한 내용을 가진다는 것인지는 풀리지 않는 비밀로 남아 있다.

또한 많은 사람들이, 그러한 법적 방법론은 적용자가 나중에 언급될 개별 방법론적 기준들로부터 또는 그에 의해 동원된 방법을 자유롭게 혹은 어쩌면 심지어 이미 그에 의해 희구된 결과의 관점에서 모색한 것이기 때문에, 무가치하다고 생각하는 것도 전적으로 **잘못된 것**이다. 개별 사례에서 그러한 신뢰할 수 없는 처리가 사실상 등장한다는 것이 방법론적 원칙에 주목하는 것에 대한 어떤 반대논거가 될 수는 없다는 것은 당연한 것이다.

(원문 21p) 이를 위해 제시된, 모든 경우를 위해 확정된 방법론의 순위질서(Rangordnung), 즉 우선순위가 결여되어있다고 하는 논거에 대해서는 나중에 이러한 문제를 설명하는 자리에서 상세하게 입장을 밝힌다. 개별문제에 대한 법적 작업에서는 결코 학교에서 배우듯이 모든 방법론들이 명확하게 '하나하나 차례대로 빠짐없이 심사되는 것'(durchprobiert)이 아니라는 적절한 관찰은, 결코 원하는 결과(Wunschergebnis)에 의해 결정되는 동인에 의해서만 설명되는 것이 아니라, -제약된 시간적 자원(Zeitressourcen)과 효율성고려(Effizienzerwägungen) 외에- 많은 사례들에서 특정 방법론이 전혀 생산성이 없다는 것(Unergiebigkeit)이 처음부터 명백하거나 또는 특정 방법들이 해결을 위해 충분하다는 것이 공공연한 경우라는 것으로 아주 충분하게 설명될 수 있는 것이다. 종종 해석기준의 어떤 것도 전혀 명시적으로 논의되지 않고 단지 이미 존재하는 이론과 판례를 불러와 논쟁하는 경우도 있

다. 하지만 이상적이라면 이러한 이론과 판례들에는 방법론적 논거들이 이미 이전에 다루어져 그 속에 들어가 있는 것이다.

또한 저마다의 판단자들은 처음부터 특정 결과를 원하고 동요하지 않고 추구한다고 하는 생각(혹은 비판)은 유지될 수 없다. 법률가(Juristen)로서의 경험은 아주 다루기 힘든 사례들에서 결과는 종종 이미 가능한 다양한 해법에 대한 찬성 논거와 반대 논거(Pro- und Kontra-Argumente)를 충분히 고려한 다음에도 주관적으로 열려있다는 것을 가르쳐준다. 사실상 사전에 특정한 하나의 해법으로 가려는 경향이 생기게 된다면 그것은 경륜있는 법률가에게는 가장 먼저 자신의 법적 지식(Rechtskenntnis, Judiz)을 곰곰이 생각하지 않고 대략적으로 적용하는 것에 원인이 있고, 최초의 경향이 드물지 않게 변화되는 주의 깊고 비판적인 **자기심사**(Selbstprüfung)가 항상 필요한 것이다.

또한 방법론의 자리에 실정화된 **헌법**(positiviertes Verfassungsrecht)을 대체해야만 한다고 하는 주장이 유행을 맞고 있다. 하지만 익히 알려진 헌법들은 **어떠한 방법론적 기준**(methodische Maximen)도 함유하지 않고 있고, 따라서 그곳에는 방법론적 기준들을 자유롭게 '집어 넣어 읽'을 수 있는 것이다. 또한 헌법은 인간에 의해 창조되고 형성된 다른 어떤 법소재(Rechtsmaterie)와 같이 그 자체 해석과 보충을 필요로 한다. 이러한 사실을 볼 때 방법론을 헌법을 통해 대체하자는 제언이 도대체 무엇을 의미하는 것인지 불명확하다. 대개 방법론적 척도들은 형식적으로 어느 단계의 법이건 실정적인 규정화(positive Setzungen)로부터 도출되는 것이 아니라, 소위 **정의**(Gerechtigkeit), **법적 안정성**(Rechtssicherheit)과 **합목적성**(Zweckmäßigkeit)과 같은 '법이념'의 근본원칙

(Fundamentalgrundsätze der Rechtsidee)으로부터 도출되는 것이다. 원문 22p
이것은 또한 이러한 원칙들을 실정법의 실제 속성(언어성, 맥락의존성, 역
사적 생성, 합리적인 목적과 승인된 가치들에 대한 전형적인 방향설정)에 적용
함에 있어서 수 천년에 걸친 법학적 경험을 보여주는 것이다. 예를 들
어 법적용(법획득, Rechtsgewinnung)에 있어서 방법론적 조처에 대한 몇
안되는 규정을 담고 있는 (오스트리아) 일반민법전 제6조와 제7조(§§ 6-7
ABGB* [옮긴이 주])와 같은 명시적 법 규정은 전적으로 명료하게 작용할
수 있다. 하지만 이러한 유형의 명시적 규정들은 그러한 규범들을 포
함하고 있지 않은 거의 모든 다른 법 규정들과 그것들에 대한 법학에
서의 취급이 보여주는 바와 같이 결국 없어도 되는 것이다.

물론 이러한 '반대모델들'(Gegenmodelle)은 두 가지 방향에서 매우 제
한적이지만 적절한 핵심을 담고 있다. 한편으로는, 경험에 따를 때 많

---

* [옮긴이 주] ABGB(Allgemeines Bürgerliches Gesetzbuch, Fassung vom 03.03.2021)에서
는 해석(Auslegung)이라는 표제 아래 제6조부터 제8조까지 규정되어 있는데, 그 내용은
아래와 같다.
§ 6. Einem Gesetze darf in der Anwendung kein anderer Verstand beygelegt werden, als
welcher aus der eigenthümlichen Bedeutung der Worte in ihrem Zusammenhange und
aus der klaren Absicht des Gesetzgebers hervorleuchtet.
제6조 법률을 적용할 때는, 그 맥락에서 단어의 고유한 의미로부터 그리고 입법자의 명확
한 의도로부터 드러나는 것 외에 다른 어떠한 이해도 (그 법률에) 추가되어서는 안된다.
§ 7. Läßt sich ein Rechtsfall weder aus den Worten, noch aus dem natürlichen Sinne eines
Gesetzes entscheiden, so muß auf ähnliche, in den Gesetzen bestimmte entschiedene Fälle,
und auf die Gründe anderer damit verwandten Gesetze Rücksicht genommen werden.
Bleibt der Rechtsfall noch zweifelhaft; so muß solcher mit Hinsicht auf die sorgfältig
gesammelten und reiflich erwogenen Umstände nach den natürlichen Rechtsgrundsätzen
entschieden werden.
제7조 법적 사건이 단어로부터도, 법률의 자연스런 의미로부터도 판단되지 않는 경우라면
유사한, 법률들에서 확실하게 결정된 사례들, 그리고 그와 유사한 다른 법률들의 근거들이
고려되어야만 한다. 법적 사건이 그럼에도 의심스러운 상태라면 그런 사건은 주의 깊게 수
집되고 충분하게 검토된 사정들을 고려하여 자연스런 법의 원칙들에 따라 판단해야만 한다.

은 법적 문제들이 모든 방법론적 노력을 다해도 법으로부터 충분한 확신을 주는 대답을 얻지 못한다는 것이 옳다는 것이다. 예를 들어 첨예한 한계사례와 의심스런 사례들 그리고 특히 이른바 '선량한 풍속'(gute Sitten), '심한 차별대우·불이익'(gröbliche Benachteiligung) 혹은 '적정성'(Angemessenheit)으로 귀착하는 모호한 법률적 **일반조항**(Generalklauseln)의 범위에서 (그렇다). 따라서 저마다의 법적 문제들은 각각 단지 하나의 옳은 해결책을 가지고 있다는 다양하게 대표되는 주장은, 우리가 이러한 옳은 해결책을 법적으로 적어도 상대적으로 나은 근거를 통해 밝힐 수 없는 한, 경험적으로 증명될 수 없고 가치 없는 것이다. 이미 이론적으로 일반적 형태의 그 주장은 변환할 수가 없다(uneinlösbar): 법적 논거들은 조정이 불가능하게 상이한 방향들을 암시할 수 있다는 것만은 사람들은 반드시 인식해야만 한다.

하나의 (간단한) **예:** 경솔함(Übereilung)을 막기 위하여 법률(오스트리아 일반민법 제1346조 제2항*, 독일 민법 제766조**, 스위스 채무법 제493조***)은 보증인수(Bürgschaftsübernahme)의 효력을 위해서 보증인의 서

---

* [옮긴이 주] 오스트리아 일반민법 제1346조는 보증(Bürge)에 대해 규정하고 있는데 동조 제2항에서는 "보증계약이 유효하기 위해서는 보증인의 의무를 진다는 의사표현이 서면으로 작성되어야만 한다."((2) Zur Gültigkeit des Bürgschaftsvertrages ist erforderlich, daß die Verpflichtungserklärung des Bürgen schriftlich abgegeben wird)라고 하고 있다.
** [옮긴이 주] 독일 민법전 제766조에서는 보증의사의 서면형식(§ 766 BGB Schriftform der Bürgschaftserklärung)이라고 하여 "보증계약이 유효하기 위해서는 보증의사를 서면으로 교부하는 것이 필요하다. 전자적 형태의 보증의사표현은 배제된다. 보증인이 주채무를 이행하였다면 그 형식의 흠결은 치유된다."(Zur Gültigkeit des Bürgschaftsvertrags ist schriftliche Erteilung der Bürgschaftserklärung erforderlich. Die Erteilung der Bürgschaftserklärung in elektronischer Form ist ausgeschlossen. Soweit der Bürge die Hauptverbindlichkeit erfüllt, wird der Mangel der Form geheilt.)라고 유사하게 규정하고 있다.
*** [옮긴이 주] 스위스 채권(채무)법 제493조{Art. 493 OR(Obligationenrecht)} 제1항에서도 "보증이 유효하려면 보증서 그 자체에 보증인의 서명의 의사표현과 숫자로 정해

명을 예정하고 있다. 채무인수(Schuldbeitritt)를 위해서는 그와 같은 규정을 두고 있지 않다. 이러한 채무인수는 형식적 제약이 없이 유효해야만 한다는 것인가: 또한 이것은 채무인수가 보증목적으로 이루어진 경우, 즉 보증과 같은 동일한 기능을 충족하는 경우이며, 그와 동일하게 조급함에 따른 위험(Übereilungsgefahr)이 존재하는 경우에도 그런가? 법문에서 출발하는 논거는 여기에서는 목적에 근거하는 논거와 정반대로 대립하는 것이다.

[원문 23p] 달리말해, 사람들이 바로 자신의 가치평가로 도피하는 대신에 가장 먼저 가능한 한 아주 심도 있고 주의 깊게 가장 잘 근거 지워진 해법을 찾는 노력을 해야만 한다는 것은 옳은 것이고 중요한 것이다. 단순히 반대방향의 논거들이 존재한다는 그 자체만으로 아직 단념할 필요가 없다. 왜냐하면 통상 특정 해법을 적어도 능가하는, 달리 말해 (하지만 그 자체 당연히 비교적 중요하지 않은 (근본적인 것이지 않은) '어떤' 논거를 가질 수도 있는) 반대 입장을 지지하는 것 **보다 강한 논거들**(stärkere Argumente)을 찾는 것이 가능하기 때문이다.

하지만 논거들의 우열관계를 판단할 수 없는 상태가 사실상 해소되지 않는다면 법학자는 단념할 수도 있을 것이다(그리고 성격에 따라서는 자신의 원고초안을 책상서랍에 보이지 않게 집어넣어 버리거나, 큰 소리로 입법자를 부를 수도 있을 것이다). 이러한 해결책은 -특히 법원의 절차에서와 같이- 하나의 판단이 필수적으로 행해져야만 하는 경우라면 존

진 보증인의 채무최고액이 명시되어야한다"(Die Bürgschaft bedarf zu ihrer Gültigkeit der schriftlichen Erklärung des Bürgen und der Angabe des zahlenmässig bestimmten Höchstbetrages seiner Haftung in der Bürgschaftsurkunde selbst.)라고 하여 유사한 조항을 두고 있다.

재하지 않는다. 그렇다면 최종적인 가치평가는 물론 '**법관 자신의 평가**'(richterliche Eigenwertung)에 의해서만 이루어질 수 있다; 그렇지만 단지, 무엇보다 합리적인 논거들을 통해 합법적인 범위내에서 이루어진 경우에만, 즉 최종 단계에서만 행해질 수 있는 것이다. 물론 '자신의 평가'(Eigenwertung)는 합리적·과학(학문)적인 법학의 관점에서 볼 때는, 단지 이러한 불가피성이 존재하는 경우, 그리고 그런 경우에만, 단지 그 **회피불가능성**(불가피성, Unvermeidbarkeit)을 통해서만 합법화될 수 있는 것이다. 우리는 방법론적·법적 논증의 지적 노력을 처음부터 피하려고 해서는 안되는 것이다.

그렇다고 해서 결코 이것이 그럼에도 사실상 -어떤 이유에서건 간에- 자주 발생하지 않는다고 주장하는 것은 아니다. 하지만 이로써 특히 법적 판단자의 전형으로, 가능한 집중하여 자신의 판결을 근거 지워야 할 판사의 의무가 침해되는 것이지만, 그렇다고 모방할 가치가 있는 반대모델이 제시된 것은 아니다. 무엇보다 먼저 자신 스스로의 지혜의 심연으로부터 퍼낸 그 결과들을 법을 찾는 자들에게 더 이상의 근거제시 없이 부과하는 경험 많은 '이슬람 판사와 같은 법관'(Kadi)은 아마도 신뢰 할 수 없는 본보기가 될 것이다; 그렇게 훌륭한 삶의 지혜와 인간에 대한 이해는 현재의 법관에게도 당연히 어울리는 것이다. 그럼에도 오늘날 법관들은 스스로 자신들의 판결을 전형에 따라 근거지우면서도 드물지 않게, 적어도 한쪽으로 부터의, 놀랄 정도로 무지한 일상 정치적 적대감 또는 언론의 적대감에 노출되거나, 심지어 공격적인 일상 정치적 또는 언론의 적대감에 까지 노출된다. 판사들은 이른 시점에 '자신의 평가'를 통해 〈원문 24p〉 이를 조장해서는 안된다. 왜냐하면 그렇게 하는 것은 '패자'(Verlierer)에게 독립성과 무당파성에 대한 침해라는 보다 강한 의심을 불러일으킬 수 있기 때문이다. 내용이 풍부하게 근거지워진 법적 문제해결들의 법적 경험은 여하튼, 어느 정도까지는 방법론적 의식을 가지고 행함으로써 합리적인 법적 문제의 해결들이 가능하다는 것을 보여준다. 그것들은 물론 가장 먼저 중립적 전문가들의 광범위한 동의를 얻는다. 물론 그렇게 보다 주의깊고 방법론적으로 깔끔한 근거지움의 경우에도 소송에서 패소한 자의 지지는 전혀 얻을 수 없을 수도 있다.

IV. 법적용 일반을 위한 방법론 혹은 개별 법 영역을 위한 방법론?

모든 법영역들에서 법적용은 일반적·추상적 규범과 구체적 사실관계 사이에 가교를 놓는다는 기본적으로 동종의 문제들에 직면하게 된다. 따라서 사람들은 예나 지금이나 지배적인 견해의 의미에서 **법적 방법론의 원칙적 단일성·일원성**(prinzipielle Einheitlichkeit der juristischen Methodenlehre)에서 출발해야만 한다고 한다. 그것은 특히, 비교적 상세하면서, 비교법적으로도 보아 이러한 형태로는 유일한 법적 방법론의 부분적 법전화는 사실 (오스트리아) 사법(Privatrecht)에, 즉 일반 민법전 제6조 이하에 포함되어있지만, 일반적 견해에 따르면 또한 이 규정들은 다른 법영역에서도 기준이 되는 것이다. 그 (제6조 이하의) 규정들은 사실 하나의 특정 법영역(법소재, Rechtsmaterie)의 어떠한 실정법률적인 우연성(우연히 실정법화된 것)을 담고 있는 것이 아니라, 사안에서 그리고 '법이념'(Rechtsidee)에서 근거지워진 것이다.

그럼에도 사법은 가장 포괄적이고 가장 세분화된 방법론적 도구를 보여주어야만 한다. 물론 법 발전의 과정에서는 이른바 많은 법역에서, 비판적인 성찰에도 살아 남은, 모종의 방법론적 특수성이 도출된다. 하지만 그 특수성들은 본질적으로 광범위한 레퍼토리 중에서 개별적인 방법들을 사상해버리거나 혹은 특별하게 강조하는데에 있는 것이다. [그밖에도 여기 서술에서 나오는 거의 전적인 사법 사례들은 필의 직접적 경험 영역에서 나온 것이다]

> 원문 25p **사례**: 가장 유명한 특수성 중의 하나는 형법에서 유효한 **피고인에게 불리한 유추금지**(Analogieverbot zulasten des Beschuldigten)이다. 즉, 형법구성요건들은 유비추리를 통해 (혹은 기타 보충적인 법형성·창조를 통해) 비로소 확정될 수는 없다(이에 반해 정당화사유 혹은 책임배제사유는 물론 가능하다). 왜냐하면 법률 없이는 범죄도 없고, 형벌도 없다(nullum crimen, nulla poena sine lege, Kein Verbrechen und keine Strafe ohne Gesetz)는 원칙이 적용되기 때문이다.

달리 말해 범행 시점에 이미 유효한, 형벌로 위하하는 규정이 요구된다는 것이다. 물론 이것은 어떤 역사적 혹은 심지어 자연과학적 자명성도 아니고, 하나의 발전된 법체계에서 법적 안정성이라는 근본 원칙(Fundamentalgrundsatz)은 특히 높게 평가된다는 것에서 설명되며, 그곳에서는 개인의 법익들에 대한 사회적 불승인과 결합된 국가적인 침해가 관건이 되는 것이다. 따라서 범인은 자신의 범행 시에 적어도 이 행위가 형벌로 위하되고 있다는 것을 반드시 알 수 있어야만 한다.

이와 유사한 하나의 제약은 당연히 (국가의) **'침해 행정'**(Eingriffsverwaltung) 영역에도 타당하다. 왜냐하면 여기서도 어쨌거나 중앙(정치)권력

(Zentralgewalt)의 침해에 대항하여 개인의 법익을 안전하게 한다는 사고가 특별한 의미를 갖기 때문이다. 헌법에 있어서는 특별히 형식적이고-엄격한 해석경향이 다수로부터 주장되고, 다른 한편에서는 대범하고-제한 없는 해석경향(Auslegungstendenzen)이 주장되고 있다. 하지만 승인되어야만 하는 것은 단지 국가정치적으로 그리고 정당정치적으로 매우 논쟁거리가 되는 법영역에서는 법적 평화를 보장하기 위하여 오히려 법문의 표현과 같은 형식적 기준과 역사적 논거가 우선순위를 가져야만 한다는 특수성이다. 물론 이것은 적어도 상응한 감정적·자극적 효과들을 수반하는 지속적 조작의 의심(정치적으로 관심을 끄는 문제들에서 항상 '패배한' 측에 의해 (그리고 종종 예방적으로 나중에 이기게 되는 측에 의해서도) 표현되는 그런 의심)에 놓이지는 않는다. 헌법재판소의 관심을 끄는 결정들에 관한 빈번한 소동이 그 대표적 사례이다 (예를 들어 2017년 오스트리아 헌법재판소의 동성결혼에 대한 판결). 하지만 이 헌법재판소의 판결들은 바로 정치적으로도 난제들을 판단해야만 했다.

(그 반대로 -다른 모든 법원들과 같이- 최종심급에서 판결하도록 지정된 법원은 자신의 법적 견해가 〈원문 26p〉 잘못되었을 수도 있다. 모든 절차는 언젠가는 끝나야만하기 때문에, 여기서는 물론 참여한 당사자들에 의해 감수되어야만 하는 구체적 분쟁사례만이 판단되는 것이다. 이에 반해 법원이 다음 기회에는 (소위) 보다 확신을 주는 논거의 도움을 받아 (소위) 잘못된 입장을 취소하도록 움직이게 하는 것도 배제되는 것은 아니다. 최고법원들의 논증에서의 흠결을 지적하는 것은 법학의 가장 중요한 과제의 하나이다. 물론 이것은 독자적 동력에 의해서 이루어져야만 할 것이지, 완전히 하나의 특정 결과에 관심을 가진 위임자를 통한 금전적 자극

때문이어서는 아니어야만 한다.*)

다수의 법 영역에서, 예를 들어 카르텔법(Kartellrecht)과 조세법(Steuerrecht)에서, **'경제적 고찰방식'**(wirtschaftliche Betrachtungsweise)이라는 제목아래 아주 강력한 목적 관련적 해석(zweckbezogene Auslegung)이 선전·유포되고 있다; 특히 급하게 변화하는 흐름에 놓인 법소재들에서, 현실적으로 특정 목적을 위해 충분하지 못한 개념들(Begrifflichkeiten)을 보여주는 법률의 표현에 고착되지 않기 위해서 (목적 관련적 해석이 파급되고 있다.) 만약 사람들이 '경제적 고찰방식'(그 자체 법적으로는 도대체 아무런 것도 말해주는 것이 없다)을 임의대로 하는 것을 덮는 구실로 사용하지 않고, 참으로 표준이 될 만한 목적의 고려들(Zwecküberlegungen)을 도출해낸다면 이것은 목적론적 해석(teleoligische Auslegung)의 범위 내에서 방법론적으로는 전적으로 적법한 것일 수 있다. 이에 반해 편파성(Einseitigkeit)은 일반적으로 부인되어야만 한다.

---

* [옮긴이 주] 최근 국내 언론(예를 들어 경향신문, 2021년 2월 2일자 기사: '로스쿨 교수들의 법률의견서, 수천만원 받고 한쪽에 유리한 의견… 학문적 소신 진정성 의문') 기사에서도 이러한 문제들이 지적되고 있다.

> 원문 27p

B. (좁은 의미의) 해석

Ⅰ. 문언('문법적') 해석 {Die wörtliche („grammatische") Auslegung}

1. 사전설명

통상적으로 다수의 -대부분 4개부터 5개까지- 해석방법 혹은 해석의 전범·규범(Kanon)들이 구별되는데, 그 분류와 특히 하위그룹으로 나누는 것은 여러 면에서 서로 차이를 보인다. 가장 합목적적으로 보이는 것은 지금은 아래의 구별인 것 같은데, 그 이유는 그것이 구체적이고 실천적으로 의미있는 표지들에 기초하고 있기 때문이다. 환언하면, 제기된 문제들을 성공가능성을 가지고 해결을 시도해 볼 수 있기 위하여, 구체적으로 적용되어야하는 규범을 위해 발견되어야 하는 '해석의 소재'(Auslegungsmaterial)에 기초하고 있기 때문이다. 물론 해석이 필요한 법률상태에서만으로는, 제시된 해석의 문제들을 포함하여, 그 속에 포함되어 있는 것 그 이상을 도출해낼 수 없다는 것은 당연하다. 이러한 문제들을 해결하기 위해서는 추가 전제들이 필요하다. 따라서 '단순히 법률로'(bloß auf das Gesetz) 향하는 환원주의적 관점(reduktionistische Blick)은, 아래에서 곧 언급되는 바와 같이, 전혀 도움이 되지 않는다. 아래에서는 법학의 개별적 방법론들을 먼저 따로 떼어 언급하고 예를 통해서 생생하게 만들어 보기로 한다. 우선순위 관계와 어려운 사례들에서 통합적으로 끌어 모아 사용하는 것은 그 후에 이어서 언급하는 것이 의미있을 것이다.

2. 설명을 위한 사례(Demonstrationsbeispiel)

간단하게 서술할 수 있고 다양하게 변형할 수 있기 때문에 (달리 말해 기본적으로 특별히 중요해서 그런 것이 아님) 아래에서는 가능한 대부분의 경우에는 일반민법전 제578조의* 적용과 그 이전의 그 조문의 해석을 요구하는, **상속법적 사실관계가 그 예**로 사용된다; 그 곳에서는 (독일민법 제2247조는 서명의 요구를 상세하게 정하고 있는데 반해 예를 들어 스위스민법적 제505조와 유사함) **사문서방식의** (증인이 없는) **유언의 효력**에 대해, 유언자(Erblasser; 상속인)는

a) 서면·글을 자신의 손으로 작성하고

b) 자신의 이름을(기재하고)

c) 자신의 손으로 서명하였다는

것을 전제하고 있다.

〔원문 28p〕 특정 사례형상과 관련해서는 그 자체 아주 단순하고 명확한 규정이 던지고 있는 다양한 난이도의 해석 문제들 중에서 몇몇을 아래에서 상세하게 검토해 본다.

3. 해석소재(Auslegungsmaterial)

---

* [옮긴이 주] 오스트리아 일반 민법 제578조의 '자수(自手)의 처분(유언장 작성)' (Eigenhändige Verfügung § 578) 규정에서는 "증인없이 서면으로 유언처분을 하려는 자는 처분장(유언장)을 반드시 자기 손으로 기재하여야 하고 자수로 자신의 이름을 서명하여야만 한다. 작성의 장소와 일자의 부기는 필수는 아니지만 권장할만 하다"(Wer schriftlich ohne Zeugen letztwillig verfügen will, muss die Verfügung eigenhändig schreiben und eigenhändig mit seinem Namen unterschreiben. Die Beisetzung von Ort und Datum der Errichtung ist zwar nicht notwendig, aber ratsam.)라고 규정하고 있다. 자수(自手)로 유언장을 적고 이름으로 서명하라는 요구이다.

해석의 단어·문언적(wörtlich) 단계에서는, 판단하는 사람이 적용될 규범과 구술로 기술된 문제되는 사실관계(Problemsachverhalt)에 접근하는 일반적인 언어적 경험(Spracherfahrung), 즉 여기서 사용할 해석소재(Auslegungsmaterial)에 접근하는 일반적인 언어적 경험(Spracherfahrung)은 그리 놀라운 것이 아니다. 입법자는 많은 경우에 **'법적 개념정의'**(Legaldefinition)를 통해 적용되어야할 규범의 개념(예를 들어 '물건', '점유자', 혹은 '매매계약' 등과 같은 개념)들을 정확하게 규정한다. 물론 그것도 다시 고유한 해석의 문제를 던질 수 있고 따라서 이미 그것은 단지 제한적으로 도움이 될 뿐이다. 하지만 우리는 통상 법적 단어들과 문장들과 관련하여 단지 하나의 우세한 언어관용에 불과한 일반적 언어관용을 종종 참고하곤 한다. 실제로 무엇보다 특정 그룹의 인구들에 향해진, 예를 들어 사냥꾼이나 상인에게 향해진 규범들에서는 그 그룹의 특수한 언어관용이 우선하게 된다. 따라서 법률가들의 중재에 대부분 의존하는 민법, 형법 혹은 소송법과 같은 '고전적인'(klassisch) 법영역의 법률들에서는, 모종의 존재하는 **특수한 법기술적 언어관용**(speziell rechtstechnischer Sprachgebrauch)이 표준이 될 것이라고 추정된다(그 경우 '대리인'(Vertreter)이라는 것은 무언가를 그 여자 혹은 그 남자에게 가져다주기 위해 오고 있는 자가 아니라, '대리인'이라는 단어가 적용되는 맥락이 어떤 명백한 그와 반대의 암시를 포함하고 있지 않는 한, 전권을 위임받은 자(Bevollmächtigter)로서, 권한대행자(als Stellvertreter)로 행위하는 자인 것이다).

4. 단순한 사례와 간단한 포섭(Der einfache Fall und die schlichte Subsumtion)

또한 법학에서 다행히 대부분인 단순한 사례 혹은 사례요소들에서도 -하지만 그것은 고도의 이론적인 관점에서 종종 망각되는 것이다

- 사람들은 그런 점에서 '해석'을 언급할 수 있다: 주어진 사실관계는
〔원문 29p〕 그 구성요건에서 적용가능한 규범에 (즉, 그 전제조건들에서) 어려움 없이 정서될 수 있고(포섭될 수 있고), 따라서 그 규정의 법 효과는 바로 적용된다는 결과는 물론 저절로 생겨나는 것은 아니다. 어쨌거나 여기서는 물론 단순한 **연역**(Deduktion)(이른바 **삼단논법**Syllogismus의 범위에서의 **포섭**Subsumtion)을 통해 아주 간단하게 이루어지는 하나의 판단을 필요로 한다. 그 도식은 다음과 같다: 기준이 되는 법규정(여기서는 일반민법전 제578조)은 그 구성요건적 표지들로 (자필로, 이름, 서명) **대전제**를 구성하고, 법원에서 확정되는 것과 같은, 판단되어야 할(분쟁당사자들이 -보통은 이른바 유언상 상속인과 소위 법적 상속인- 법적으로는 단순함에도, 예를 들면 그들이 사실상태와 증거상태에 관해 입장이 다르기때문에, 그에 관해 다투는) 사실관계는 **소전제**를 형성한다. 편의상 사실관계는 단지 추정컨대 법적으로 중요한 요소들만 언급되는 식으로 서술된다. 달리 말해 예를 들어 참여자의 머리카락 색깔이나 종교와 같은 것은 기술되지 않는다.

이제 법규범의 추상적 개념들이 사실관계의 구체적 개념들에 부합하면, 따라서 후자가 전자의 소개념으로 보이면, 연역이 수행되고 규범의 법효과가(여기서는 유언의 형식적 유효성이) 결론(문)으로 도출된다.

예: Jesef Navratil은 찢어낸 공책에 연필로 다음과 같은 기재를 한 것으로 확인되었다: "내가 죽은 이후에 나의 재산은 Johanna Pospischil에게 돌아가야 한다." 그 아래 Navratil은 "Josef Navratil"이라고 서명했다.

'자필의'(eigenhändig), 개인적으로-손으로 쓴 글보다 더 많은, 그리고

성과 이름의 서명보다 더 많은 것은 생각할 수 없기 때문에, 즉, 규범의 개념들(Normbegriffe)을 가장 좁은 의미로 이해하더라도 실현되었기 때문에, 바로 앞선 법적 규정으로 포섭하는 것은 어떤 어려움 없이 가능하다. Josef Navratil의 유언은 (여기서 단지 관심을 둔 형식적 측면에서) 유효하다. 이로써 필요한 개별 법원칙·법규범(individueller Rechtssatz)이 도출된 것이다. 만약 사람들이 사실관계 표지들을 보다 일반적으로 파악하고, 임의의 어떤 필기도구를 사용한 유언자의 수기와 〔원문 30p〕유언자의 성과 이름으로 한 서명을 판단 대상으로 한다면, 하나의 전체 사례유형을 위한 해결규범(Lösungsregel)이 획득된 것이다.

서류의 종이 질이 매우 평범했다는 것, 종이로 쓴 문장이 지우개로 지워질 수 있다는 것과 유언이 이루어진 장소와 시간이 빠져있다는 것은 어떤 법률적 항변도 아니다: 격조 높은 종이 혹은 어떤 품질인지 무관한 종이의 질과 특정 필기도구는 법적 구성요건표지에 의해 요구되지 않는다. 장소와 시간의 기재는 일반민법전 제578조 제2문에서 명시적으로 단순히 유용한 것으로 생각하고 있을 뿐 필수적인 것으로 고려하지는 않고 있다. 이것은 주지하다시피 단지 명확하게 하는 의미를 가진다. 법적으로는 그에 상응한 효력요구가 없다는 것으로 충분한 것이다. (서명의 진정성에 대한 다툼이 있는 경우 혹은 문서에 포함된 의사표명에 대한 다툼이 있는 경우 입증부담에 대해서는 오스트리아의 경우에는 무엇보다 민사소송법 제294조와 제312조를 보면 될 것이다).

이에 반해 글이 유언자가 동원한 친구에 의해 작성되었고 Navratil씨는 단지 서명만 했다면, 이 또한 위의 경우와 같이 명확하게, 사례를 적용 가능한 법규정에 포섭하는 것은 가능하지 않다는 결과가 도출된다.

따라서 그런 유언은 일반민법전 제578조에 따를 때 형식이 유효하지가 않다.

그러한 유형의 연역이 가능하고 도처에서 일상적으로 무수히 자주, 다소간 명시적으로 논쟁의 여지없는 결과로 행해지고 있다는 것은 일반적인 규범들로부터 보다 좁은 사실관계로의 논리적 추론이 불가능하다고 하는 다양한 유형의 주장들이 부당하다는 것을 증명하는 것이다{(규범들은 통상적 의미에서 어떤 '진리값'(Wahrheitswert)도 가지지 않는다는 난점을 극복하기 위한 미세한 법논리적 시도들에 앞서야 하는 것은 실무적으로 별로 시급하지 않은 것으로 미해결인 채로 둘 수 있고, 열린 문제도 둘 수밖에 없다. 우리는 규범적 문장들을 기술(서술)문들로 번역("…라고 하는 것은 타당하다" es gilt, dass)함으로써, 후속된 역번역으로써 또는 옮음이나 유효함과 같은 특별한 규범적 질로써 '진리값'을 대체함으로써 도움을 얻을 수 있다)}.

일반 민법전 제578조에 대해 설명한 간단한 사례는 이외에도 간단한 연역이 다수의 주장들에 반해 말하자면 단지 법규범들에서의 수적 개념들(numerische Begriffe)에서만 가능한 것이 아니라는 것도 보여준다. 간단한 사례들 혹은 사례요소들을 어려운 사례들 혹은 사례요소들과 구별하기 위해서는 오히려 그와 다른 접근이 결정적인 기준이 되고 있다; 소위 **'개념 핵'**(Begriffskern), 원문 31p **'개념 뜰'**(Begriffshof) 그리고 당연히, 대부분 언급되지 않지만, 가능한 개념의 적용범위를 넘어선 영역 간의 구별이다. 기준이 되는 것은 일반 언어관용이다. '개념 핵'은 실제 모든 언어전문가와 사안전문가가 그 개념의 적용사례들로 다루거나 생각하는 모든 대상들에 미친다(그래서 예를 들면 소, 돼지, 그리고 양은 의심할 바 없이 '가축'(Vieh)에 속한다). '개념 뜰'에 속하는 대상들은 언어공동체에서 해당 개념이 때로는 그에 미치기도 하고 때로는 그렇지 않기도 한 것들이다(예를 들어 사육된 동물, 승마용 말). 여기서 고유한 해석문제들이 생겨난다. 따라서 이러한 영역에서 문제되는 사실관계의 포섭은 해석문제에 대한 정교한 해법에 따라서 비로소 가능한 것이지, '단지 법률로부터'는 더 이상 가능한것이 아니다. 포섭능력이 있는 구체적 규정(subsumtionsfähige konkrete Regel)이 우선 획득되어야만 한다. 또한 개념의 뜰 저편에는 해석되어야할 규정의 ('직접적인') 적용이 배제된다.[하지만 경우에 따라서는, 앞으로 보게 되듯이, 유추해석은 가능하다.] 예를 들어 상속인의 구술에 따라 유언을 받아 적은 친구의 예는 '자필로'에 대한 모든 언어적으로 생각할 수 있는 변화·변형을 넘어선 것이고, 달리 말해 '개념의 뜰' 밖에 놓인 것이다.

단순한 포섭을 통해 해결된 사례의 변종·변형된 유형(Fallvariation)은 법적 전제조건들을 각각 가장 좁은 의미로 이해할 때에도, 즉 그 '개념의 핵'에서도 사례의 표지들을 포함하고 있기 때문에 아주 간단한 것이다. 또한 그럼에도 불구하고 우선 전적으로 명확하게 보이는 상황에서도 가능한 오류를 최대한 피하기 위해서는 간단히 도달된 결과가 우선 법의 목적층과 원칙층(Zweck- und Prinzipienschichten des Rechts)에 대한 포괄적 관점에서 볼 때, 원칙위반, 체계위반 혹은 사안위반을 통해 '법의 이념'의 가장 근본적 원칙들에 충돌한다는 의심을 일깨우는 것은 아닌지 하는 일종의 '**반대심사**'(Gegenprobe)가 필요하다. 위의 예에서는 확실히 그런 경우가 아니었다. 하지만 그에 해당하는 곳에서는 단순한 포섭으로는 해결될 수 없다는 것이 밝혀진다.

이제 사람들이 간단한 사실관계를 상이한 방향으로 약간만 변형하게 되면, 일반민법전 제578조와 같은 그렇게 명확하고 확신적인 규범 자체가 그 구성요건표지들의 '개념의 뜰'에 얼마나 많은 해석문제들을 포함할 수 있는 것인지가 바로 드러난다.

예의 변형: 속기록에 또는 키릴문자로 된 서면에 '쓰는 것'으로 족한 것인가? 유언자 자신에 의해 완성된 타자를 친 서면 〔원문 32p〉 또는 컴퓨터로 출력한 서면으로 족한가? 단순히 성만 기재하는 것으로 족한가, 단순히 이름만, 별명 혹은 가명 혹은 심지어 가족관계명('너희들의 아버지')을 기재하는 것으로 족한가? 유언장의 끝에는 "이것은 나의 마지막 의사이다."라는 최종형식이 기재되어 있지만, 유언장의 도입부에서는 (예를 들어 'Josef Navratil의 유언') 유언자의 자필 이름이 있는 경우에도 충분한 것인가?

이러한 물음 중 몇몇의 경우에 우리는 언어적 차원에서 아마도 하나의 우세한 언어관용이라고 방향 또는 다른 하나의 방향을 논증할 수 있을 것이다; 하지만 우리는 그것만으로 결코 하나의 명확하고 체계적으로 확신을 주는 해결책에 이르지는 못한다. 따라서 하여튼 아래의 해석방법들에 상응한 추가적 논거들이 필요하다. 하지만 언어적 분석은 보다 정확한 문제파악(genauere Problemfassung)을 위해서는 여전히 중요하다. 우리는 그것을 통해 다양하게 가능한 개념의 의미들과 그 각각의 해석 문제를 구체화하는 것이다. '자필로'(eigenhändig)를 '자신의 손으로'라는 의미로 보는 진부하고 광범위한 이해에 대해서는 '자신의, 따라서 개인적으로 필사한 글자', 즉 손으로 쓴이라는 보다 더 좁은 의미가 그렇게 대응할 수 있는 것이다. 둘 다 생각할 수 있다는 것은 언어 경험(Spracherfahrung)이 가르쳐준다. 만약 어떤 사람이 "X의 여비서가 아프다; 그는 따라서 이런 편지를 자신의 손으로 쳐야만 했음이 분명하다." 라고 말한다면, 그 사람은 명백하고 이해가능하게 보다 넓은 의미를 뜻하는 것이다. 그에 반해 한 사람이 "나에게 유명한 Y가 심지어 자필로 편지를 보내왔다."라고 말했다면 그는 명확하고 이해가능하게 보다 좁은 의미를 뜻한 것이다. 먼저 보다 넓은 의미만이 생각난, 그리고 그 의미를 단순한 포섭을 통해 효력을 주려고 하는 사람은 쉽게 오류에 빠질 수 있고, 형식규정의 목적을 완전히 놓쳐 버릴 수 있다. 이미 언급한 '반대심사'는 그러한 오류의 위험을 피하게 한다. 사람들은 언어적으로 가능한 개념의 의미들을 우선 생생하게 생각해내지 않고는 정확하게 해석할 수 없는 것이다.

II. 체계-논리적 해석

1. 해석(의)소재

첫 번째 시선은 항상 직접적으로 해석되어야 하는, (추정컨대) 적용되어질 규정이기 때문에, 규정(Regel)에 향해진다. 하지만 그것은 종종 충분하지가 않다. ⟨**원문 33p**⟩오히려 동일한 법률의 다른 규정들의 명시적 내용, 경우에 따라서는 또한 해결을 기다리고 있는 문제에 대한 해법을 약속한다면 해석될 규범과 하나의 **체계적 맥락**(systematischer Zusammenhang)에 서 있는 다른 법률의 다른 규정들의 명확한 내용도 고려되어야만 한다. 이러한 관계·맥락은 이미 다수의 규정들의 외적 순서(äußerliche Aufeinanderfolge)로부터 도출될 수 있다: 만약 임대차(Miete)가 채권법(Schuldrecht)에 규정되어 있다면 그곳에는 -적어도 원칙적으로- 어떠한 물적 권리, 즉 물권(dingliches Recht)이 문제되는 것은 아닐 수 있다. 왜냐하면 물권은 물권법(Sachenrecht)에 속하기 때문이다. 물건의 하자들은 단순히 (유상계약의 의무)불이행(Nichterfüllung)에 관한 규정들에 따라 판단되어서는 안된다. 왜냐하면 이러한 규정(일반민법전 제918조* 이하) 바로 다음에 분리되어 (따라서 보다 특수하게) 물건의 하자에 대한 보증(Gewährleistung für Sachmängel)(일반민법전 제922조 이하)이 규정되어 있기 때문이다. 그럼에도 이러한 체계적 상관성은 -심지어 법률에서 서로 많이 떨어져 있는 규정들에서도- 해석을 위해 끌어들여온 규정들이 해석되어야 할 규정과 마찬가지로 부분적으로 혹은 전적으로 동일한 사실관계에 관련되어 있다는 것에서도 도출된다. 여기서는 반드시 인간의 의사소통에서, 특히 법체계들을 구성함에 있어서, 복잡한 사고내용(Gedankeninhalte)과 따라서 복잡한 글들(Texte)의 서술에 관한 일반적 경험이 함께 고려되어야만 한다.

2. 예들

이미 언급된 별명 또는 가명(Spitzname oder Pseudonym)으로 서명한 변형사례들(예를 들어 이전에 유명한 오스트리아 축구선수를 '곱슬머리'라고 한 것 -지금은 TV에서 분석가로 유명함)에 대해서 일반민법전 제43조는** 의미가

---

* [옮긴이 주] 제918조는 유상계약의 의무불이행(Nichterfüllung)에 대해 지연에 대한 이행과 보상청구, 계약 철회 등을 규정하고 있고, 제922조 이하에서는 유상의 물건양도의 경우 그 물건에 대한 보증(Gewährleistung)책임을 별도로 규정하고 있다.

** [옮긴이 주] 성명의 보호(VIII. Schutz des Namens)라는 장에 속하는 제43조에서는 "타인에게 성명을 사용할 권리가 논란이 되거나 그의 이름(별명·가명)을 권한없이 사용하여 손해를 입었다면 부작위청구와 책임이 있는 경우 손해배상을 청구할 수 있다."(§ 43. Wird jemandem das Recht zur Führung seines Namens bestritten oder wird er durch unbefugten Gebrauch seines Namens (Decknamens) beeinträchtigt, so kann er auf Unterlassung und bei Verschulden auf Schadenersatz klagen.)라고 하여 별명·가명의 경우에도 보호 대상으로 하고 있다.

큰 하나의 체계적인 지지 논거(Pro-Argument)를 제공하고 있는데(=일반민법전 제578조에서 말하는 이름으로 충분하다), 왜냐하면 이 규범은 부작위청구권들과 손해배상청구권들을 통한 성명권의 보호를 실제 사용을 통해 획득된 '가명'에 까지 명시적으로 미치고 있기 때문이다. (이에 반하여 '고유한' 성명의 획득을 규율하는 규정들을 찾을 수는 없는데, 그것은 그 규정들이 가명 혹은 예명(Künstlernamen)에 관해서는 말하는 것이 없기 때문이다.) 이로써 법적으로는 공적 이름을 넘어서 '단순히' 거래교통에 통용되는 그 사람의 호칭(Benennung)도 의미 있을 수 있다는 것과 따라서 법적으로 완전하게 보호되는 것임을 승인하고 있는 것이다. 그렇다면 왜 자필의 유언에서는 '가명'(Deckname)이 동일성 확인 수단으로서 그리고 서명형식으로서 〈원문 34p〉 충분하지 않다는 것인지 이해하기 어려울 수도 있다. (여기서는 유언의 효력, 저기서는 성명의 보호로) 사건의 맥락이 다르다는 것은 이러한 고려에 대해 아무런 것도 변화시키지 않는다. '가명'이 언어적으로 '이름'로 고려된다는 것은 그 말이 직접적으로 표현하는 것이고, 설령 이 개념의 다툼이 없는 핵심영역에서는 단지 '공식적인' 성 또는 이름만이 놓여있고, 따라서 체계적 논거가 비로소 결정적이라고 하더라도 그렇다. 그 중요한 목적론적 의문이나 원칙적인 이의는 보이지 않는다.

그럼에도 본래 저마다 명확하게 표현된 유언자의 마지막 의사가 기준이 되어야만 하고, 따라서 예를 들어 서명의 유형은 전혀 관건이 아니라는 보편적인 반대논거(das globale Gegenargument)는, 그와 반대로, 전혀 적절하지가 않다고 할 수도 있을 것이다. 왜냐하면 의심할 바 없이 현행법에 의해 요구되는 유언의 형식 일반에 위반되기 때문이다(역사적 이러한 요구의 명확한 주요목적 -유언자의 의사표현의 진정성에 관한 확실성- 에 대해서는 아래에서 살펴본다).

이른바 규범충돌의 해결을 위한 잘 알려진 규칙들, 즉 일반규정(lex generalis)에 대한 **특별법·규정**(lex specialis)**의 우위**(Vorrang der spezielleren Vorschrift)라는 규준·규칙들과 이전 규정(lex prior)에 대하여 **사후법·규정의 우위**(lex posterior)라는 규준들도 지금 논의한 체계적 해석에 속한다. 이러한 규칙들은 추정할 수 있는 입법자의 의사에 관한 경험과 (따라서) 그런 식으로 충돌하는 규칙들의 일반적으로 용인되는 의미에 관한 경험에 부합하는 것이다.

예: 일반민법전은 1811년에 만들어진 -그리고 지금까지 형식적으로 폐지되지 않은- 제943조 제2문에서*, 증여물의 사실상 교부 없는 증여계약은 '서면의 문서'(schriftliche Urkunde)가 필요하다고 규정하고 있다. 보다 나중에 공포된 공증법(Notariatsaktsgesetz)에서는 이와 달리 '공증서류'의 작성, 즉 (자신의 행위의 법적 결과에 관한 증여자의 고지를 포함하여) 공증인에 의한 문서의 작성을 요구한다. 여기에 적용될 사후법원칙의 필연적 결과는: 심지어 증여자에 의해 자필로 쓰여지고 서명된 문서도 -증여물의 가치와 무관하게- 어떠한 유효한 증여계약을 만들어내지 못한다는 것이다.

---

* [옮긴이 주] 증여계약의 형식(Form des Schenkungsvertrages)을 규정하고 있는 제943조(§ 943)에서는 "현실의 인도없이 단순히 구두로 체결된 증여계약으로부터는 수증자에게 어떤 소권도 생기지 않는다. 이러한 권리는 서면의 문서를 통해서 근거지워져야만 한다"(Aus einem bloß mündlichen, ohne wirkliche Uebergabe geschlossenen Schenkungsvertrage erwächst dem Geschenknehmer kein Klagerecht. Dieses Recht muß durch eine schriftliche Urkunde begründet werden)라고 하여 서면의 증여계약에 대해 청구권등의 소권을 인정하고 있다.

또한 해석은 원문 35p 〉다른 규정에 대한 관계로 인해서 특정 규정들은 적용될 영역이 없다는 결론에 이르러서는 안된다는, 즉 그 규정들은 대관절 적용불가능하다거나, 불필요하고 따라서 의미 없다는 결론에 이르러서는 안 된다는 규칙도 이에 속한다; 하나의 그러한 결점이 – 대부분 명확하게 하려는 입법자의 좋은 것이지만 제대로 실현되지 못한 의도의 관점에서– 다른 해석표지들을 근거로 명백하게 도출되는 경우가 아니라면 말이다. 그 예로는 일반민법전 제1295조에 따른 일반적 과실책임(Verschuldenshaftung*)을 다양한 특별 손해사례들에 대해 반복하는 무수한 규정들이 있다; 그것은 주지하다시피 그곳에서 각각의 법효과들을 가능한 완전하게 인식할 수 있도록 하기 위한 것이다. 나아가 예를 들어 가장 우선적인 언어적 이해에 부합하는 '누구나'(jedermann)에 대한 넓은 해석은, 일반민법전 제1295조에 따른 손해배상청구에서는 부인되어야만 한다**; 그리고 사실 무엇보다 그런 해석은 동법 제1327조***(유족에 대한 손해배상)의 특별규범에서 모든 가능한 의미를 빼앗아

---

* [옮긴이 주] 정확하게 옮긴다면 '고의, 과실 등, 위법하고 유책한 의무위반행위로 인해 발생한 손해에 대한 배상책임이다. 과실책임이라는 것은 적어도 과실이 있는 경우라는 의미로 이해하면 될 것이다. 오스트리아 일반민법 제1295조는 제1항에서 계약의무 위반이나 계약과 무관한 불법행위로 인한 손해배상 청구권을 인정하고 있다(§ 1295. (1) Jedermann ist berechtigt, von dem Beschädiger den Ersatz des Schadens, welchen dieser ihm aus Verschulden zugefügt hat, zu fordern; der Schaden mag durch Übertretung einer Vertragspflicht oder ohne Beziehung auf einen Vertrag verursacht worden sein.)

** [옮긴이 주] '누구나'(jedermann)는 말 그대로 '가리지 않고 누구나 모두'로 이해할 수 있지만, 예를 들어 바로 아래에서 언급되는 상해치사 등 피해자를 사망에 이르게 한 경우 등 손해배상에 대한 특별규정을 무의미하게 하는 해석은 체계적으로 바람직하지 않다는 것이다. 이것은 마치 우리 형법 제20조의 정당행위 중 사회상규가 다른 명문의 정당화사유를 모두 제외한 보충적 의미로 이해되어야 한다는 것과 같은 논리라고 할 수 있다.

*** [옮긴이 주] 오스트리아 일반민법 제1327조는 "신체 상해로 인해 사망이 발생한 경우 모든 비용 뿐만 아니라 사망한 자가 법률에 따라 부양책임을 져야했던 유족들에게 그로 인해 상실되어버린 것도 배상되어야만 한다"(§ 1327. Erfolgt aus einer körperlichen Verletzung der Tod, so müssen nicht nur alle Kosten, sondern auch den

버리게 될 것이기 때문이라는 것이다. 무엇보다 이 규범은 일반민법전 제1295조에서의 '누구나'(jedermann)는 통상 모든 직접적 손해를 입은 자에 제한하는 것이고, 이에 반해 일반적으로 단순히 '간접적' 피해자에게도 배상청구권을 인정하고자 하는 것은 아니라는 것을 암시하는 것이다.

예: 가수를 상해한 자는 그로 인해 가수가 다음 무대를 취소할 수밖에 없게 되었다면 그에게 수입의 손실을 배상하여야만 한다; 하지만 그 무대의 취소로 인해 영업을 못한 요리사에게 배상해야만 하는 것은 아니다.

III. 역사(주관)적 해석(Die historische (subjektive) Auslegung)

1. '주관적' 해석목적 또는 '객관적' 해석목적을 둘러싼 논쟁

애당초 별로 생산적이지 못한 이러한 논쟁은 오늘날 본질적으로 극복되었다. **역사적 입법자의** (문제와 관련된) **의도**(Absicht des historischen Gesetzgebers)를 모색하는 것을 '**주관적**'이라고 표시한다. 이에 반해 '**객관적**'이라는 것은 법률에서 문제에 관련된 내용을 찾아내는 것을 말하는데, 그 내용은 우리가, **현재의 관계들에 대한 관점**과 관련하여, 주의 깊고 전문가적 판단으로 그 법률의 공포된 법문으로부터 도출할 수 있는 것이다. 사실 사람들이 합리적으로 가장 최선의, 이해가능한 근거

Hinterbliebenen, für deren Unterhalt der Getötete nach dem Gesetze zu sorgen hatte, das, was ihnen dadurch entgangen ist, ersetzt werden.)라고 하여 사망한 자의 유족의 부양료에 대한 배상청구권이라는 특별 배상청구권을 인정하고 있다는 것이다.

를 제시한다는 법적 과제를 충족시키려고 한다면 -그리고 항상 그러해야만 한다-, 반드시 두 개의 인식가능성을 끌어들여야만 한다. 이 경우 구체적 문제 상황에 따라 어떤 경우는 〈원문 36p〉그 중 하나가, 어떤 경우는 다른 하나의 착안이 전면에 드러난다. 말하자면 하나의 '해석 목적' (Auslegungsziel) 또는 다른 하나의 해석 목적의 배타성(Exklusivität)은 더 이상 중요하지 않다.

남은 것은 사실상 단지 법적 방법들 중에 **우선순위의 문제**(Vorrangsfrage)라는 중요한 관점이다(조금 후에 이에 대해 다룬다). 여기서는 단지 이 정도만 언급해야하겠다: 왜냐하면 **실제 법적용**(aktuelle Rechtsanwendung)이 문제되기 때문에 현재의 법질서와 오늘날 법공동체에서 저마다 가장 최선의 근거를 제시할 수 있는 해석이 모색되어야만 하기 때문이다. 하지만 그것은 입법자의 역사적 의사에 움직일 수 없도록 고착하는 것을 배제하는 것일 뿐, 그와 달리 상호 그 순위 관계와 그 통합된 고려를 통해서 상대화될 수 있는 다른 해석방법들과 함께 작동했을 때의 그 중요성을 배제하는 것은 아니다.

2. 해석소재(Auslegungsmaterial)

역사적 해석에서 해석의 소재는 해석되어야 할 규범을 공포한 자, 달리 말해 바로 지금 해결해야할 문제와 관련하여 그 당시 ('역사적인') **'입법자'의 의사 혹은 의도**(Willen oder die Absicht des Gesetzgebers)를 어떻게든 찾아낼 실마리를 제공하는 모든 **참고자료들**(Hinweisen)로 이루어진다. 그 대신에 일반적으로 오늘날의 입법자의 의사와 생각에 정향하는, 다수에 의해 주장되는 대안은 이미 옛 규범들과 관련하여 입법자의 의도에 대한 어떠한 참고자료도 통상 결여되어있기 때문에 종종 배제된다. 하지만 아주 일반적으로 문제되는 것은 무엇이 특정 규범들이 공포될 때 그 목적이었는가이다. 그것은 단지 구체적 입법절차의 범위내에서의 의사표현들(Äußerungen)로부터 도출될 수 있는 것이다.

하나의 법규정(Rechtregel)은 단순히 언어적 요소들(텍스트들)로 구성되는 것이 아니고, 그 안에는 오히려 규범을 창설하는 인간의 의사가 표현되기 때문에, 그리고 '객관적' 법조문(Text)도 맥락에서 빈번히 애매하거나 다의적이기 때문에, 그러한 하나의 의사가 확정가능하고 각각의 문제들을 해결함에 있어 도움이 되는 곳에서 입법자의 의사를 끌어들여오는 것은 당연한 것이다. (당연히 그것은 여러 가지 이유로 인해 결코 항상 그런 경우인 것은 아니다.)

〔원문 37p〕 입법자의 의사를 찾기 위해서 (이미 보다 이전의 해석 단계를 통해 파악된 법률문장을 넘어서) **해석되어야 하는 규범의 공포이전에 법상태**(der Rechtszustand vor der Erlassung der auszulegenden Norm)가 종종 특별히 시사하는 바가 많다. 왜냐하면 그 비교는 종종 무엇이 변화되었는지를 빠르게 그리고 잘 인식할 수 있도록 해주기 때문이다. (그것은 일반민법전 제578조 제2문에서 유언의 장소와 시간의 기재를 필요하지는 않지만 추천할 만한 것으로 자격을 부여한 것은 단지 이와 관련하여 그 이전의 불확실성에 관한 지식을 근거로 해서만 이해할 수 있는 것이다.)

공포된 법률을 당시에 존재한 법학 문헌들과 비교하는 것도 역사적으로 문제해결에 도움이 된다. 그 문헌들에서 법학적 표현들, 그것들의 저자들이 법률을 만들어내는데 강한 영향을 미친 학문적 의견표명들은 특별히 난관을 극복하는데 도움이 될 수 있다. 끝으로 공표된 법률과 그에 선행한 **법률초안들·법안들**(Entwürfe)을 비교하는 것도 마찬가지로 도움이 될 수 있다; 법률이 나오게 된 일반적인 정치적 단초도 그렇다. (임차인 보호 혹은 소비자보호를 위한 EU의 가이드라인의 이행이 그 예이다.)

하지만 가장 효과적인 것은 대부분 사람들이 최초의 입법 계기 혹은 계획에서부터 관청이나 전문 위원회에서의 법률초안 작업을 넘어 의회에서의 독회까지의 법률의 탄생에 관한 모든 서면의(그리고 그런 이유로 지속적으로 재생산이 가능한) 의견표명들이라고 보는 '**법률·입법자료들**'(Gesetzesmaterialien)이다. 오늘날 예를 들어 오스트리아에서는 해당 법률에 대한 정부 법률안에 대한 '이유서'(Erläuternde Bemerkungen) 또는 '설명서'(Erläuterungen) 및 경우에 따라서는 의회 소관위원회의 보고서 등이 이용가능하다. 이것들은 보통 설명적인 성격을 가지고 있고, 드물지 않게 직접적으로 문제와 연관된 의견들 혹은 입법자가 이 법률로써 실현하고자 한 목적들을 인식할 수 있게 해준다.

목적(Zweck, Telos)은 골똘히 생각되고 의욕된 상태이고, 따라서 실현되어야할 상태이다. 공포된 규정은 그 상태의 도달을 위한 수단이다. 언어적 차원에서 다양한 해석가능성들 중에서는 거기에 기술된 상태를 가장 큰 범위에서 또는 가장 큰 개연성으로 실현하기에 적합한 것이 그 목적에 보다 더 부합하는 것이다. 그것은 더 이상 언어적 고려들로만 확정될 수 있는 것이 아니고, ⟨원문 38p⟩ 이런 식의 해석과 저런 식의 해석의 유형에 따라 예견되는 결과의 관점에서 사실의 분석(Faktenanalyse)을 필요로 한다. 이에 반해 오늘날 유행을 맞고 있는 단순한 '비용분석과 효과분석'(Kosten- und Folgenanalyse) 그 자체는, 예견되는 결과들이 특정 목적들 또는 가치들에 따라 측정되고 그에 부합하게 선별될 수 없다면 해석에 있어서 더 이상 도움이 되지 않는다.

단순한 역사적 해석은 그 법개념과 법원칙들의 의미에 관한 입법자의 문제와 관련한 견해를 찾는 것이고, 그것은 동시에 입법자가 문제와 관련하여 가지는 의도를 인식할 수 있도록 해주는 것이다. 종종 효과가 있는 역사적-목적론적 해석(historisch-teleologische Auslegung)은 달리 말해 왜 또는 문제와 관련된 어떤 이유들로 혹은 문제와 관련된 어떤 목적들을 위해 그 규범이 공포되었는지에 관해 묻는 것이다.

3. 일반민법전 제578조의 예(Beispiel § 578 ABGB)

다시 구체적인 **예**로 : 왜 일반민법전 제578조는 자필로 쓸 것과 이름으로 서명할 것을 요구하는가?

이것은 넓은 범위에서 ABGB에 대한 심의·회의록(Beratungsprotokoll)으로부터 밝혀질 수 있다. -말할 것도 없이 명백한- '자필로'라는 구성요건표지의 역사적 목적은 쉽게 밝혀질 수 있다: 심의에서는 일반적으로 유언에 있어서 '외형적 형식'은 **사망한 자의 의사표현의 진정성**에 대한 의심이 없도록 해야만 한다는 주장이 있었다(Ofner, Der Ur-Entwurf und die Beratungs-Protokolle des Österreichischen Allgemeinen bürgerlichen Gesetzbuches I [1888] 344). 특히 후반의 ABGB 제578조에 대하여 위원회의 다수는 증인 없이 작성된 사문서의 유언은 특별한 위조의 위험성이 있기 때문에 폐지하자는 제안을, 법적 지식이 없는 시민에게 불리한 과도한 형식주의를 거부하면서, 수용하지 않았다. 무엇보다 이것은 여러 줄로 이루어진 유언에서 필사(수기)

(!)를 알아볼 수 없도록 위조하는 것은 매우 어렵다는 것이 논거였다(Ofner I 347). 이로부터 한편으로는 '자필로'라는 것은 '수기로'를 의미하는 것이라는 입장이 도출되고, 다른 한편으로는 '자필로'라는 표지의 목적은 문서를 통해 (필요한 경우에는 필적감정의 전문가의 도움을 받아 필적의 비교를 통해서) 진정성을 일반적으로 쉽게 심사할 수 있다는 것을 뜻한다는 견해가 나오는 것이다.

원문 39p 기계로 쓴 문서 또는 컴퓨터가 기록한 문서는 작성자가 누구인지 개인을 확정할 수 없게 한다는 일반적 경험칙과 결합함으로써 비로소, 이러한 경험칙과의 결속이 확실해지면 확실해질수록, 그것으로 이미 그렇게 작성된 유언의 무효성이 근거지워진다: 그러한 유형의 문서는 마찬가지로 '그 자체로부터'는 의도된 진정성 심사를 가능하게 하지 못한다.

그것은 혹시 우연히 자리에 있었던 증인을 통해 유언자(Erblasser)가 개인적으로 '타이핑을 했다'는 것이 밝혀질 수 있는 것인지 여부의 단순한 증명문제(Beweisfrage)와는 무관하다: 한편으로 바로 그 유언의 효력(Testamentsgültigkeit)은 그러한 우연에 좌우되어서는 안된다; 다른 한편으로는 증인의 매수가능성 또는 조작가능성이 있기 때문에 그러한 증명에 반대하는 특별한 불신이 존재하는데, 왜냐하면 유언자 자신은 더 이상 그것에 대해 신문받을 수 없기 때문이다. 그 반대로 속기록으로 기록한 혹은 크릴문자로 기록한 유언에 대해서는 어떠한 그와 유사한 의심도 존재하지 않는다: 그것은 수기이고, 달리 말해 심사가능한 개인의 글자로 만들어진 것이기 때문이다. 이것이 우리 지역에서는 흔하지 않다는 것은 중요하지 않다.

또는 서명(unterschrift*)에 대해서는, 물론 이미 언어적으로 명확하듯이 그것은 반드시 **글의 마지막**에 있어야만 한다는 것은 분명하다. 왜냐하면 단지 그래야만 '일을 끝내는 것'이 목적이었다는 것을 알 수 있기 때문이다(Ofner I 347, II 538). 거래관행에 따르면 단지 서명만이 의사표현자의 고려가 끝났고, 존재하는 문서(Text)에 효력을 주려한다는 것을 알리는 것이다. 의사표시의 시작에 이름을 언급하거나 혹은 글의 아무 곳에서 이름을 언급하는 것은 결코 충분하지 않다: 그것은 아직 단순한 초안일 수 있을 뿐이다(Ofner II 539).

놀랍게도 이러한 자료들은 이에 반해 '**자신의 이름으로**'(mit seinem Namen)라는 구성요건표지의 해석을 위해서는 거의 도움이 되지 않는다. 법률의 최초원안(Urentwurf)은 제578조로 변경된 규정인 제373조에서, 나중에 과도한 부담으로 인정된 추가적인 형식들(Formalitäten) 외에 이름과 성(Geschlechtsnamen; Familiennamen)으로 서명 할 것도 요구하였다. 법문이 된 '자신의 이름으로'라고 변경된 이유는 설명이 없다. 그럼에도 이것은 형식의 엄격성을 약화시킬 것이라는 추정이 쉽게 가능하다. 그것은 〔원문 40p〕 유언의 완성은 성을 기재함으로써 충분하다는 것을 말하고, 또한 단지 이름만으로도 충분히 가능하다는 것을 말하는 것이다. 하지만 그것은 동일성 확인이라는 관점에서는 현재 사용되는 모든 이름에서 그러한 이름을 가진 사람이 많다는 점에서 모종의 문제점이 있는 것이다. 완화라는 주장(Lockerungsthese)에 대해 사람들은 단순히 법률의 표현을 줄이려는 목적일 수 있다고 반박할 수 있고, '그의 (성명)이름으로'(mit seinem Namen)(단수로!)는 이전과 같이 완전한 '공적인' 혹

---

* [옮긴이 주] Unter와 Schrift의 합성어로 '아래'에 '글자·글쓴 것'을 뜻하는 단어가 결합된 것이다.

은 '시민의' 이름을 의미한 것이었다고 반박할 수 있을 것이다: 사실 이름(Vorname)과 성(Familienname)은 의심할 바 없이 유언자의 성명(Name)에 속하고 언어적으로는 분명히 그 각 부분이 '성명'(Name)을 표현할 수 있는 것이다. 하지만 세 가지의 서로 다른 가능태(이름, 성, 성명)가 일원적이고 단수로 '그의 이름'(Sein Name)으로 표시된다는 것은 결코 자명한 것이 아니다. 물론 언어적으로는 이것도 확실하게 배제되는 것은 아니다. 왜냐하면 이름과 성은 당연히 그 각각 그 자체가 의심할 바 없이 성명개념(Namensbegriff)에 포함되기 때문이다.

언어적으로 그리고 원안에 비해 표현이 다르다는 바로 그 점으로 인해 또한 역사적으로도 당연히 이름 혹은 성으로 서명하는 것으로 충분하다고 말하는 것으로 볼 수 있다. 이러한 입장은, 여기서 미리 언급되는 객관적-목적론적 해석을 통해 근거가 마련될 수 있다. 이름뿐만 아니라 성도 법적 거래에서는 확실한 종결형식으로 이용되고 있다.* 여하튼 또한 통상적인 경우에는 그 밖의 유언내용과 결합하고, 시사하는 바가 풍부한 부수사정들과 결합하게 되면 신원확인·동일성확인수단(Identifzierungsmittel)으로도 충분하다(예를 들어 유언의 발견 장소, 그 안에 유증대상자인 사람 혹은 언급된 사람들 등); 어쨌든지 완전히 써진 일상적인 이름(예를 들어 Karl Maier**) 못지않은 것이다.

---

* [옮긴이 주] 독일과 달리 우리나라에서는 성과 이름을 같이 적는 것이 일반적이겠으나, 오스트리아의 경우 이름이나 성 어느 하나를 서명하는 방식도 유효하게 통용되고 있다는 말이다.
** [옮긴이 주] 오스트리아의 Karl Maier는 이름과 성이 모두 들어 있는 완전한 형태지만, 너무도 흔한 이름이어서 사실상 동일성 확인이 어렵다는 예시이다.

4. 누가 '입법자인가?'

지금까지 미해결인 것은 누구를 또는 무엇을 단순화된 표현으로 '입법자'라고 표시하는가하는 문제이다. 이에 대해서는 종종 발전된 민주주의적 법치국가에서는 입법에서 많은 사람들이, 특히 의회의 다수가 참여하고, (원문 41p) 따라서 어떤 개별 인간도 그 사람의 실제 의사가 기준이 되는 경우는 찾기 어려운데 반해, 절대적 군주 혹은 독재자도 개인적인 입법자라는 것이 문제점으로 느껴진다. 집단의 의지(의사)는 심리(학)적 실제가 아니고 단지 하나의 구성물이라는 것이다.

그럼에도 이것은 법실무적으로 볼때 본질적으로는 **외견상의 문제**들(Scheinprobleme)이다. 절대 군주도 예를 들어 ABGB 공포 시에 이 법률을 개별적으로 자신의 인식에서 그리고 자신의 의지로 받아 들여서 무수한 해석의 문제에 대해 구체적인 것을 원했었던 것은 아니다. 이미 종종 불만이 터져 나오는 '법률의 홍수'(Gesetzesflut)로 인해, 대부분 아주 적은 정보 상태에서 자신의 정당이 사전에 결정한 것에 맞추어 표결(당의에 따른 투표의무: Klubzwang) 하는 의회의 국회의원들도 이와 동일하다; 그리고 그 뿐만 아니라 공포될 법률에 대한 그들의 정보와 의사형성이 일반적으로 위와 마찬가지로 세부적이기 보다는 보다 대략적인 대부분 개별 정당들의 전문가들의 경우에도 동일하다. 해석을 위해 가능한 충실한 세부작업은 거의 대부분 전문가적인 심의위원회(Beratungsgremien)에서 이루어졌고 이루어지지만, 특히 법률안을 준비하는 정부부처에서, 또는 이러한 법초안들에 영향을 미치고 평가나 추천하는 정치적 단체와 경제적 단체들(Verbänden) 등에서 이루어졌고, 이루어진다.

하나의 '**집단의사**'(Kollektivwille)는 사실상 **현실과는 동떨어진 구성물**(realitätsfremde Konstruktion)이다. 물론 다수의 혹은 많은 사람들의 전적으로 개인적인 의사들이 특정한 문제에 대해 동일한 방향으로 향하는 경우도 당연히 가능하다; 사람들이 다른 사람들의 의사를 스스로의 심사를 통해 아니면 그러한 심사 없이 지지하는 것, 이러한 의사를 그들의 의사로 받아들이는 것이 그런 것이다. 논의에서 나온 구조들은, 즉 이에 따르면 입법자의 의사는 인간 사이의 의사소통의 규칙에 따라서 존재하지 않는 존재에게 귀속되는 의사(der zuzurechnende Wille eines nichtexistierenden Wesens)라는 것인데, 필요하지도 않고, 어떻게든 유의미한 것도 아니다. 오히려 사람들은 바로 입법절차에는 무수한 다양한 사람들이 다양한 역할로 참여한다는 것에서 시작해야만 한다; 특히 정치적, 경제적 또는 법적 제안자, 작성자, 조언자, 감정인 등이 말하자면 비공식적이지만 바로 세부적 작업을 위해 그리고 또한 해석을 위해 가장 중요한 심급들(Instanzen)로 참여하는 것이다. 심지어 헌법에 합치하는 입법기관들에서 **'형식적' 입법자**는 종종 보다 정확한, 해석에 중요한 법률의 내용과는 거의 무관하고, 기껏해야 새로운 규정의 대략적 방향만 확정하고, ⟨원문 42p⟩ 기껏해야 수정하는 식으로 관여하며, 그 외에는 (예전의 절대군주와 같이) 그들의 결정으로 법률의 효력을 발생하게 하는 **실정화관청**(Positivierungsinstanz)으로서 기능하는 것이다. 이 경우 법률결정에 참여하는 자들에게는 오늘날 대체로 전문가들에 의해 만들어진 정부안에 대한 의견서(이유서, Erläuterung)가 제공되고, 따라서 이러한 의견서들은 동시에 입법위원회(Gesetzgebungsgremien)에서 표결결정(Abstimmungsentscheidungen)의 기초로서 간주될 수 있는 것이다.

따라서 '입법자'는 비공식적 혹은 공식적으로 해당 입법행위에 참여한 실제 모든 인간들을 표시하는 약어로서 이해되는 것이 가장 좋을 것이다. '입법자의 의사'는 전적으로 실제 인간의 의사, 즉 입법절차에서 문제되는 중요한 문제에서 관철된 이러한 범위에서의 한 사람 혹은 다수의 의사이다. 당연히 그것은 또한 애초에는 서로 논쟁하던 의도들의 절충일 수도 있다. 우리가 사후적으로 누구의 의사 혹은 의지·의사가 애당초 또는 도대체 그 마지막 기준이 되었는지 개인적으로 정확하게 확정할 수 있는지 여부는 전혀 중요하지 않다.

실제 '사적으로' 혹은 단지 비공식적·사전준비에 영향을 미친 사람이 입법자의 중요한 의사를 형성할 수 있다는 어떻게 가능하다는 것인가의 문제는 해석에 중요한 법률의 내용에 대한 -실제 확정하는- 영향력이 문제될 뿐 형식적으로 법률효력 그 자체가 문제되는 것이 아닌 곳에서는, 크게 중요하지 않다. 그것은 공식적인 입법기관들이, 독자적인 변경 없이 그리고 유보 없이, 외부에서 작업된 법률작품들의 효력을 발생하게 한 경우에, 그리고 그런 경우에만, 주어진 그대로의 법문을 수용하는 것일 뿐만 아니라, 구성된 법문이 기초하고 있는 외부로 드러난 고려들과 의도들도 받아들이는 것이라고 하는 합리적이고 사안에 부합하는 고려를 통해서 해결된다. 단순한 법률문장은 이유들, 의도들 그리고 고려들이라는 맥락 없이는 단지 제한적으로만 이해할 수 있는 미완성 작품(Torso)이라는 말이 그것을 말해주는 것이다. 사람들은 형식적 입법기관이 아무런 반대되는 것을 인식할 수 없는 경우에는, 초안문을 받아들이고 그 배경을 수용한다(그리고 그렇게 함으로써 협정을 맺는다)는 의미에서, **'협약(결탁)론'**(Paktentheorie)이라고 말한다. 입법기관들은 물론 최종법문을 만들면서 준비된 초안들을 그 자체 변경할 수도 있고, 〈원문 43p〉 물론 한 번도 일어나지 않은 것이지만, 변경 없는 초안의 규정을 이미 주어진 이유들과는 다른 이유로 효력을 갖게 한다고 표현할 수도 있다.

IV. 객관적·목적론적 해석(Die objektiv-teleologische Auslegung)

1. '객관적 목적'(Objektiver Zweck)?

입법자의 주관적인 목적에 대한 **반대**로 법률 그 자체의 객관적 목적이라고 종종 사용되는 표현은 당연히 **패러독스·역설**(Paradox)이라고 비판된다: 하나의 목적이 희구되고 추구되어질 상태라면 그것은 원하고 추구하는 하나의 주체를 전제하는 것이다. 하지만 그럼에도 무언가 참으로 의미있는 것을 말하는 것이다: 하나의 법적 문제가 드물지 않게 지금까지 밝혀진 방법으로는 확신을 줄 정도로 해결되지 않을 수 있다; 예를 들면 지금 문제되는 '개념의 뜰' 문제에 대해서도 역사적 자료들에서 어떠한 해결에 도움이 되는 생각들이나 목적들이 발견되지 않았기 때문에, 또는 역사적 목적 고려들이 서로 모순되거나, 다른 승인된 목적들과 충돌하거나, 확정 가능한 역사적 목적들(예를 들어 국가사회주의 시기 동안에 입법자의 그것과 같은 것)이 현재의 법적·사실적 맥락에서 명백하게 이미 극복되어 버렸기 때문일 수 있다. 하지만 판사는 여하튼 그들에게 주어진 분쟁사례들을 판단할 의무를 진다. 하지만 이를 위해 권한이 부여된 법심급들에게 최종적으로는 최고법원에게, 지금까지의 방법론을 사용한 후에 이미 그들의 개인적 선호 혹은 우선순위에 따라 '독자적 가치판단'(Eigenwertung), 즉 판사 개인의 판단을 통해 판결하도록 넘겨버린다는 것은 아직 정당화되지 못할 것이다. 오히려 판사는 반드시 가능한 한 최대한으로 근거지음의 의무를 진 법공동체의 대표자로 행동해야만 하는 것이다. 따라서 가능한 해석의 변형태·유형들 중에서 현행 법체계에 가장 잘 끼워질 수 있는 것을 논구에 내는 시도는 여전히 행해져야만 하는 것이다. 이러한 시도도 무위도 돌아간 이후에야 비로소 국가의 판결강제(Entscheidungszwang)로 인해서 '판사의 독자적인 판단'(richterliche Eigenwertung)이 불가피하게 되고 따라서 합법적인 것이 되는 것이다.

따라서 이러한 마지막이자, 더 이상 합리적인 것으로 평가할 수 없는 방법 이전에, 통상 법률들은 단순히 자의적·우연적으로 만들어지는 것이 아니라, 원문 44p (보통) 이성적이고 따라서 재구성이 가능한 목적들을 추구하면서 생산되는 것이고, 법의 핵심적 원칙들(정의, 법적 안정성, 합목적성)에 상응하게 적용되어지는 것임이 여전히 전제될 수 있고, 전제되어야만 하는 것이다. 입법자에게는 −합리적 재구성이 달리 불가능한 경우− 반대의 것이 명확하게 증명될 때까지, 그가 사실문제들을 수단−목적−관계(Mittel-Zweck-Relation)의 맥락에서 사안에 부합하게 또는 가장 확실한 ('진실에 가까운') 경험법칙과 조화롭게 해결하려했다는 것과 해결했다는 것이 반드시 인정되어야만 하는 것이다.

2. 기본도식(Grundschema)

그러므로 여기서 중요한 해석소재에 속하는, 앞서 만들어진 전제조건들 아래에서 심사되어야 할 것은, 어떤 목적 또는 어떤 목적들이 구체적 맥락에서 가용한 전체 경험에 따를 때 도대체 혹은 적어도 확실한 개연성으로 **이성적 법목적들**(vernünftige Rechtszwecke)로 고려되는가 이다. 우리는 정확한 사실에 대한 진술의 도움을 받아 어떤 목적 추구를 위해서 그 해당 법 규정(Rechtsregel)이 적합한 것인가를 물으면서 이런 심사를 하는 것이다. 이러한 심사는 지금 설명된 해석단계에서는 역사적 참조자료의 결여로 인하여, 충분한 정보를 가지고 법체계의 기초위에 서있는 판단자의 관점에서 일반적 경험에 근거하여, 달리 말해 이러한 의미에서 '객관적으로' 이루어져야만 하고, 합리적으로 생각할 때 큰 개연성이 있다고 받아들일 수 있는 그러한 중요한 목적가설*(Zweckhypothese)을 찾아내려고 시도해야만 하는 것이다. 이러한 방법은 많은 극단적 회의론자들에게는 지나치게 사변적인(übermäßig spekulativ) 것으로 보일 수 있지만, 어쨌거나 광범위한 논증(umfassende Argumentation)을 강제함으로써 여전히 즉각적인 '자기평가'(Eigenwertung)라는 해결책보다는 더 합리적인 것이다.

따라서 -1.에서 만들어진 전제조건들 외에- 해석의 소재로서 기여하는 것은 문제의 맥락(Problemzusammenhang)에서 이성적인 개연성으로 가능하다고 보는 이는 그 법률의 목적들에 관한 모든 정보들(Informationen über jene Gesetzeszwecke)과, (수단으로서 해석되어야 하는 규범과 비로소 모색된 목적으로) 수단-목적-관계의 판단을 위해 도움이 되는 그 사실에 관한 정보들(Informationen über jene Tatsache)이다. 따라서 규범이 수단으로서 유용하다는 것이 인정될 수 있는 그러한 목적가설들만이, 보다 좁은 선택지에 들어오는 것이다.

원문 45p **예:** 그래서 객관적·목적론적 차원에서, 즉 예를 들어 역

---

* [옮긴이 주] 법률의 목적이 그것일 것이라고 하는 가정·가설을 의미하는 것이다. 최종적인 해석이 내려질 때까지 이러한 다양한 목적 가설은 등장하고, 심사받고, 선택 혹은 배척될 수 있는 것이다.

사적인 해석소재를 활용할 수 없는 판단자들에게, ABGB 제578조에서 말하는 '자필로'라는 구성요건표지와 관련한 가능한 목적 가설은 (이 규범으로 사람들은 단순히 사람들의 필기능력의 장려를 원하다라고 할 수 있겠다) 실패한다: 무수한 사람들이 도대체 작성해보지도 못하고, 기껏해야 다른 몇몇이 그들이 사는 동안 한번 혹은 두 번 정도 작성하는 문서는 그 목적을 위해서는 부적합하다는 것은 공연한 사실이다.*

순환논증을 피하기 위해서 해석되는 규범은 그 밖에 바로 현안이 되고 있는 해석문제를 배제한 상태에서 될 수 있는 한 해석의 의심(Auslegungszweifel)을 받지 않는 좁은 핵심 영역(Kernbereich)에 제한하고, 이러한 핵심영역에 적합한 목적가설(Zweckhypothese)을 찾아야 하는 것이다. 그렇게 발견된 목적으로부터 -좋은 경우에는- 현안인 해석문제(anstehendes Auslegungsproblem)의 해법이 도출될 수 (연역될 수) 있는 것이다(ableiten; deduzieren). 이것은 또 다시 유언형식의 예로서 보여줄 수 있겠다: 가장 먼저 임계점에 속하는 범위, 즉 기계로 써지고 속기록으로 써진 유언을 배제한 후에, '자필로'(스스로, 자수로)(eigenhändig)라는 표지로부터 그에 기초된 목적으로의 역추리가 이루어져 한다고 할 수 있을 것이다; 따라서 (어떤 필기구를 사용하였다고 하더라도) 통상의 수기(normale Handschrift)로 작성된 글에 대한 것이 된다. 이 예에는 (역사적 해석자료를 일단 논외로 하면) 그 가설을 인정하는데 어떤 체계위반적 항변 또는 사안에 맞지 않는다는 항변으로 반대할 수 없는 단지 하나의 목적 가설

---

* [옮긴이 주] 만약 유언장의 목적이 그 작성자로 하여금 달필(Schreibfertigkeit, writing skill)이 되도록 할 목적이라면 평생 한번 적어보지도 못하고 죽는 사람이 대부분이고, 딱 한번 혹은 어쩌다 두 번 정도 유언을 작성하는 것이 모든 인간의 평생 경험인데 이를 통해 달필을 만드는 것이 그 규범의 목적이라는 가설은 성립될 수 없다는 비유인 것이다.

만이 솔직히 구체적 해석의심을 해소하는 현행 규정을 설명하는 특히 좋은 사례가 존재 한다: 그 가설, 그 **목적**은 문서 그 자체로 부터의 **신뢰할 만한 진정성 심사**(verlässliche Echtheitsprüfung)일 것이다. 이로써 자필성(Eigenhändigkeit)이라는 요구에 대해 전적으로 충분하며 만족스러운 설명이 주어진 것이다.

사람들이 비록 해석문제를 객관적·목적적으로 심사한다고 하더라도, 위에서 이미 역사적으로 근거지워진 결과는, {(예를 들어 주관적으로 가능한 광범위한 형식의 자유를 지지하고, 그에 상응하게 형식규정을 보다 부드럽게 해석하는 지지자일 수도 있고, 또는 예를 들어 그 자신에게 접근 불가능한 (예를 들어 속기록의) 부호에 강한 거부감을 가진 법률가일수도 있는)} 판단하는 법률가의 개인적 선호와는 전적으로 무관하게 따라오는 것이다. 그것은 그야말로 반드시 어떤 영향도 받아서는 안되는 것이다. 하지만 특징적이자 급진적 회의론자에 반대하는 논거로서 적합한 것은 예시사례에서 대부분의 경우처럼 (원문 46p) 〉 객관적·목적적 해석은 바로 역사적·주관적 해석과 동일한 결과를 제공한다는 관찰이다.

객관적·목적론적 해석은 선택 가능한 다수의 목적들이 해석되어야 할 규범의 유용한 기초로서 진지하게 등장할 때에는 당연히 더욱 어려워진다. 물론 그렇다고 해도 처음 가능한 목적 가설들 중에서 선택할 때에는 아직 '판사 자신의 평가'(richterliche Eigenwertung)로 넘어가는 것이 결코 필수적인 것은 아니다. 오히려 언급한 마지막 탈출구 앞에서 그 다음의 법적 선택을 위해서는 가장 일반적인 법적 기본평가들, 즉 당연히 보다 구체적인 법적 잣대들을 통해서 추가적으로 매개되어 여러 면에서 보다 더 중요한 것으로 증명되는 '법이념'의 근본원칙들을 끌어들여와야만 한다. 예시사례에서 이를 보여주기 위해서 우리는, 여기서 지금까지 다양하게 사용되었던, 경우에 따라서 보다 더 많은 상세함을 필요하게 만드는, 유언사례에서 종종 벗어나야만 한다.

3. 목적(론)적-체계적 해석(Die teleologisch-systematische Auslegung)

우선적으로 유용한 목적 가설들 중에서 선택하기 위해 첫번째 그리고 가장 중요한 추가 기준은 가장 일반적이고 동시에 전적으로 과도하지 않은 의미에서 법체계에 근본이 되는 **정의의 원칙**(Grundsatz der Gerechtigkeit)이다; 달리 말해 균형·평등의 원칙(Grundsatz des Gleichmaßes)이다. 이에 따르면 같은 것은 같게, 같지 않은 것은 그 같이 않음에 상응하게 같지 않게 다루어야 하는 것이다. {이와 결합된 축소, 특히 '법을 헌법아래의 단계'로 축소·환원 하는것을 꺼려하지 않는 사람은 (오스트리아 연방헌법 제7조*에서) 일반적인 정의의 평등(Gerechtigkeitsgleichmaß)을 '실정법'(Positivierung)화하고 있는 헌법적 평등원칙(Gleichheitsgrundsatz)을 끌어들여올 수 있을 것이다.} 같은 것과 같지 않은 것에 대한 정확한 표지 자체를 가지지 못하는 이러한 척도의 의심할 바 없는 불완전성은 현재의 맥락

---

* [옮긴이 주] 오스트리아 연방헌법 제7조(Art. 7 Bundes-Verfassungsgesetz) 제1항은 "모든 국민은 법률앞에 평등하다. 출생, 성별, 신분, 계급 그리고 신앙의 특권은 배제된다. 누구도 장애로 인해 불이익을 받아서는 안된다. 공화국(연방, 주들 그리고 자자체)은 일상의 삶의 모든 영역에서 장애인과 비장애인의 평등취급을 보장하도록 노력한다."((1) Alle Staatsbürger sind vor dem Gesetz gleich. Vorrechte der Geburt, des Geschlechtes, des Standes, der Klasse und des Bekenntnisses sind ausgeschlossen. Niemand darf wegen seiner Behinderung benachteiligt werden. Die Republik (Bund, Länder und Gemeinden) bekennt sich dazu, die Gleichbehandlung von behinderten und nichtbehinderten Menschen in allen Bereichen des täglichen Lebens zu gewährleisten)라고 하고, 제2항에서는 연방,주 그리고 지자체는 남녀의 평등을, 제3항에서는 공직표시나 학위표시 등에서 남자와 여자의 표시를 명확하게 하도록 하고, 제4항에서는 연방군에 소속된 자를 포함한 공무원의 정치적 권리행사를 보장하고 있다.

에서는 사람들이 이와 관련하여 법질서의 이미 다른 곳에서, 달리 말해 현재 해석되어야하는 법률 외에서 발견된 목적설정들 또는 가치판단들에 초점을 맞춤으로서 극복 가능할 것이다. 보다 구체적이고 체계적으로 시사가 풍부한 다른 규정들의 명확한 내용은 여기서는 달리 말해 더 이상 추가적으로 필요한 해석소재가 아니라, 그 목적의 근거 또는 **평가의 기초**(Zwecks- oder Wertungsgrundlagen)인 것이다. 무엇보다 이것들은 〈원문 47p〉 단지 관련된 다른 규범들에 기초가 된 것들이다. 하지만 그 곳에서 일반적 구성요건에 해당하는 사실관계들은 핵심으로 인간사이의 이해의 상황(zwischenmenschliche Interessenkonstellation)을 포함하고 있고, 통상적으로 해석될 규정의 규범영역에도 그와 마찬가지로 또는 여하튼 유사한 형태로 존재하는, 하나의 전형적인 이익충돌(typischer Interessenkonflikt)을 포함하고 있다; 물론 여기서는 하나의 다른 사실관계라는 맥락으로 들어온 것이다.

이제 해석에서는, 체계적으로 관련된 다른 규범에 기초가 되었음을 알 수 있는 가치판단과 그에 부합하는 목적설정은 우선적으로 적용될 규범에서도 그 해석의 재량범위내에서 효력을 가지게 된다는 것에 주목하여야 한다. 이런 방식으로 근본적 **평등요구**(fundamentale Gleichmaßgebot)는 존중된다. 따라서 방법론들에서 사람들은 대부분 그리고 명백하게 가능한 **가치평가모순들의 회피**(möglichste Vermeidung von Wertungswidersprüchen als wichtigem Auslegungsziel)를 중요한 해석목적으로서 언급한다. 법률 규정들의 명확한 가치평가의 모순들에 대한 어떠한 방법론적 대책도 없고, 단지 입법자에게 탄원하는 것(혹은 평등위반으로 인한 헌법재판소에 소송을 제기하는 것)만이 남아 있기 때문에, 상대화(Relativierung)는 -될 수 있는 한- 필요한 것이다.

예: 사고에서 한 참여자가 사망했다. 다른 참여자가 책임이 있다. 손해를 야기한 자는 일반민법전 제1327조에 따라 법적으로 부양받을 권리가 있는 유족들에게 '그것으로 인해 그들에 상실된 것을' 배상해야만 한다; 달리 말해 사망한 자가 그 남은 유족들에게 더 이상 (보장)해줄 수 없는 바로 그 부양(생계비, Unterhalt)을 배상해 주어야만 한다. 사망한 자의 자녀가 그의 사망시점에 이미 자기보존(부양)능력이 있었고(selbsterhaltungsfähig), 실제로 어떤 부양도 받지 않았다. 사망사고가 일어난 어느 정도 시간 후에 이 자녀는 자신의 일자리를 잃었고, 수입(Einkommen)이 없어졌고, 사망한 자가 여전히 살고 있다면 그자로부터 다시 부양을 받게 되었을 것이다.

가해자에 대한 손해배상청구권의 인정 혹은 부인 못지 않게 그 대답에 좌우되는 해석문제는 따라서 이런 말인 것이다: 배상책임자(Haftende)에 대한 유족들의 청구권에 있어서 사망 시점에 실제 법적 부양청구권(aktuelle gesetzliche Unterhaltungsanspruch)이 문제되는 것인가? 또는 그 자체로서 가족법적 관계, 즉 현재 정지중인 부양청구권이 자기부양 무능력의 경우에는 언제든지 다시 발생할 수 있는 것인가? 일반민법전 제1327조*에서는 이것을 명백하게 말하고 있지 않다. 하지만 그 형태는 완료형(Perfekt)을 사용함으로써('상실된'; „entgangen ist") ⟨원문 48p⟩ 오히려 약간은 배상되는 부양상실(액)(Unterhaltsentgang)은 사망 시점에 연관되어야만 하는 것이라고 말하는 듯하다. 하지만 사람들은 판단시점(통

---

* [옮긴이 주] 오스트리아 일반민법전 제1325조 이하에서는 신체 침해에 대한 손해배상의무를 규정하고 있는데, 제1327조에서는 신체의 침해로 인해 사망이 발생한 경우에 모든 비용을 전부 배상해야만 하는 것이 아니라 유족들에 대해 사망한 자가 법률에 따라 부양해야만 하는 것 중, 그의 사망으로 인해 사라져버린 것(상실된 것)만을 배상하도록 하고 있다. § 1327. Erfolgt aus einer körperlichen Verletzung der Tod, so müssen nicht nur alle Kosten, sondern auch den Hinterbliebenen, für deren Unterhalt der Getötete nach dem Gesetze zu sorgen hatte, das, was ihnen dadurch entgangen ist, ersetzt werden.

상 제1심 공판 결심시점)으로부터 되돌아 볼 수도 있다. 만약 가해자와 유족 간에 그 외에는 전적으로 동일한 이해관계에서, 그 유족이 바로 그 사망 시점에 –단지 아주 짧은 시간 동안인 경우라도– 자기부양능력이 있었다는 우연이 판단해야만 한다면 원칙적으로 그것은 아주 자의적으로 보인다는 것이다.

목적(론)적·체계적 해석은 철도·자동차손해배상법(EKHG) 제12조 제2항의* 도움으로 명확해진다. 일반민법전 제1327조와 비교하여 보다 최근의 특별법인 이 법률은 무엇보다 자동차의 소유자(Halter)에게 이러한 자동차의 운행 중의 사고발생에 대해 채무(Verschulden)와 무관한 위태화·위험책임(Gefährdungshaftung)을 부과하고 있다. 인용된 규정은 그러니까 아주 명확하게 사망한 자의 부양받을 권리가 있는 유족에 유리하게 부양청구권이 발생할 수 있는 법적 관계에 초점을 맞추고 있다. 환언 하면 사망 시점에 실제 부양청구권에 맞춘 것이 아니다: "사망한 자가 침해 시점에 제3자에 대하여 법률에 근거하여 부양의무를 지고 있었거나 혹은 부양의무를 지게 될 수 있었던 관계에 있었다면…". 달

---

* [옮긴이 주] 철도와 자동차손해배상법(Eisenbahn- und Kraftfahrzeughaftpflichtgesetz) 제12조 제2항은 사고로 사망한 자가 침해를 당할 시점에 제3자에게 법률에 따른 부양의무를 지고 있었거나 부양의무를 지게 될 수 있었던 경우라는 관계에 있었고, 제3자에게 사고로 인해 부양청구권이 상실된 경우, 사망한 자가 자신이 살아있는 일정기간 동안 부양을 보증할 의무를 졌을 것이라면, 그 한에서 제3자에게 배상의무자는 배상을 해야 한다고 규정하고 있다. 이에 더하여 제3자가 손해발생시에 아직 출생하지 않고 태아인 경우에도 손해배상의무가 발생한다고 하고 있다; (2) Stand der Getötete zur Zeit der Verletzung zu einem Dritten in einem Verhältnis, vermöge dessen er diesem kraft Gesetzes unterhaltspflichtig war oder unterhaltspflichtig werden konnte, und ist dem Dritten infolge der Tötung das Recht auf Unterhalt entzogen, so hat der Ersatzpflichtige dem Dritten insoweit Schadenersatz zu leisten, als der Getötete während der mutmaßlichen Dauer seines Lebens zur Gewährung des Unterhalts verpflichtet gewesen wäre. Die Ersatzpflicht tritt auch dann ein, wenn der Dritte zur Zeit der Verletzung gezeugt, aber noch nicht geboren war.

리 말해 분명하게 모든 부양필요성(jede Unterhaltsbedürftigkeit)을 우연한 (사고)시점과 무관하게 고려하는 것을 목적으로 한 것이다.

형식화된 문자 위를 줄타기 하는 유형(von Typ der formalistischen Buchstabenakrobaten)의 약한 법률가는 비슷한 사례들에서, 나중에 비로소 현실화되는 부양청구권에도 배상의무를 미치게 하는 것은 바로 EKHG 에서만 존재하는 것이고, 따라서 그 밖의 일반민법전 제1327조가 적용되는 손해발생사례들에서는 이와는 다르다는 '논거'로 기운다. 그것은 완전히 잘못된 것이다. 당연히 입법자는 일반민법전 제1327조에서 시점문제를 그 반대로 해결할 수도 있었을 것이다. 이것이 심하게 자의적인 것이었을 것이라는 것은 차치하고, 하지만 입법자는 그것을 하지 않았고, ABGB 제1327조에서 언급된 해석문제를 (결단하지 않고) 단순히 던진 것이다; 추정컨대 전혀 의도한 것이 아닌듯하다. 왜냐하면 입법자는 -자녀가 부의 사망시점에 자기스스로 생존능력이 있었지만 이 능력을 그 이후에 다시 잃어버린- 특수한 사실관계를 규범의 형성 시에 생각하지 못하였기 때문이다. 이제 결정적인 것은 가해자와 유족들 간의 이해의 충돌은 두 규범 영역들에서 전적으로 동일한 것이고, 따라서 -나중에 공포된- 〈원문 49p〉 EKHG의 실제 부양권이라는 우연이 결정할 수 없다는 분명한 가치평가는 전적으로 ABGB의 규정들에도 '맞아 떨어지는' 것이다(물론 AGBG 제1327조를 EKHG의 공포과정에서 그에 상응하게 수정하는 것이 가장 이상적이었을 것이다). 즉, 우리의 문제에 대한 질문(Problemfrage)이 여기서 달리 대답된다고 한다면 **심각한 가치평가의 모순**(krasser Wertungswiderspruch)이 생긴다고 할 수 있을 것이다. 이를 넘어서, 책임(채무, Verschulden)없이 단지 자신의 자동차의 운행위험에 대해서만 책임을 지는 그러한 가해자에 비해, 심지어 사망에 책임이 있는 가해자를 불합리하게 유리하게 하는 것이 될 수 있을 것이다. 목적(론)적·체계적 해석의 결과는 달리 말해 명확하다; 우리 문제의 해결책은 -여기서는 심지어 소위 당연·물론추론*(Größenschluß)의 형태에서- 늦어도 EKHG의 시행 이후에는 더 이상 의심의 여지가 없는 것이다.

마찬가지로 목적론적 해석에도 잘 어울릴 수 있는 **법 효과에 대한 양측의 정당화라는 원리**(Maxime der beidseitigen Rechtfertigung von Rechtsfolgen)에 대해서는 -이에 따르면 예를 들어 가해자와 피해자에게 관점은 동일해야하고, 이쪽이나 저쪽을 우선해서도 안되고 단순히 보아서도 안된다는 것이다- 조금 후에 (반대되는) 원칙들의 형량과 관련하여 보는 것이 좋겠다.

4. '사물의 본질(본성)'에 부합하는 해석(Die Auslegung entsprechend der „Natur der Sache")

'사물의 본성(본질)'이라는 표현은 매우 다양하고, 부분적으로는 명확하지 않은 방식으로 사용된다; 특히 이러한 개념을 이용해 직접적으로 사물의 소여(sachliche Gegebenheit; 주어진 상태)로부터 규범적 결론들을 도출하려는 시도도 행해진다. 그것은 하나의 '규범적 오류, (존재로부터 규범으로의 오류)에 이르게 된다.

---

* [옮긴이 주] 소에서 대로의 추론{argumentum a minori ad maius (Schluss vom Kleineren auf das Größere)}과 대에서 소로의 추론{argumentum a maiori ad minus (Schluss vom Größeren auf das Kleinere)}을 통칭하여 '강한 것으로 부터의 추론'(Größenschluss) 또는 당연·물론추리라고도 부른다.

두 개의 유용한 개념 사용방식이 있다: 하나는 우리가 이 개념으로 법적 추론에 있어서 **'규범 영역의 사실들'**(Tatsachen des Normbereichs)을 기술하는 원칙이 (예를 들어 그것에 대해 견해가 다양하기 때문에, 또는 그 원칙의 진실에 관하여 표준이 되는 입장이 변경되었기 때문에) 특별한 역할을 하는 그런 사례들을 표시할 수 있다.

예: 사람들은 예를 들어 단지 건강친화적인 건설재료만 사용될 수 있다는 하나의 법원칙·법규(Rechtssatz)를 출발점으로 취할 수 있다. (그 법규는 다수의 건설규정에서 명시적으로 발견될 수 있다. 하지만 또한 단순히 다른 사람의 생명과 건강에 대한 존중을 요구하는 일반적 법원칙들의 부분 요소일 수도 있다.) 건강에 대한 어떤 의심도 알려지지 않은 상태에서 석면이 건설재료로서 사용되었었던 한, 이러한 법규(Rechtssatz)와 석면의 안전성(Unbedenklichkeit)에 관한 기술적 원칙(deskriptiver Satz)으로부터 이 소재는 건설에서 사용될 수 있다는 결론이 도출된다. 이러한 문제에 더 가까운 법원칙, 달리 말해 보다 구체적 법원칙은 출발규범으로부터의 연역을 통해 석면으로 인한 대량의 건강상해가 알려진 시점까지 적용된다. 법률의 어떤 개정 없이 그 이후부터 석면은 건설재료로 허용되지 않는다는 그 반대의 구체적 법원칙(Rechtssatz)이 도출된다.

'사물의 본성'은 지금 언급한 기능에서는 독자적인 규범적 의미를 가지지 않는다. 법적 추론(Ableitungen)과 근거지음(이유제시)(Begründung)들은 넓은 범위에서 법의 현실 관련성으로 인해 사실관계에 관한 진술·사실진술들(Tatsachen aussagen)과 함께 작업해야만 한다. 그것은 -예시 사례에서와 같이- '규범영역에서 일반적 사실들'에 관한 진술일수도 있고 -개별사례의 판단(Einzelfallentscheidung)에서와 같이- 확정된 개별사실들이 문제될 수도 있는 것이다. 예를 들어 개별 절차에서 믿었던 증인의 허위진술로 인해, 사실진술들(Tatsachenaussagen)이 거짓이라면, 그것은 또한 법적 결과에 대해서도 적용된다. 이것은 물론 형사소송법의 테두리 내에서 기판력을 통해 그럼에도 불구하고 문제 삼을 수 없게 될 수 있다. 하지만 사용된 규범적 전제들은 그럼에도 불구하고 전적으로 옳았고 전적으로 바르게 다루어 졌을 수 있는 것이다.

이러한 전제들은 **'사물의 본성'**이 해석에 도움(Interpretationsbehelfe)이 되는 기능을 해야만 하는 경우에 문제된다. 해석의 영역에서, 즉 규범개념들과 규범원칙들의 '개념의 뜰'에서, 사물의 본성은 우리가 그것을 바로 단순한 사실기술과 동일시하지 않고, 그것에서 하나의 특정 **규범적 내용**(normativer Gehalt)을 발견하는 경우에는 사실상 해명하는 역할을 할 수 있다. 하지만 이것은 단지 문제되는 '사실'(Sache)이 하나의 전형적 생활관계, 달리 말해 인간들의 공동 삶(Zusammenleben)의 실제에서 종종 동일한 방식으로 등장하는 생활관계이고 이러한 삶의 관계가 법적으로 그에 관련된 규정을 통해 **'법제도'**(Rechtsinstitut)로 승인된 경우에만 가능한 것이다. 예를 들어 계약, 소유권 또는 가족이 그 예이고, 우정(Freundschaft)은 법적 규정과 의미의 결여로 인해 그 예가 아니다.

이제 법적 규정이 객관적-목적적으로 극복되어야만 하는 해석의 여지를 보인다면, 가능한 목적 가설들 중에서 〔원문 51p〕 그 중에 무엇이 일반적인 입장에 따를 때, 문제되고 있는, 법적으로 승인된 제도가 만족스런 기능을 하기 위해 보다 더 적합한 것인지에 따라 구별하는 것이 가능하다. 만족스럽게 기능하는 것은, 참여자들이 생각할 때 보통의 것으로, 또는 적어도 혼란스러운 것이라거나 결함이 있는 것으로 느

꺼지지 않는 그 제도의 적용사례들에서, 참여자의 사실상의 행위에서 도출될 수 있다. **합목적성**(Zweckmäßigkeit)이라는 보편적인 규범적 원리 하에서, 말하자면, 법적으로 승인된 전형적 생활관계를 최대한 장려하거나 적어도 가장 적게 위협하는 그러한 해석을 선택하는 것을 권할만 하다. 즉, 짧게 말하자면, 기능하는 관계들안에서 직접적으로 참여하는 자들의 실행(betätigte Übung)이 관건인 것이다.

이에 관한 다수의 **예들**은 평범하다. 상점의 거래에서 매매계약들의 경우 이행지는 바로 그 상점이고 이행시점은 '즉시'라는 것은, 비록 이것이 법률에서는 어디에서도 그렇게 언급되어 있지 않다고 하더라도 자명한 것이다; 그와 마찬가지로 다른 합의가 없는 경우 노동자의 노동의무를 이행할 장소는 노동자가 고용된 바로 그 사업장이다. 또는, 형법에서는 형사소송법 제281조(비약상고*) 제1항 제7문의 무효사유(Nichtigkeitsgrund)(혐의가 해결되지 않은 경우; Nichterledigung der Anklage)는 피고인에 의해 또는 단지 기소자에 의해서만 비약상고의 사유로 다투어

---

* [옮긴이 주] 오스트리아 형사소송법 제280조 이하에서는 참심법원(Schöffengericht)으로 주법원(Landesgericht)의 판결(Urteil)에 대한 이의제기 절차를 규정하고 있는데, Nichtigkeitsbeschwerde는 우리나라의 비약상고와 비상상고, 항고, 그리고 통상적인 항소나 상고의 내용이 뒤섞여 있는 특이한 제도이다. 여기서는 잠정적으로 '비약상고'라고 옮긴다. 동조에 따르면 참심법원인 주법원의 판결에 대해서는 항소와 비약상고((Nichtigkeitsbeschwerde) 두 가지의 불복이 가능하다고 하는데, 전자는 최고법원(Oberster Gerichtshof)이 후자는 주최고·고등법원(Oberlandesgericht)이 관할한다. 제281조에서는 Nichtigkeitsbeschwerde에 대해 규정하고 있는데, 무죄판결에 대해서는 단지 불리하게 기소권자에게만, 유죄판결을 받은 자에게는 유리한 경우는 물론 불리한 경우도, 즉 기소인과 피고인 양측에 허용된다. 그리고 각호에서 열거하고 있는 사유를 보면 예를 들어 동조 제1호에서는 참심법원의 구성이 법률에 반한 경우, 모든 법관들이 전체 절차에 출석하지 않은 경우, 또는 제척된 판사가 판결에 관여한 경우 등, 제1호의a에서는 필요적 변호사건에서 피고인이 전체 공판절차 동안 변호인의 조력을 받지 못한 경우 등을 비약상고의 사유로 규정하고 있다. 관련 법률은 https://www.jusline.at/gesetz/stpo/paragraf/281 참조(2021. 5. 10. 현재).

질 수 있는 것인가 하는 물음이 제기된다.* 사물의 본성에 따를 때 무효사유는 단지 기소자를 위해서만 적용되고 단순한 무죄선고의 부작위(Unterlassen eines Freispruchs)는 전혀 무효가 아니라는 결과가 된다. 달리 말해 피고인은 이러한 무효사유를 이유로 판결과 싸울 어떤 이익도 없다.

저작권법(Urheberrecht)에서 무상의 허가(unentgeltliche Lizenz)에 제기된 물음은 그렇게 자명하게 답할 수는 없다. 일반 증여법(allgemeines Schenkungsrecht)의 의미에서 (예를 들면 소설과 같이) 아직은 기껏 계획된 작품에 관한 저작물의 이용권(Werknutzungsrecht)을 증여방식으로 양도(schenkungsweise Einräumung)하는 것도 형식을 갖출 의무가 있는 것인지 여부가 밝혀져야 했다. 사물의 본성을 지적하면서 그것은 당연히 긍정되었다: 그 작품이 미래에 비로소 완성되기 때문에, 사실상의 양도는 어쨌건 배제된다. 물론 형식의 결여는, 작품이 완성되자마자 (서명하여) 양도함으로써 치유될 수 있다. 마찬가지로 사물의 본성을 언급하면서, 〔원문 52p〕 객관적-목적론적 해석의 범위에서, 동업자 사이의 신뢰(신의성실, Treue)에 대한 법적 의무와 같이 혼인에 기초한 생활공동체에 대한 법적 의무는 그 적용범위의 관점에서는 마치 기능하는 결혼 또는 기능하는 사업에서 통상 행해지는 것 이러한 의무들과 같이 구체화될 수 있다고 언급되었다.

5. 부조리 논증을 이용한 해석(Auslegung mit Hilfe eines argumentum ad absurdum)

---

* [옮긴이 주] 유죄판결에 대해서는 양 당사자가, 무죄판결에 대해서는 기소자만 이의제기 권한이 있으므로 이와 같이 유죄판결도 무죄판결도 아닌 경우에는 이의제기권자가 누구인지 문제된다는 말이다.

사람들은 하나의 사고과정의 결과가 그것의 전제들과 모순에(im Widerspruch) 빠지는 경우에 이를 엄격한 의미에서 부조리 논증·불합리한 결론에 이르는 논거(argumentum ad absurdum)라고 말한다. 해석과 관련하여 그곳에는 적어도 하나의 유사성이 존재한다: 법질서는 하나의 특정 법공동체의 법질서이고 따라서 그 개별적 결과들에 있어서 이러한 공동체의 지배적인 부분의 법인식(Rechtsbewußtsein)과 가능한 조화될 수 있어야만 한다는 것이다. 예를 들어 하나의 '다원화된 공동체'(pluralistische Gesellschaft)에서도 바로 **'부정적 동의'**(negatives Konsens)라는 의미에서 당연히 나타날 수 있는 강력한 다수(Strake Majorität)를 통한 거부도 그 표지가 될수있다; 즉 어느 정도 이성적으로 판단하고 법질서를 기본적으로 긍정하는 법공동체의 거의 모든 구성원들을 통한 (그들의 일반적인 이데올로기적 입장은 고려하지 않은) 거부(Ablehnung)가 그 예이다. 물론 여기서 반드시 전제되어야만 하는 것은 그러한 하나의 동의는 우선 정보의 흠결(Informationsmängel)(혹은 심지어 언론의 실제적인 조작에 근거한 것)에 원인이 있는 것은 아니라는 것이다. 우리가 그러한 부정적 동의를 하나의 특정 해석결과를 위해 받아들일 수 있는 충분한 이유가 있다면, 그렇게 해당 목적(Zweck, 가설)과 해석 가설(Auslegungshypothese)은 부조리에 이르게 되는 것이며, 따라서 포기되어야만 하는 것이다. 물론 사람들은 여기서는 단지 방법론적인 법적 작업의 영역에서 단지 하나의 부분조작(Teiloperation)만이 (그리고 여기서 다시 특정 규정들 혹은 문제들의 객관적-목적론적 해석의 범위에서 부분작업 만이) 언급되고 있는 것임을 반드시 잊지 말아야만 한다. 즉 여기서는 법 발견에 미치는 결정적인 영향이 저마다 정치적으로 혹은 언론에 의해 조작된 것일 수 있는 많은 수의 사람들이 실제 감정들(Emotionenen)에 귀속된다는 의구심은 무력화 될 수 있는 것이다. 그에 부합하게 제한적으로 적용하는 경우에 **법적 안정성**이라는 근본원칙이 여기서 언급된 해석척도를 승인하는 지지근거가 된다; 그리고 그것도 동시에 두 가지의 의미에서 그렇다: 하나의 법공동체의 대부분의 구성원들이 명확하게 거부하는 것은 또한 그들의 법질서의 결과로서도 기대되지 않는다는 것이고 〔원문 53p〕 따라서 그러한 결과는 그들에게 놀라운 것이고 동시에 예견할 수 없었던 것이 틀림없다. 이를 넘어서 그러한 하나의 결과는 그들의 법인식(Rechtsbewusstsein)을 뒤집어 놓을 것이고, 그것은 전체로서 법질서의 실제 효력에도 수인할 수 없는 해가 될 수도 있을 것이다.

손해배상법에서 **인과관련성**(Kausalzusammenhang)이 중요한 직관적 예를 제공하는데, 그것의 가장 핵심이 되는 불법행위책임(Verschuldenshaftung)에 관한 규범(ABGB 제1295조)은 유책하게 행위한 자는 자신의 불법행위로 인해 '가해진'(zugefügt) 손해를 반드시 배상하여야만 한다고 규정하고 있다. 오늘날 책임의 전제조건(Haftungsvoraussetzung)으로 인과성(원인성, Kausalität, Ursächlichkeit)에 대한아주 정밀하고 기본적으로 매우 잘 근거지워진 이해는, 만약 첫 번째 사태를 제거하고 생각할 때 두 번째의 것도 탈락하게 되는 경우라면, 하나의 사태(Umstand)(유책한 행위)가 다른 하나의 사태(손해)에 대해 인과적이라는 것이다 ['**조건이 없으면 결과도 없다**'(conditio sine qua non)는 이론 또는 조건관련성(Bedingungszusammenhang) 이론]. 법사적으로 유효했고 법률에 기초가 된 인과성에 관한 역사적 생각들은 비교적 불명확했고, 특히 ABGB 제1311조* 제2문의 '**혼합된**

---

* [옮긴이 주] 오스트리아 민법전 제1311조에서는 "단순한 우연은 그것이 일어난 재산이나 사람에게 발생한다. 하지만 누군가 유책하게 우연을 야기했거나, 우연한 손해발생을 예방하려고 하는 법률을 위반했거나, 또는 불필요하게 타인의 사업에 간섭하였다면, 그는 그렇지 않다면(außer dem) 발생하지 않았을 모든 손해에 대해 책임을 진다."라고 하여 우연과 행위자가 발생시킨 손해발생의 조건을 구별하고 있다.

우연'(gemischter Zufall)('casus mixtus'*)이라는 형상이 보여주는 바와 같이, 매우 심하게 좁은 개념이었다. 세밀한 인과성 개념을 성찰없이 적용하는 것도 만약 그것이 수정되지 않은 채 머문다면 이상한 결과들에 이르게 될 수 있다.

예: 도로교통에 참여한 사람이 사소한 과실로 경미한 교통사고를 유책하게 야기했다. 이로 인해, 다른 사고참가자의 차량 운행이 지연되어 중요한 사업일정에 지각할 위험에 빠졌다. 따라서 그는 비행기를 이용했고, 목적지에 착륙하면서 사고가 발생하여 상해를 입었다. 따라서 이익을 볼 수 있었던 사업은 무산되었다. 병원에서 집으로 귀가하는 길에 그는 소매치기범에게 가방을 도둑맞았다. 한 지인이 병원에 있는 그를 방문했고 그곳에서 감염병에 감염되었고, 그 병은 바로 그의 가족구성원들과 회사동료들에게 전염되었다. 그로 인해 이들 중 한 명은 자신의 부유한 숙부를 제 시간에 방문하지 못했고 그로 인해 그에게 기대되었던 거액의 유증을 놓쳐버렸다. 오히려 그 유증은 다른 조카에게 돌아가 버렸고, 그 조카는 너무 좋아 술에 취해버렸고, 그래서 심한 교통사고를 일으켰으며, 수많은 부상자와 큰 물적 손해를 야기했다. 우리는 이러한 사건을 마음대로 더 늘릴 수 있다.

> 원문 54p

더 짧은 사례: A는 유책하고 위법한 행위로, 이른바 간통 혹은 강간으로 인해서 자식을 낳았다. 이 자녀 또는 그의 비속은 그들이 살아가는 동안에, 예를 들어 범죄인으로서, 무수한 피해를 야기했다.

---

* [옮긴이 주] 채무자의 불법행위와 우연이 함께 작용한 경우를 말한다. 조건이 혼합되었다는 의미이기도 하다.

B. (좁은 의미의) 해석   57

첫 번째의 사고야기자 또는 아버지는 반드시 언급된 모든 손해에 대해 책임을 져야만 하는가? 그들의 유책한 행위가 없었다면 이러한 손해들은 물론 발생하지 않았을 것이다. 이러한 행위방식들은 따라서 모든 손해에 대해 인과적이었다.

책임을 제한(Haftungsbeschränkung)하는 다양한 척도들 중에서 여기서는 단지 **상당성**(Adäquanz)*만 언급되면 되겠고, 여기서 다시 단지 그것을 지지하는 주요논거만을 언급하기로 한다. 단순하게 말하면 상응성이란, 손해결과는 단지 이 결과가 원인을 통해 그것이 실현되는 시점에 특별히 전문가적이고 주의깊은 판단자의 관측으로부터 여전히 모종의 실용적으로 주목할 만한 범위에서 (보다 개연적으로) 보호될 수 있었던 경우에만(달리 말해 그 결과가 단순히 이러한 원인으로부터 전적으로 우연적이고, 누구에게도 기대불가능한 사정들의 연쇄(Verkettung von Umständen)를 통해 발생한 것이 아닌 경우에만)책임법적으로 그 책임의 근거(Verantwortungsgrund)에 귀속된다는 것을 뜻한다.

이미 이러한, 단순한 인과성을 제한하는 추가적인 부책의 전제조건들을 통해 위에서 약술한 손해결과들의 대부분은 명백하게 배제될 것이다. 언급한 사례들 (그리고 무수한 다른 사례들)은 또한 왜 상당성이 새로운 판례에서는 상대적으로 드물게 적용되는 것인지를 인식하게 해준다: 관련된 명확한 대부분의 사례들에서는 애당초 누구도 도대체 그러한 '떨어진'(entfernter) 손해들 때문에 유책한 최초출발원인자(Ausgangsverursacher)를 비난할 생각을 하게 되지는 않는다. 또한 통상 제

---

* [옮긴이 주] '상당성', '상당인과관계설'로 표현되는데, Angemessenheit und Üblichkeit, 즉 '적절성과 통상(일반)성'으로 풀어쓰기도 한다.

3의 피해자들 중에서는 누구도 그 전체의 사전 역사를 알지 못한다. 그 제3의 피해자들은 상당성 요구로 인해 그 사전역사에 대해서 전혀 흥미를 가질 필요도 없다. 따라서 단지 법적 생활을 소송들에 좁히려는 입장만이 상당성의 사소한 실질적 의미를 주장할 수 있는 것이다.

사실 상당성이론(Adäquanzlehre)은, 오늘날 정밀한 인과성개념은 책임문제를 위해 근접한('보다 직접적인') 손해의 야기라는 보다 좁은 역사적인 생각으로 수렴하게 된다는 결론에 이르게 된다; 물론 원문 55p 거기에는 단지 작고 제한된 진전이 있을 뿐이다. 책임의 전제조건으로서 인과성을 이렇게 좁게 해석(또는 한정)하는 것을 지지하는 주요논거로서 항상 등장하는 것은, 그렇지 않으면 책임(Haftung)은 한이 없어지고, 완전히 우연에 좌우되고, 그 외연에서 통제불가능하며, 예상불가능하게 된다는 것이다. 또한 책임은 객관적으로 인식가능하고 따라서 불법행위의 동기형성에 유의미한 손해의 잠재력·가능성(Potential)에 비해 (그리고 종종 가해자의 책임에 비해서도) 완전히 비례성이 없는 것이 될 것이라고 한다. 하지만 그 논거의 필수 부분은 통상 언급이 되지 않고 있다: 바로 이러한 무한계성과 우연성은 (엄격히 형식적으로 생각하지는 않는 법률가를 포함하여) 법적 동지들의 일반적 거부에 직면하게 된다. 따라서 상당성을 통해 책임의 전제로서 인과성요구를 좁게 해석하는 것은 부조리 논증을 통한 제한적인 객관적·목적적 해석에 대한 하나의 강력하고 중요한 예인 것이다.

다른 하나의 **예**는 가령 일반민법전 제336조*에 따른 악의의 점유자

---

* [옮긴이 주] 제336조는 사무관리와 비용상환청구권에 관한 규정이다. "악의의 점유자가 그 일에 비용을 지출한 경우에는 업무집행자(대표이사)에 의해 위임 없이 지출된 비용

의 비용상환청구가 제공할 수 있다. 그에 따르면 -언어적으로는 적어도 가능한- 위임없는 영업집행에 관한 규정을 지시하고 있는데, 이 규정은 영향력이 큰 이론에 의해서, 악의의 점유자는 선의의 점유자보다 필요비용에 있어서 보다 유리하게 취급된다는 식으로 이해되었었다. 하지만 그 논거로 언급된 이유들은 이미 내재적으로 설득력이 없다. 따라서 부조리논증이 바로 적용된다: 법질서가 언급한 개별물음에서 (또는 그 밖의 어떤 경우에도!) 부주의하게 (과실로) 또는 심지어 인식하에 위법하게 행위 한 자를 주의 깊게 행위 한 자에 비해 보다 유리하게 다룬다면, 이성적인 사람이라면 누구라도 그것을 이해할 수는 없을 것이다.

6. 우선순위의 법(특히 헌법)에 부합하는 해석과 규범충돌

목적론적-체계적 해석의 중요한 하나의 하부유형은 해석되는 규범과 형식적으로 그보다 상위의 실정법률과의 일치에 특별한 가치를 두고 있다. 가장 중요한 예는 일반 법률(einfache Gesetze)의 **'헌법합치적' 해석**(verfassungskonforme Auslegung)이고, 내국법의 유럽법합치적 해석이다(이에 대한 별도의 그리고 상세한 내용은 아래의 V 참조). 여기서는 '단순히' 〈원문 56p〉 가치평가의 모순들을 피하는 것이 관건이 아니라, 상이한 형식적 순위를 가지는 규범들 사이에 진정한 규범모순들을 가능한 최

을 고려하여 위임에 관한 주요부분에 규정된 것을 적용한다."(§ 336. Hat der unredliche Besitzer einen Aufwand auf die Sache gemacht, so ist dasjenige anzuwenden, was in Rücksicht des von einem Geschäftsführer ohne Auftrag gemachten Aufwandes in dem Hauptstücke von der Bevollmächtigung verordnet ist)라고 하여 악의의 사무 관리의 비용상환청구에 대해 위임의 관련 규정을 준용하도록 하고 있다.

대한으로 차단하는 것이 관심사이다. 근본적 가치평가들이 아니라 규범내용들 자체가 충돌할 수 있는 것이다. 해석의 일반적 목적은 여기서는 그러한 충돌들은 가능한 최대한으로 피하는 것이다. 그 목적은 입법자의 구체적이고 증명가능한 역사적 의도들과 무관하게, 오히려 객관적으로 실정법의 상이한 지위(Rang)를 실마리로 삼는다. 물론 하위의 규범들은 하나의 상응한 해석여지를 제공하고, 따라서 발견된 해법은 그 규범의 (아래에서 논의될) **'현행법(해석)의 한계'**(Lex-lata-Grenze)안에 있는 것이라는 것이 항상 전제된다. 따라서 형식적으로 후순위의 규범은, 도대체 상위에 부합하는 해석을 생각할 수 있기 위해서는, 단지 그 자체 가능한 해석 중의 -전부에서가 아니라- 하나에서만 상위의 것과 충돌할 수 있는 것이다.

이를 넘어서는, 달리 말해 해석적으로 배제할 수 없는 모순들은 우선적으로 그것을 위해 실정법에서 예정된 방식으로 해소되어야만 할 것이다: 즉, 보다 더 정확한 지시에 따라서 하위의 규범의 무효(Nichtigkeit), 폐지(Aufhebung) 혹은 적용하지 않음(Nichtanwendung)을 통해 해결되어야만 할 것이다. 실무가 보여주듯이 방법론적으로 허용되는 방식으로는 헌법에 적합한 해석의 가망이 없는 규범들은 항상 나타나게 된다. 아주 함축적으로 말하자면: 그 규범의 발생사를 근거로 그 내용이 (입법자의 의사가) 너무 명확해서 그 규범의 헌법위반성을 피해갈 수 있는 방법이 없는 하위 규범이 존재한다. 따라서 그러한 법률규정들을 헌법위반으로 폐지하는 것은 또한 헌법재판소(Verfassungsgerichtshof, VfGH)의 일상의 일에 속한다. 헌법재판소는 예를 들어 사행행위법(Glückspielrecht)의 한 규범에서 그렇게 하였다. 왜냐하면 이 규범이 도박장에 대한 도박자(놀음을 하는 자)의 손해배상청구를 위한 소멸시효

(Verjährungsfrist)를 사실상의 근거 없이 극도로 단기로 예정하고 있었기 때문이다. 하지만 단지 복잡한 수수께끼를 즐겨할 뿐만 아니라 그것에 타고난 재능을 가지고 있고 이를 넘어서 기록적인 부지런함을 보여주었던 그 사람들에게만 그 내용이 알려진 규범들에 대해서도 역시 헌법위반성이 인정되었었다.

> 마지막·아주 최근 **사례**: ABGB 제44조*는 혼인을 위해 '다른 성(性)의 두 사람'을 요구했다. 그것은 법문으로부터 명확한 것이고 입법자에 의해서도 바로 그렇게 의도된 것이었다. 따라서 '모든 사람을 위한 혼인'(Ehe für alle)은 (ABGB 제6조**) 허용되는 해석을 통해서는 결코 도달될 수 없는 것이다. (이러한 2017년 헌법재판소의 인식에서 혼인의 인적 제한이 원문 57p -헌법재판소는 2018년 말에 그 제한을 폐지했다- 사실상 헌법위반인지는 여기서는 논의될 수 없다.)

물론 해석의 재량이 인정되는 범위에서는 일치하는 해석이 하위에 종속하는 규범을 (그렇게 하지 않을 수 있음에도) 무효인 것으로 다루거나, 그것을 폐지하는 것보다는 우선되어야한다. 왜냐하면 또한 그러한 해석은, 정확하게 고지된 하위 규범은 효력을 발생한다는 법 공동체의 정당한 기대들을 실망시키지 않고(법적 안정성), 관할 심급(헌법재판소)을 통해

---

* [옮긴이 주] 혼인(결혼)의 개념에 대한 정의규정이다. "가족관계는 결혼계약을 통해 설정된다. 결혼계약에서 두 사람은, 법률에 맞추어, 분리될 수 없는 공동체에서 살고, 자녀를 낳고 양육하고 서로 간에 지원을 하겠다는 의사를 밝힌다."(§ 44. Die Familien-Verhältnisse werden durch den Ehevertrag gegründet. In dem Ehevertrage erklären zwey Personen gesetzmäßig ihren Willen, in unzertrennlicher Gemeinschaft zu leben, Kinder zu zeugen, sie zu erziehen, und sich gegenseitigen Beystand zu leisten.)

** [옮긴이 주] 제6조에서는 해석의 방법으로 '그 맥락에서 단어의 고유한 의미'와 '입법자의 명확한 의도'를 제시하고 있다. ABGB는 제6조부터 제8조까지 해석(Auslegung)의 원칙들을 명시하고 있다.

하위 규범이 배척된 전과 후의 법 수신자의 불평등취급으로 법질서의 붕괴를 초래하지 않고(정의의 평등·균형)도, 모순을 피하기 때문이다.

따라서 하나의 단일한 법체계에서 존재해서는 안될 실제규범의 모순들 또는 단지 개연적 규범모순들을 통해 회피불가능하게 발생하는 난점의 **최소화**(Minimierung)가 관건인 것이다. 여기서 엄격한 논리적 의미에서 모순들이 문제되는 것인지 여부는 논쟁거리지만 거의 차이가 없다. 왜냐하면 누구도 서로 반대되는 규범 명령을 따를 수는 없기 때문에 모순되는 규범들은 도대체 그들의 일반적 과제들을, 예를 들어 인간의 행위의 방향을 설정하는데 기여하는 일반적 과제들을 채우기에 부적절하다. 서로 모순되는 규범들의 법적 사용불가능성(Unbrauchbarkeit einander widersprechender Normen)에 대해서는 의심할 여지가 없다.

이러한 판단은, 그것에 대해서는 어떤 특별한 제거규정도 없는, 형식적으로 **동일한 순위의 규범들의 모순**도 포착한다. 그렇다면 이제 단지 일반적 해석규칙들이 구체적 맥락에서 도움이 된다면 그 일반적인 해석규칙의 도움으로 모순을 제거하거나 감소시키는 가능성만이 남는다. 이것이 여의치 않으면 두 개의 모순되는 규범들은 단순히 적용 불가능한 것이고, 따라서 당연히 효력이 없는 것으로 분류되어야만 하는 것이다.

예: 오스트리아 일반민법전 제467조*의 제3유형은, 질권자

---

* [옮긴이 주] 오스트리아 민법전 제476조는 질물이 멸실된 경우, 채권자가 자신의 그에 대한 권리를 포기한 경우에 이어 세 번째의 요건으로 채무자에게 조건 없이 돌려준 경우에 질권은 소멸하지만 채권은 여전히 존속한다고 규정하고 있다. (§467. Wenn die verpfändete

(Pfandgläuber)가 질물(Pfandsache)을 질권설정자(Verfänder)에게 '조건 없이'(ohne Vorbehalt) 돌려준 경우에는, 질권이 소멸된다고 규정하고 있다. 단순한 반대추론은 '조건아래' 돌려주는 것은 (예를 들어 특정한 짧은 시간동안만) 질권에 영향을 미치지 않는다는 법원칙에 도달하게 된다. 이러한 법적 지위(Rechtsposition)는 그럼에도 원문 58p (ABGB 제451조* 이하) 질권의 창설에 위해 규범화되었고 반환약속을 통해 쉽게 무력하게 되어버릴 수 있는 강제적인 동산질권의 원칙(Faustpfandprizip) 또는 권리·의무관계의 공시원칙(Publizitätsrpinzip)에 충돌하였다. ABGB 제467조에 포함된 규정이 어떤 적용범위(=법적 중요성)도 더 이상 가질 수 없다는 식으로 축소되지 않고서 어떻게 이러한 모순이 해소될 수 있다는 것인가? 그러한 유형의 광범위한 축소(환원 Reduktion)는 물론 결론에서는 해석자를 통한 삭제와 다름없는 것이고 따라서 당연히 방법론적으로 허용되지 않는 것이다. 축소시도는 만약 유보하의 반환이 -예를 들어 물건에 그에 상응한 표시를 함으로써- 그 질권이 법적 거래를 위해 계속적으로 인식가능한 방식으로 이루어진다고 하면, 그 질권은 유지될 수 있도록 하는것으로 가게된다. 물론 ABGB 제452조**는 (예를 들어 표시

Sache zerstört wird; wenn sich der Gläubiger seines Rechtes darauf gesetzmäßig begibt; oder, wenn er sie dem Schuldner ohne Vorbehalt zurückstellt; so erlischt zwar das Pfandrecht, aber die Schuldforderung besteht noch).

* [옮긴이 주] 제451조는 우리나라 민법 제329조 이하와 같은 질권을 규정하고 있는데, 제451조 제1항에서는, 권리가 있는 채권자가 질권을 유효하게 취득하기 위해서는 질권의 목적물이 동산인 경우는 그 물건을 점유해야 만하는 것으로 규정하고 있다. "§ 421 (1) Um das Pfandrecht wirklich zu erwerben, muß der mit einem Titel versehene Gläubiger, die verpfändete Sache, wenn sie beweglich ist, in Verwahrung nehmen; und..."

** [옮긴이 주] 제452조는 이른바 상징적인 교부를 통한 질권설정이라는 제목하에, 손에서 손으로(von Hand zu Hand) 물체의 양도(현실양도)가 허용되지 않는 동산의 질권 설정의 경우에는 소유권을 이전할 때와 같이 누구나 그 질권설정 사실을 쉽게 알 수 있는 그러한 표지를 사용해야만 하고, 이러한 주의를 무시한 자는 불이익한 결과에 대해 책임을 진다고 하고 있다. 동산은 그 목적물을 점유하는 경우 외에는 원칙적으로 질권설정을 허용하지 않는 우리 민법의 태도와 비교된다. (§ 452 ABGB c) durch symbolische Uebergabe;

를 부기함을 통한) 상징적 질권설정은 단지 질권자에게 물체의 교부가 불가능하거나 적어도 부적당한 경우에만 허용하고 있다는 것은 이에 반한다. 따라서 반환시에 행한 '조건'에 단순한 채무적 효력만을 인정하는 그러한 해석(변)형태가 선호될 수 있다: 만약 그러한 조건이 있었다면 질권자는 질물의 새로운 교부(그리고 이로써새로운 설정!)를 요구할 수 있다; 그러한 조건이 결여되었었다면 질권설정자는 그 물건을 더 이상 교부해야만 하는 것은 아니다.

7. 비교법적 해석(Die rechtsvergleichende Auslegung)

법을 특정 국가적 또는 초국가적으로 조직화된 공동체들 또는 그 공동체들의 입법기관들의 자율적인 의지적 산물에 국한시키는 법이론에 있어서는, 이전에는 다수에 의해 심지어 단순한 '사실'(Faktum)로 취급되기도 했던 **이방의**(=외국의) **법**(fremdes=ausländisches Recht)은 (자국의) 고유한 법의 이해와 적용을 위해 아무런 기여도 할 수 없다. 그렇지만 우리가 만약 법질서들을 '법이념'의 보편적인 기본원칙들, 즉 정의, 법적 안정성 그리고 합목적성이라는 법이념의 보편적인 기본원칙들을 구체화하는 다양한 시도들로서 고찰한다면 그것은 달라진다. 그렇다면 이제 달리 해결될 수 없는 모호성이 있는 경우 또는 흠결이 있는 경우, 자신들의 법질서에우리가 판단자의 자유로운 개인적 평가로 넘어가기 이전에, 지금 제기된 문제에서 벗어나기 위하여 다른 법질서의 명확하고 잘 증명된 구체적인 것들을 이용할 수 있는 기회가 생긴다. 이로써

Bey Verpfändung derjenigen beweglichen Sachen, welche keine körperliche Uebergabe von Hand zu Hand zulassen, muß man sich, wie bey der Uebertragung des Eigenthumes (§ 427), solcher Zeichen bedienen, woraus jedermann die Verpfändung leicht erfahren kann. Wer diese Vorsicht unterläßt, haftet für die nachtheiligen Folgen.)

법의 비교는 〔원문 59p〕 그 순수한 학문적 인식의 의미를 넘어서, 합리적 입법의 노력에 대한 보증된 보조수단으로서의 그 적성을 넘어서, 법적용에서도 하나의 확실한 방법론적 의미를 획득할 수 있다. 이것은 우선적으로는 증명된 외국의 법을 일반적이고 실천적인 합목적성의 관점에서 특정 해석가설들의 활용가능성을 위한 통제적인 그리고 경우에 따라서는 증명하는 심급·기관(Instanz)으로서의 자격을 인정하는 것에 있다. 하지만 유사한 법질서들로부터 그 법공동체의 존재하는 또는 잠재하고 있는 법 인식에 대한 암시도 얻을 수도 있는 것이다.

물론 외국의 법은 단지 드문 예외사례들에서만 직접적으로 자국 규범의 해석에 영향을 미칠 수 있다는 것은 아주 명확하게 강조되어야만 한다. 보통의 경우에는 오히려 상당한 자제가 요구된다. 무엇보다 크고 중요한 국가들{'법제국주의'(Rechtsimperalismus)}의 법질서들에서의 특정 해결책들이 -오스트리아의 법학과 법원들은 그렇게 종종 (단지) 독일을 바라본다-, 또는 아마도 서로 '베껴'(abgeschrieben) 단순히 수적으로 다수의 국가들의 해결책이, 묻지도 따지지도 않고 우선할 가치가 있는 것으로 여겨지는 비교법적 유혹에는 저항해야만 한다. 마찬가지로 모든 비교 법학자에게 특히 쉽게 이해되는, 전적으로 특정 법질서들을 과도하게 끌고 들어오는 것도 위험한 것일거다. 만약 그것이 가능하다고 하면 오히려 자신들의 법질서의 체계에 내용적으로도 어울리는, 비교법적으로 사실상 그리고 원칙적으로 최선의 해결책이 모색되어야만 할 것이다.

비교법적 논거들은, 단지 고유한 법질서에서 도출되는 논거들이 그 체계에서 가장 최선의 근거가 제시된 해법을 발견하기 위해서는 너무 모호하거나 지나치게 모순적인 경우에만, 단순히 통제적-증명적 (kontrollierende-bestätigende) 기능이 아니라 결정적 기능(ausschlaggebende Funktion)으로 고려될 수 있어야 하는 것이다. 그렇지 않은 경우 외국법을 끌어들여오는 것은 자신의 법질서에, 종종 역사적으로 만들어져왔거나 국가의 선호에 부합하는 원래 존재하는 차이들(Unterschiede)보다 더 의문스러운 긴장을 가져오거나, 심지어 모순 또는 깜짝 놀랄만한 의외의 효과(Überraschungseffekt)를 가져올 위험이 있는 것이다.

또한 이러한 상이성 자체(Verschiedenheit an sich)가, 이상적 관념들(Idealvorstellungen)에 비추어 볼 때, 물론 화근이 되기도 한다. (원문 60p) 피레네 산맥의 이쪽과 저쪽에서 정의가 (물론 보다 정확히는 : 정의의 구체화가) 다르다는 것이 얼마나 이상한 것인지는 이미 오래 전부터 명확하게 지적되었었다. 따라서 법의 통일을 위해 특히 적합하고, 이른바 강력한 국제적 경제의 착종들(Wirtschaftsverflechtungen)을 통해 그 특징을 보여주는 법영역들을 위해서는 실정법의 **법통일·단일화**(Rechtsvereinheitlichung)의 장점들은 매우 중요한데, 이에 대해서는 비인의 UN-매매법협약(CISG; Wiener UN-Kaufrechtsübereinkommen)이 인상적인 예를 제공하고 있다. 또한 EU 내에서의 유럽사법 통일화(Privatrechtsvereinheitlichung)를 위한 계획들이 여기서 언급될 수 있겠다. 그 계획들에서는 더 이상 외국에서 기원하는 해석적 치외법권지역(interpretative Enklaven)이 문제되는 것이 아니라, 포괄적 법전이 (유럽지역에서 예를 들어 최근에 회원국의 투표에 부쳐진 -이른바 선택적 도구인- 계약법규가 고안되었다) 중요한 관심사이다. 물론 여기서도 지나친 낙관에 반해, 국제적 법통일화·단일화가 종종 통일되지 않는 법영역들과는 내부의 법의 파괴라는 대가를 지불해야만 한다는 것을 고려해야만 한다(**예:**

급부장애법은 통일되었지만, 의사표시의 흠결에 관한 법은 이에 반해 통일되지 않았다). 나아가 통일·단일화는 종종 우선적으로 **가장 작은 공동분모를 기초**로 하여(auf der Basis des kleinsten gemeinsamen Nenners) 실행될 수 있다는 위험도 존재한다. 많은 경우 이러한 공통분모는 사실적이고 원칙적으로 설득력있게 숙고된 해결책들이 아니라 오히려 단순하거나 겉보기에 실용적(pseudopragmatisch)인 해결책으로 가는 경향이 있는 것이다. 이를 통해 종종, 구체적 문제해결에 있어서 상당히 모호하고 따라서 거의 도움이 되지 않는 것으로 밝혀지는 매우 단순한 법 형태(Gesetzformeln)에 이를 수도 있다. 하지만 그와 반대되는 사례도 물론 생각할 수 있다: 그 규정들은 구체적이더라도, 매우 분화되지 못하고 따라서 '법적 안정성'은 있을 것이지만, 이를 통해 보다 복잡한 개별사례들에 적용함에 있어서는, 같지 않은 것이 같게 다루어지기 때문에, 정의는 포기될 수도 있는 것이다. 두 가지 경향이 바람직하지 못한 것은 동일하다.

8. 해석에서 경제적 관점의 의미

우리가 단지 실정법의 규범만을 보고 그것의 해석만을 주목한다면, 여기서 경제적인 관점들(ökonomische Aspekte)은 전적으로 다른 의미일 수 있다; 재산법에서 경향적으로 점점 더 강해지고 원문 61p 예를 들면 가족법에서는 경향적으로 점점 약해진다. 이러한 관점들은 적절하게 하나의 규정의 목적을 모색하는것에, 말하자면 목적론적 해석에 분류된다. 미국에 뿌리를 둔 법이론적 조류인 **'법의 경제적 분석'**(ökonomische Analyse des Rechts)은 (항상 너무 부족한) **자원의 적정한 이용**을 가장 전면에 등장시킨다. 사법(Privatrecht)에서도 권리들과 의무들의 귀속은 이러한 기준에 맞춰져야만 한다. 이러한 법의 분석은 그것이 경제학의 방법을 이용한다는 그런 의미에서 '경제적인' 것이다. 경제학은 다시, 특히 부대조건들(Nebenbedingungen)하에서 '경제적 동물'(home oeconomicus)의 합리적 결정의 연구에 몰두한다. 다른 경우와 마찬가지로 이러한 시도와 관련해서도 편파성에 대한 경고가 있어야만 한다. 한편으로는, 주지하다시피 이미 고전적 해석론은 경제적 관점들을 고려하고 있다. 다른 한편으로는, 사회에서는 -또한 합리적인 사회에서도- 이러한 관점들만이 지배하는 것은 아니다. 그 예로는 자주 행해지는 증여(선물)를 언급함으로써 족할 것이다. 우리가 이것을 고려한다면 물론 경제적 착안·접근은 합리성향상(Rationalitätsgewinne)을 가져올 수 있다. 이것은 특히 **법창설**(Rechtssetzung)에 대해서도 전적으로 타당하다. 즉 입법자를 통한 새로운 규범의 창설(Schaffung neuer Normen)에 대해서도 유효하다. 그곳에서는 그 규범의 경제적 파급효과가 -그리고 심지어 전체 경제적인 것은 물론 개인적으로도- 사전적으로 가능한 한 주의 깊게 고려되어야만 할 것이다.

물론 현행법의 적용을 위해서도 경제적 접근방법의 투입은 항상 요구된다; 그것은 예를 들어 손해배상법에 대해서도 그런데, 그곳에서는 종종 하나의 규정의 **효율성**(Effizienz)에 대한 물음이 제기된다. 사람들은 단지 전체피해의 문제점(Totalschadenproblematik)을 생각해보면 될 듯하다: 언제 손해를 입은 사람은 원상회복(Naturalrestitution)의 의미에서 심하게 손해를 입은 물건의 수리를 요구할 수 있으며 언제 손해를 가한 자는 제거비용이 손해를 입지 않은 물건의 가격을 넘어설 것이라고 효과적으로 항변할 수 있는가? 또는 위법성과 책임의 영역에서: 손해를 피하기 위한 어떠한 노력이 경제적으로 의미 있는 것이고 언제부터 손해 발생 사례의 사소한 잔존위험(Restrisiko)을 (예를 들어 추가적 통제조치를 통해) 피하려고 하는 것이 비효율적인지, 그래서 우리는 어쩌면 그러한 조치의 기대불가능성으로 인해 가해자에게 그러한 조치의 부작위를 더 이상 비난할 수 없는 것인가?

[원문 62p] 따라서 이러한 의미에서 다수의 해석가능성 중에서 어느 것이 부족한 자원을 최대한으로 절약하면서 하나의 규범에 의해 추구되는 목적을 도달할 수 있을 것인가라고 묻게 될 것이다. 여기서 경제적 분석의 주장자들은 원칙적으로 법은 다른 표지들에도 -예를 들어 정의의 표지나 도덕의 표지들에도- 부합해야만 한다는 것을 부인하지 않는다. 물론 그들은 가장 먼저 판단되어야하는 모든 선택지를 '신념과 무관하게' 밝혀내기 위하여 이러한 심사를 효율성에 근접한 단계에 가져다 놓는다. 다른 경우와 마찬가지로 여기서는 (물론 그에 관해서는 한 번도 완전한 일치가 지배하게 될 수는 없겠지만) 올바른 가치평가가 관건이다. 물론 외관상의 합리성(Scheinrationalität)에 대해서도 진지하게 경계해야만 한다. 이미 효율성이라는 표지는, 그 기초에 대한 주의 깊고 경험적인 검증에 따르면, 매우 간단하고 함축 있게 숫자로 명시될 수 있기 때문에 이러한 위험이 존재하는 것이다. 이러한 수(Zahlen)들은 비슷한 방식으로 양화할 수 없는 해석에 중요한 다른 관점들과는 달리 논증의 기초로서 남달리 쉽게 포착될 수 있고 고려될 수 있다. (그리고 이로써 많은 사람들에게 특별히 유혹적인 것이다)

엄격하게 경제적이고 합리적으로 사고하는 '경제적 인간'(homo oeconomicus)이라는 개념의 변형태 중에서 지지할만한 것은 이른바 **행태경제학**(Verhaltensökonomie)이다. 이것은 (항상) 완전하게 이성적인 것은 아니고, 전형적으로 인간적으로 반응하는 사람으로부터 출발한다. 그것은 무엇보다 기업가가 아닌, 즉 소비자가 문제되는 경우에는 분명히 우선할 만한 가치가 있다; 하지만 해당 분야에서 (예를 들면 가족법에서) 엄격하게 합리적인 행위가 대부분을 지배하지 않는 경우에도 그러하다. 따라서 행위자에게는 예를 들어 흔들리는 선호들로부터, 감정적으로 지배된 결정들로부터, 또는 (예를 들어 자본시장에서) 집단의 행위로부터 발생하는 일종의 -적어도 추정적인 비합리성들(Irrationalitäten)이- 귀속된다.

V. 유럽법에 부합하는 해석의 최근 현상

1. 출발상태

여기서 언급될, 몇 년 전부터 '유럽법에 부합하는'(europarechts-), '연합법에 부합하는'(unionsrechts-) 또는 〔원문 63p〕 '지침·가이드라인에 부합하는'(richtlinienkonforme) 해석이라는 (동가치의) 표제어 아래 집중적으로 논의된 문제는 여러 층위를 가지고 있기 때문에 쉽지 않다. 이것은 EU가 그 회원 국가들에게 법적으로 구속력이 있는 형태로, 무엇보다 이른바 **지침·가이드라인**을 통해서, 회원국가들이 그들 내국의 법질서의 특정 영역을 어떻게 형성해야만 하는지를 제시하는 방식으로 시작한다; 무엇보다 소비자(보호)법의 부분영역에서 자주 그렇다. 법적용자의 첫 번째의 과제는 이 지침의 내용이 정확하게 무엇을 표현하는지를 밝히는 것에 있다. 따라서 **유럽법규범의 해석**(Auslegung europäischer Rechtsnormen)이 언급되는 것이다. 한 국가의 법원에서 행해진 법적 분쟁에서 내국의 법규범이 유럽의 지침에서 사전에 정해준 기준에서 벗어났다는 것이 확정되었다고 해도 그 규범은 적용될 수 있다. 물론 해당 회원국가는 (지침을 내국법으로) 변형하지 않았음을 이유로 한 (유럽통합)계약위반 절차를 염두에 두어야만 한다; 더구나 그 국가는 내국규정으로 변환하지 않은 것을 신속히 제거할 의무를 진다. 우리는 그러한 오류가 존재하는지, 또는 달리 표현해서 하나의 지침의 구체적 규정이 어떻게 해석되어야 하는지를 그러한 문제들에 관한 유럽연합법의 통일된 해석이라는 관점에서 판결하고 있는 **유럽(연합)법원**(Europäischer Gerichtshof; EuGH)에서 알 수 있다. {드물지 않게, 유럽연합법의 관점에서 유럽법원의 '**해석독점**'(Auslegungsmonopol)이라고 다소 아주 간결하게 불린다}

이러한 설명들 다음에 비로소 여기서 결정적인 물음이 이해되게 된다. 그 물음은 이렇다: 구체적인 국내 규범의 해석에서, 하나의 다른 해석은 지침과 합치될 수 있는데 반해 하나의 가능한 해석방법(Variante)이 지침에 위반된다는 상황이 해석의 결과에 대해 의미가 있는가?, 그리고 어느 정도 의미가 있는가? 그 경향은 명확하게 하나의 규범은 **가능한 최대한으로**(so weit wie möglich), 국가의 입법자에 의해 변형되어야 했던 **지침의 의미**(im Sinne der Richtlinie)에서 이해하는 것으로 가고 있다. 이미 언급한 헌법합치적 해석에 대한 경우와 마찬가지로 여기서도 한계가 있어야만 한다. 그것의 상세한 확정에 관해서는 논의에서 어떤 일치도 보지 못하고 있다. 실천적으로 가장 중요한 사례들은 회원국가에서 의무합치적으로 이행법률(Umsetzungsgesetz)이 공포된 경우이다. 애당초 내국의 규정이 명확하지 않았던 경우에는 결정적인 물음은 항상 이런 것이다: **지침에 부합하는 해석의 우위**(Vorrang einer richtlinienkonformen Auslegung)를 위해서는, 하나의 법률의 설명들에서 이 법률을 통해 원문 64p 하나의 특정 EU의 가이드라인이 관철되었다는 것이 강조됨으로써 (이로부터 (단순히) 올바른 (국내법으로의) 이행을 위한 일반적 의지가 인식가능해진다) 이미 충분한 것인가?: 하나의 구체적 규범이 명백하게 지침에서 사전에 제시된 것으로부터 벗어난 경우도 그러한가?

2. 구체적인 사례에 적용문제들

예 (보다 나은 이해를 위해 다소 단순화되었음) : 사인인 구매자(=소비자)가 건축재료상으로부터 바닥타일을 구입하고 나서 설치했다. 그 후에야 비로소 타일 표면에 하자가 있다는 것이 밝혀졌다. 구매자는 판매상에게 하자 있는 제품을 철거하고 새로운 계약에 맞는 물건을 설치할 것을 (그리고 이러한 작업에 필요한 비용의 부담도) 요구했다. 판매자는 단지 계약에 부합하는 타일 상당 수량만을 교부하려고 하였고, 그 이유는 자신은 타일의 설치에 대해 어떤 의무도 없고, 단지 (구매자 자신의 설치를 위해) 교부할 의무만을 진 것이었기 때문이라는 것이었다. 그 거래는 이른바 '소비재매매-가이드라인'(Verbrauchsgüterkauf-RL)에 포함되는 것이었기 때문에 (독일) 법원은 유럽법원에 그런 사례에서 제거하고 설치하는 작업도 가이드라인에 따를 때 하자제거에 속하는가라는 질문을 제출했다. 2011년 유럽법원은 아주 특별하게 가이드라인의 소비자 보호적 추세를 강조하고, 가이드라인 제3조 제3항을 (그 규정에 따르면 소비자는, 그것이 불가능하지 않거나 비례성에 맞지 않는 경우가 아니라면, 무료로 사후개선 또는 대체공급을 요구할 수 있다.) 특히 다양하게 불려지는 '효율성 요구'(effet utile; Effizienzgebot)의 의미에서 넓게 해석하여, 그러한 목적을 위해 구입한 물건을 제거하고 설치하는 비용도 책임과 무관하게 판매한 업자에 의해 부담될 수 있다고 하였다.

(구체적 가이드라인 규정의 해석 또는 창조의) 이러한 결과가 설득력이 있

는 것인지 여부는 일단 미루어두기로 한다. {적어도 오스트리아와 독일에서는 제한된 계약 이행의무를 -건설재료상에서 타일의 교부- 지적하면서 그에 반하는 결과를 기대하는 것이 우세했다; 그 외에도 관할 유럽법원 검찰총장(EuGH-Generalanwalts)의 판결제안도 전적으로 이런 의미였다. 반대로 사실상 소수만이 계약위반적인 급부로 인한 손해들은 선의의 매수인보다는 판매자에게 부담이 되어야 한다는데 찬성한다.} 어쨌거나 OGH(오스트리아 최고법원)는 그에 이어서 〔원문 65p〕 비교가능한 하나의 **제거-설치-사례**에서, 변화없이 그대로인 (예를 들어 ABGB 제932조와 같은) 국내의 법규가, 비록 이전에는 다르게 해석되었지만, 즉 매매법적 의무의 내용(Pflichtenprogramm)의 의미에서 사후이행(Nacherfüllung)에 제한하여 이해되었지만, 이제 가이드라인의 의미에서 해석되어야만 하는 것인지, 그리고 어떤 전제하에서 그렇게 해석되어야만 하는 것인지에 대해 판단하였다. 오스트리아 최고법원은 EuGH의 입장을 따랐고, 개선청구권(Verbesserungsanspruch)에 집중하는 오스트리아 법률의 규정들을 지침에 부합되게 (=EuGH가 그것을 해석한 것과 같이, 가이드라인의 의미에서) 해석하였다. 물론 그것은, 이미 그 개선이라는 개념이 어떤 분명한 법적 한계를 제시하는 것도 아니고, 철거와 설치라는 사례 형상에 대해서는 어쩌면 하나의 규범의 흠결이 존재하기 때문에, 적절하며 허용되는 것이다; 법률소재에서 볼 수 있듯이 그러한 사례들에 대한 하자보증규범(Gewährleistungsnormen)의 표현을 만들어낼 때에는 생각되지 않았다. 그에 반하여, 매도인(=교부자)이 그에게 해당하는 균형을 잃은 고액의 비용을 이유로 그 개선을 거부할 수 있는지 여부의 문제에 있어서는 이와 달리 보인다. 그것은 바로 ABGB 제932조 제4항에 예정되어 있다. EuGH는 그럼에도, 지침은 그러한 항변을 허용하지 않는다고 보았다. 물론 오스트리아의 입법자가 이러한 항변을 명시적으로 그리고 전적으로 의식적으로 ABGB에 -그리고 이로써 또한 소비자거래(Verbrauchergeschäfte)에 대해서도- 명시한 이후에 그 규범은 그러한 한에서는 지침의 의미에서 (EuGH가 그것을 이해하는 것과 같이) 해석될 수는 없게 되었다.

다수의 사람들은 물론 그것을 오늘날까지 달리 보고, 입법자가 새로운 개정법률{여기서는 하자보증법(Gewährleistungsrecht)으}로서 지침에서 제시된 것을 완전하게 이행하려고 하였다{'일반이행·관철의사'(Generalumsetzungswille)}는 것으로 충분한 것으로 보려하는데, 그것은 어떤 방법론적 기교로건 간에 (또는 전적으로 그러한 방법론적 기교없이, 즉 단순히 지침에 부합하는 해석을 위한 의무를 내세우거나 혹은 이러한 해석방법의 우위를 내세워) 내국의 규정을 **바로 그 지침에서 제시된 것과 마찬가지로** 이해하기 위한 것이다. 그에 따르면 단지 그것을 제정할 때 국가의 입법자가 금지된 바와 같이 그리고 선언된 바와 같이 가이드라인에 의해 제시된 것에서 벗어나려 하였던 그런 규범들만이 지침위반 일수 있는 것이다. - 따라서 실제 그런 일은 일어나지 않기 때문에 그런 규범은 없다. 〈원문 66p〉 그러한 작용은 AEUV* 제288조에서는 -유럽규정에서와는 달리- 그렇게 예정되어 있지 않고, 오히려 전적으로 그와 반대로 기본적으로 단지 국내법으로 **이식할 의무**(Pflicht zur Umsetzung)만 존재함에도 불구하고, 그런 입장은 거의 모든 사례들에서 회원 국가들의 개별 법질서들에 가이드라인·지침의 **직접적 효과**를 인정하는 결과가 된다. 따라서 단순한 법률의 헌법위반성에 있어서와 유사하게 개별사례에서 하나의 지침위반성도 그것이 국가의 입법자에 의해 의도되지는 않았지만, 하지만 여하튼 그에게 '발생한' 경우라면 문제가 된다; 예를 들자

---

*「유럽연합의 업무처리방식에 관한 협약」

면, 입법자가 하나의 지침의 요구의 효력범위에 대해 명확하게 알지는 못했지만 특정 – EuGH에 의하여 사후에 너무 좁은 것으로 느껴진– 법률 규정을 의식적으로 채택하였기 때문에 지침위반이 일어날 수 있다.

하지만 그것은 조금 더 복잡해진다. 소비재매매 가이드라인(Verbrauchsgüterkauf-RL)은 단지 소비자거래들에 대해서만 적용된다; 그리고 유럽법원(EuGH)은 단지 지침의 해석에 대해서만 관할권이 있다. 하지만 이러한 지침을 국내법으로 이식하는 것은 (소비재의 매매에 관한 하나의 독립된 장을 포함하고 있는 독일 BGB에서와는 다르게) 오스트리아에서는 (가장 광범위하게) ABGB에서 이루어졌다. 사람들은 입법자가 그 지침의 내용을, 그에 대해 의무가 있는 것도 아님에도, 그 범위(소비자법)를 넘어서 국내법으로 변환하였기 때문에 '과잉의'(Überschießender) 이식이라고 말한다. 따라서 만약 **기업가**(Unternehmer)가 구입하였다면 무엇이 적용되는가? OGH는 후속 판결에서 이른바 **분리된 해석방법**(gespalte Auslegung)을 선택했고 기업가-매수인(소비자)에게는 해체와 설치에 대한 청구권을 인정하지 않았다: 법원은 이로써 개선청구권에 해당하는 규범들을 단지 소비자 구매에서만 연합법에 조화되게 넓게 해석하였고, 그 밖의 개선의무는 –이전과 같이– 보다 좁게 인정했다(계약에 부합하는 타일을 교부할 단순한 의무만 인정했다). 이미 오스트리아의 입법자가 의식적으로 소비자구매(Verbraucherkäufe)와 그 밖의 구매(sonstige Käufe)를 동일하게 취급하기로 결정하였고, 더구나 이해관계의 상황에서 어떤 차이도 보이지 않기 때문에 그것은 설득력이 없다. 이른바 **이중-사용-사례**(Dual-Use-Fall)에서 최고법원의 판결은 이러한 –의심의 여지가 없지 않는– 발전을 잠정적으로 종결하는 것이다: 쪽매 널마루(Fertigparkett)의 매수인은 그 나무를 자신이 직업적으로 사용하는 작업실과 3개의 사적 공간에 설치했다. 사적인 부분이 분명히 압도적으로 많았지만, 최고법원은 소비자거래에 적용되는 규정을 적용하는 것을 –또한 단지 부분적으로도– 거부했다; 그리고 이로써 〔원문 67p〕 동시에 이를 지지하는 분리된 해석에 근거하여 널마루매도인의 개선의무의 일환인 철거와 설치에 대한 의무도 부인하였다.

그 외에도, 독일의 입법자는 반응했지만, 오스트리아에서는 여기서 다루어진 EuGH의 판결이래로 실정법 상태는 지금까지 전혀 변경되지 않았다: 2018년 1월 1일부터 효력을 발생함으로써, 소비재매수뿐만 아니라 모든 매매계약들(Kaufverträge)에 대해서 사후이행(개선)(Nacherfüllung)(Verbesserung)의무는, 그곳에서 상세하게 규정된 물건에 있어서는 철거과 시공을 함께 포함하는 것임이 명확하게 규정되게 되었다(독일민법 제439조 제3항). 지금까지 독일연방대법원에 의해 실무적으로 사용된 분리된 해석은 이로써 새로운 사건들에 대해서는 옛날 말이 되어 버렸다.

방법론적으로 허용되는 방식으로는 제거될 수 없는 **가이드라인 위반을 보여주는** 하나의 추가적인 **예**는 오스트리아는 물론 독일에서도 현행 규정이 보여주고 있는데, 그 규정들에 따르면 중고동산(gebrauchte bewegliche Sache*)의 매도에서는 소비자에 불리하게 소멸시효가 합의를 통해서 1년까지 줄어들 수 있게 된 것이다(오스

---

* [옮긴이 주] Sache(물건, 사물)와 동산(bewegliche Güter, Mobilien, bewegliche Habe, Fahrt)은 엄격히 보아 다른 개념이다. 정확하게 옮긴다면 gebrauchte bewegliche Sache는 '사용된 가동적 물건', 즉 '중고물건'이라고 할 수 있다. 여기서는 편의상 '중고동산'으로 옮겼다.

B. (좁은 의미의) 해석　77

트리아 KSchG 제9조 제1항* 또는 독일 민법 BGB 제476조**). 유럽법원(EuGH)이 2017년에 나온 하나의 판결에서 명확하게 한 바와 같이 이러한 시효 단축가능성은 기초된 소비재보호매매가이드라인에 위반되는 것이다. 그에 따르면 일반적으로 시효기간은 최소 2년을 예정하고 있다; 이에 반해 1년으로 시효를 단축할 수 있는 가능성은 단지, 교부이후에 어떤 시간 범위('책임기간')(Haftungsfrist)내에서 그 하자가 발생하였어야 하는가의 문제에 해당한다. 하지만 입법자는 의식적으로 그리고 의지적으로 소멸시효기간의 단축을 허용했기 때문에 (넓은 의미에서) 유럽연합법에 조화되는 해석을 위해서는 어떤 여지도 남아있지 않다.

---

* [옮긴이 주] 오스트리아 소비자보호법(Konsumentenschutzgesetz, KSchG) 제9조 제1항에서는 "소비자의 하자보증권은 결함을 인식하기 이전에는 배제 또는 제한될 수 없다. 법적 보증기간보다 짧은 약정은 무효이나 중고동산의 매각 시에는, 개별적으로 협의된 경우에 한해서, 보증기간을 1년으로 단축할 수 있다. 자동차의 경우 그러한 보증기간 단축은 최초 등록일로부터 1년 이상이 경과한 경우에만 유효하다."((1) Gewährleistungsrechte des Verbrauchers (§§ 922 bis 933 ABGB) können vor Kenntnis des Mangels nicht ausgeschlossen oder eingeschränkt werden. Die Vereinbarung einer kürzeren als der gesetzlichen Gewährleistungsfrist ist unwirksam, doch kann bei der Veräußerung gebrauchter beweglicher Sachen die Gewährleistungsfrist auf ein Jahr verkürzt werden, sofern dies im Einzelnen ausgehandelt wird. Bei Kraftfahrzeugen ist eine solche Verkürzung nur dann wirksam, wenn seit dem Tag der ersten Zulassung mehr als ein Jahr verstrichen ist.)라고 하여 하자보증 관련 시효를 1년까지 단축할 수 있도록 하고 있다.

** [옮긴이 주] 유사한 내용은 독일 민법 제476조 제2항에서 규정하고 있는데, "제437조에서 언급된 청구권의 시효는, 만약 시효기간에 대한 합의가 법적 시효개시시점부터 2년 미만으로 하거나, 중고 동산의 경우 1년 미만이라면, 기업가(판매상)에게 하자의 통지 전에는 법률행위를 통해 단축될 수 없다."(§ 476 (2) Die Verjährung der in § 437 bezeichneten Ansprüche kann vor Mitteilung eines Mangels an den Unternehmer nicht durch Rechtsgeschäft erleichtert werden, wenn die Vereinbarung zu einer Verjährungsfrist ab dem gesetzlichen Verjährungsbeginn von weniger als zwei Jahren, bei gebrauchten Sachen von weniger als einem Jahr führt.)라고 하여 중고동산에 대한 하자보증기간을 당사자의 합의로 단축하더라도 최소 1년은 보장되어야 한다고 하고 있다.

VI. 통일법*의 해석

별도의 규칙들이 이른바 통일법(Einheitsrecht)의 해석에 적용된다: 달리 말해 (회원) 국가들의 법률들로 편입되지 않고, 작고, 세부적으로 한계지워진 영역에서 많은 국가들에 대해 (비록 불가피하게 다양한 언어로 표현되지만) 동일한 단어로 규율되는 하나의 규범체계(Normengefüge)에 대한 해석에 적용된다. 이러한 사례들에서는 해석을 할 때 국제적으로 동일한 행보('국제적으로 판결이 같은 소리를 내는 것을 보장')가 추구되어야만 한다. 따라서 **자율적 해석원칙**(Grundsatz autonomer Auslegung)이 적용된다: 이 규정들은 〈원문 68p〉 -가능한 한- (그 발생과 목적을 포함하여) 구체적 규범체계(konkrete Normengefüge)에 제한된다는 것이 무엇을 의미하는지를 '그 자체로부터' 이해할 수 있어야 한다. 경우에 따라서는 그러한 유형의 방법론적 지시들은 규정복합체(Regelungskomplex) 그 자체 안에 있다.

그에 대한 아주 인상적인 **예**는 유엔매매법협약·유엔국제매매협약(CISG**) 제7조인데, 동조 제1항에서는 이러한 협약의 **해석**에 있어서는 그 협약의 국제적 특성을 고려해야만 한다고 규정하고 있으며, 마찬가지로 그 통일적 적용을 장려할 필요성도 규정하고 있다. **흠결의 보충**(Lückenfüllung)은 인용된 법률(leg cit) 제2항에 따라 우선적으로 협약에 기

---

* [옮긴이 주] Einheitsrecht, Uniform Law 등으로 표현되는 법률을 국내에서는 '통일법'으로 옮기곤 한다. 내용적으로 보면 여러 국가에서 하나의 법률을 동일하게 적용한다는 것으로 '공통법', '통일법', '단일법' 등 다양하게 표현할 수 있을 것이다.

** [옮긴이 주] 국내에서는 CISG(United Nations Convention on Contracts of the International Sale of Goods)를 '유엔국제매매협약' 혹은 '국제물품매매계약에 관한 유엔 협약'이라고 옮기기도 한다.

초된 일반적 원칙들(allgemeine Grundsätze)에 따라 시도되어야 한다*; 그리고 불가피한 경우에는 보충적으로, 국제 사법(internationales Privatrecht)의 규정에 따라 적용되는 (국가의) 법질서의 원칙들에 따라야 한다. 가능한 최대로 국제적 판결들이 동일한 목소리에 도달하기 위해서 법원들은 이미 협약의 다른 계약국가들로부터 나온 판결들도 고려해야만 한다는 것이 승인되어 있다.

VII. 특히 어려운 사례들에서 해석

1. 표지들

특별히 어려운 법적 문제들은 객관적-목적론적 방법론을 포함하여 상이한 방법론적 차원으로부터 (많은 경우에 또한 이미 하나의 차원으로부터) 나오는 관련 해석논거들(relevante Interpretationsargumente)이 중요한 범위에서 여럿의 다른 유형의 해석(Auslegungsvariante)으로 나누어 질 뿐만 아니라, 상이한 방향들로 향한다는 것을 통해 표현된다. 여기서 전제되는 것은 {필수적인 '반대심사'(Gegenprobe)를 통한 그 상대화와 더불어} 조금 뒤에 언급하게 될 해석방법론에 대한 **선후·우열관계**(Vorrangrelationen)가 전혀 유용한 해결에 이르지 못했다는 것이다. 해법이 '사용가능·유용하다는 것'(brauchbar)은 아마 그것이 한편으로는 문제되는 사실관계의 측면에서 해당 법규정의 모호성의 문제를 극복하고, 다른 한편으로는 특히

---

* [옮긴이 주] 협약 제7조 협약의 해석원칙 제2항에 따르면 "이 협약에 의하여 규율되는 사항으로서 이 협약에서 명시적으로 해결되지 않는 문제는 <u>이 협약이 기초하고 있는 일반원칙</u>에 따라 해결되어야 하며, 그러한 원칙이 없는 경우에는 <u>국제사법의 원칙에 의하여 적용되는 법률에 따라</u> 해결되어야 한다."고 하고 있다.

법의 목적층과 원칙층에 대하여 어떤 모순들도 보이지 않는 경우일 것이다. 어려운 문제상태들에 대한 단순한 해결방안 또는 심지어 기계적으로 적용 가능한 이상적 해결방안(Patentrezepte){도식("Schemata")}은 당연히 없다. 하지만 〔원문 69p〕법관의 독자적인 평가라는 비상구가 합법적으로 자리를 차지할 수 있기 전에 아직 모든 지금까지 상이한 방향들로 제시된 일련의 법적 논증 또는 발견 가능한 법적 논증의 노선들에 대한 포괄적 분석과 형량은 가능하다.

여기서는 '**법적**'(rechtlich)이라는 것이 강조된다. 물론 주관적 선호 또는 집단적인 선호들도 법과 무관하게 또는 심지어 법적대적 경향으로 재현하는 그 밖의 논거들은 동일한 특성의 그 반대되는 선호들을 통해 항상 공격받을 수 있다. 따라서 합리적 법 발견은 단지 유용한 논거들에 대해 그에 상응한 제한을 가하는 경우에만 가능한 것이다. 유관하고 따라서 비교형량이 될 규범적 논거들은 달리 말해 모든 그것의 체계적 층위들에서의 법으로부터 도출될 수 있어야만 하고 방법론적 표지들에서 도출될 수 있는 것이어야만 한다. 이때 그 법(Recht)은 **넓게 이해되어야 한다**(weit zu verstehen). 그 법에 속하는 것은 단지 '실정법적'인 것만이 아니라, 즉 법률의 형태로 사용가능한 규정들만이 아니라, 이것들에 기초된 목적들 및 전체 법제도와 법소재들을 지배하는, 보편적 효력을 가지고 있고 일반적인 법의 목적들을 기술하는, 법의 원칙층들(Prinzipienschichte)도 그에 속하는 것이다.

이러한 전제조건들 하에 비교형량의 문제는 당연히 객관적-목적적 차원에 놓여진다. 왜냐하면 다른 방법론들은 이미 투입했지만, 그 방법론들을 종합해서도, 충분한 효과가 없었기 때문이다. 물론 그것은 지금까지 기술되었던 바와 같이 또한 객관적-목적적 해석에 대해서도 타당하다. 달리 말해 지금은 추가적 품질·특징을 가진, 말하자면 **'보다 높은 등급'**(höheren Grades)의 객관적-목적론적 해석을 필요로 한다. 물론 지금까지는 실무적으로 단순하게 하는 방법으로 법률의 '그' 목적(Zweck)으로, 보다 정확하게는, 해석될 구체적인 법적 규범(Gesetzesnorme)의 그 목적으로 작업되었다. 그것은 넓은 범위에서 가능한데, 왜냐하면 그것은 하나의 법적 규정에 대부분 그 근거가 되는 상이한 목적들의 전체 망으로부터 당연히 단지 바로 문제에 관련된 목적만이 관건이 되는 것이고, 따라서 다른 목적들은 무시될 수 있는 것이기 때문이다. 또한 '그' 남아있는 목적은 당연히 우선 서로 반대방향의 목적경향들 간의 하나의 타협일 수 있는 것이다. 그 타협은 우선 해석되어야 하는 규정을 또는 그 규정에서 지금 관심대상인 구성요건표지를 설명하는 것이고, 그렇기 때문에 본래의 목적 충돌들에 대해서는 어떤 특별한 고려도 있어서는 안 되는 것이다.

〔원문 70p〕 하지만 만약 지금 제기된 문제가 다수의 서로 갈라진 초기의 평가들 혹은 초기의 목적들이 충돌하는 문제에 속하고, 그것의 체계적이고 역사적인 맥락과 더불어 해석될 법률로부터 어떠한 특정 문제와 관련된 타협도 역추론될 수 없는 경우라면, 법률의 '그' (몇몇의 중요한) 목적을 끌어들여옴으로써 단순화하는 것은 포기되어야만 한다. 비록 그 법률이, 언급한 바와 같이, 의심할 바 없이 하나의 타협이라고 하는 경우라도, 주어진 문제에서 그 중 하나 혹은 다른 하나의 충돌하는 가치평가가 어느 정도까지 우선순위를 가져야 하는가 하는 그 결정적인 물음은 당연히 해결되지 않을 수 있는 것이다. 그것은 동시에 (그 해결이 아니고) 사실관계가 단순한 사례에서 보다 상세히 설명될 수 있다:

마찬가지로 보다 높은 등급의 객관적-목적적 해석으로서 그 사례의 해결에 투입될 **'원칙들의 형량'**(Prinzipienabwägung)도 단순한 사례에서 보다 자세히 설명될 수 있다.

2. 복잡한 쟁점과 법 이론들

특히 논쟁이 되는 법적 문제들은 드물지 않게 매우 세분화되고 복잡한 사실관계에 기반을 두고 있다; 동시에 특히 현안인 해석문제의 해결은 이미 그 자체로 충분히 어려울 수 있는 그와 관련된 선결문제(Vorfrage), 수반문제(Seitenfrage), 후속문제(Folgefrage)의 해명에 좌우된다. 사람들은 단지 전체의 법률행위(Rechtsgeschäft)법, 특히 계약법을 관련된 문제의 장(Problemfeld)으로 생각해보면 되겠다. 그렇다면 이제 남은 것은, 저마다의 핵심 해결방법을 지지하기 위해 제출되고 찾아낼 수 있는 논거들의 전체상태(Gesamtstand)를 모든 부분 문제들에 상호 대립시키고, 그들 중 경합하는 것들 중 어느 것이 다툼 없는 법의 내용과 **더욱 잘 조화를 이루는**지, 그리고 무엇보다 법의 규칙들 및 법의 원칙들과 **보다 적게 충돌하는**지를 주의 깊게 분석하는 것뿐이다.

주장된 모든 견해들을 위해 내용이 풍부한 논거들이 법으로부터 도출될 수 있다면, 그 하나의 부분문제 또는 다른 하나의 부분문제들은 충돌 없이는 거의 끝나지 않게 된다. 그렇다면 법의 확실한 요소들에, 그리고 여기서는 특히 보다 깊은·체계를 유지하는 법의 원칙들의 층위에 가장 적게 모순되는 해석시도가 최선으로 근거 지워진 해석시도인 것이다. 어떤 가능한 해석방법(Auslegungsvariante)이 이러한 척도를 충족시키는지에 대하여 우수하고 주의 깊은 법률가들은 당연히 다양한 의견을 가질 수 있을 것이다. ⟨원문 71p⟩ 이미 그렇기 때문에 하나의 그러한 문제를 판단해야만 하는 사람이라면 그 누구라도 확실한 법의 내용에 관련한 논의상태의 가능한 광범위하고 비판적인 분석을 통해 법적으로 근거 지워진 독자적 의견을 스스로 형성하는 것을 피할 수는 없다.

그것의 선결문제, 수반문제, 그리고 후속문제들을 포함한 핵심적 문제들에 통일적이고 가능한 일관되며, 체계적으로 정합되고, 사안에도 맞는 해결책을 제공하는 것이 문제되는 곳에서, 사람들은 또한 법학에서도 통상 그 근본적 해결시도들을 (법도그마적인) '**이론들**'(Theorien)이라고 표시한다. 그 이론들은 일관된 근본생각들을 출발점으로 하여 하나의 문제영역에서의 다양하고 광범위한 물음들을 해결하려한다. 이론이 승인을 받기 위해서는 명확한 법의 내용을 존중해야만 하고, 법의 원칙층위와 목적층위로부터 나오는 상응한 해법들을 해명하고 이로부터 또한 공개되고 논쟁되는 문제들을 위해 가능한 일관되고 사용가능한 해법을 발전시켜야만 한다.

서로 대립하는 이론들(gegensätzliche Theorien)은 반드시 그들 중 어느 것이 이러한 요구들에 가장 잘 부합하는지 비판적으로 심사되어야만 한다. 사람들은 예를 들어 계약법과 그 밖의 법률행위법에서 의사설(Willenstheorie), 표시설(Erklärungstheorie), 신뢰설(Vertrauenstheorie) 그리고 조합설(kombinatorische Theorie)을 생각해 보면 될 듯하다. 다른 법 영역의 예로는 손해배상법의 인과관계에 있어서 상당성이론(Adäquanztheorie)과 등가설(Äquivalenztheorie)을 기억할 수 있을 것이다; 나아가 법인에 대한 다양한 이론들 또는 부당이득법에서 일원설·단일설(Einheitstheorie) 또는 급여부당이득(Leistungskondiktionen)과 일반적인 부당이득청구권

(Bereicherungsanspruch) 사이를 구별하는 분리이론을 생각하면 될 것이다. 하나의 이론이 한번 관철되기만 하면, 그것의 도움으로 다양한 개별사례들의 판단이 매우 간단해 진다. (종종 비현실적인 전제조건들 아래) 자유로운 토의를 통해 중요한 규범적 관점들을 획득하려고 시도하는 **토픽**(Topik)과 다른 **대화이론들**(Diskurstheorie)은 포괄적 이론 형성과 이론심사보다는 실제 사용 가능한 결과들을 공급하는 것에 적합하지가 않다. 그것은 한계설정불가능과 무한성(Uferlosigkeit und Endlosigkeit)이라는 위험을 수반한다. 존중해야 하는 법의 구속성 때문에 법적 논의를 '특수사례'(Sonderfall)로 파악하고 또한 그밖에 〈원문 72p〉 제한적인 논증규칙들을 주장하는 그러한 대화이론의 변형태들은, 그럼에도 방금 기술된 바와 같이, 특히 어려운 문제상황에 대해 통상 법학이 처리하는 방식에 아주 많이 닮아있다. 하지만 적어도, 하나의 특정 문제에 중요한 논거들을 가능한 완벽하게 모으고 평가하기 위하여 전문가들 사이에 광범위한 논의가 가장 최선의 길이라는 것에 대해 어떠한 의심도 존재하지 않을 것이다.

다수의 사람들은 이론개념을 법도그마적인 노력들(Bemühungen)에 사용하는 것을 애당초 거부하였다. 하지만 상대적으로 좁은 문제영역으로 인해 많은 경우 '작은 이론'(Minitheorien)이 문제됨에도 불구하고 부당하게도 그런 일이 일어난다. 하나의 이론은 다수의 원칙들(Mehrzahl von Sätzen)이고, 그 원칙들은 상호 모순되지 않으며, 그것들 중의 일부는 이 원칙들의 다른 것들로부터 도출가능하고 부분적으로 심사 가능한 것들이다. 이를 넘어서 그 원칙들은 **초안적 성격**(Entwurfscharakter), 즉 하나의 사변적(spekulativ) 요소를 보여준다. 만약 그 원칙들이 그 후에 실험적으로 혹은 그 밖에 (법학에서와 같이) 실무적으로, 광범위한 승인을 통해 적절함을 입증해 보인다면, 그리고 그런 한도 내에서는, 보다 확장된 인식으로 가는 새로운 길을 보여주는 것이고, 이러한 목적에 도달하게 되는 것이다.

법학에서 **하나의 이론의 '원칙체계'**(Satzsystem einer Theorie)는 이상적으로는 이미 알려진 그것의 목적층위 및 원칙층위를 포함하여 관련성이 있을 수 있는 법규들의 묘사, 미해결의 핵심적 해석문제에 대한 목적가설과 원칙가설들, 그리고 당해 구체적 사실관계유형과 그러한 도출들을 위해 요구되는 규범영역의 사실관계에 대한 사실진술(Sachaussagen über die Tatsachen des Normbereichs)을 포함한 (실험적인) 개별사례들에 대한 결과 도출을 포괄하는 것이다.

이러한 사실진술들, 즉 사실관계에 관한 사실진술들(Sachaussagen)은 다른 경험적 주장들과 마찬가지로 그와 동일한 범위에서 **심사가능한**(überprüfbar) 것이다. 법을 참고하거나 법에 관련짓는 것(die Bezugnahmen auf das Recht)은 법 자체로부터 그리고 (그에 속하는) 방법론적 규칙들로부터 비판가능하다. **목적가설**(Zweckhypothese) 또는 **원칙가설**(Prinzipienhypothese)은 반드시 개별적으로 이미 알려져 있는 법상태를 간단하고 설득력 있게 설명하고, 특별히 어려운 법적 문제들과 관련해서는 (그 기초적인 원칙층위를 포함하여) 법에서 어떠한 체계적 모순도 야기하지 않는 결론들에 이른다는 것을 입증해 보여야만 한다. 동시에 이러한 결과들은 실천적으로 사용가능해야만 할 것이고, (원문 73p) 법공동체(Rechtsgemeinschaft)의 구성원의 다수에게 적어도 주장할 만한 것으로 보여야만 할 것이다. 초심자에게는 단지 상세하고 시간이 드는 교육을 통해서만 전달될 수 있는 그러한 법적 문제들, 누구도 거기에 노출되려고 하지 않는 그런 문제들에 있어서는 법공동체가 충분한 전문가적 법률가들을 통해 대표될 수 있어야만 한다.

이런 모든 것은 또한 특별히 어려운 법적 문제들에서 그렇게 종종 그 핵심에 서 있는 '**어느 정도까지**'(wie weit)라고 하는 문제에 대해서도 같다; 즉 저마다의 문제영역에서 다수의 중요하지만 충돌하는 원칙들 중에 하나에 주어지는 보다 정확한 우선영역(Vorrangsbereich)에 관한 물음에도 적용된다.

3. (법원칙들과 그 충돌에 대한 설명들로) 하나의 사례에 대한 예증

사실관계가 간단한 **예증 사례**(Demonstrationsbeispiel)는 또다시 자필의 유언에 관한 법률에서 도출될 수 있다: 개인의 손으로 쓴 서체(Schriftzug)로 작성된 하나의 유언에 그와 마찬가지 손으로 '너희들의 아버지'(Euer Vater)라고 서명되어 있는 사례이다. 다른 전제조건들은 별다른 문제없이 긍정되어야만 하기 때문에, 이러한 유언의 효력은 우리가 이러한 서명을 유언자의 '이름'으로 한 서명으로 인정할 수 있는가 여부에 달려있다.

단어적(Wörtlich)으로 분석하면, 그것은 일반적 언어관용에 따를 때 분명히 부정되어야만 한다. 왜냐하면 일반적 언어관용에서 '이름'(Name)은 단지 한 특정 개인을 그 자체로 신원을 확정하는 바로 그런 기능을 가지는 단어로 표현되기 때문이다. 단순한 친족관계의 표현들에서는 그렇지 않다: 수천의 아버지가 있다. 하지만 특정한 논리적 관점들 하에서 그리고 그 중 특정된, 확실히 매우 드문 언어관용에서는,

비록 이것이 이러한 단어의 일반적 기능은 아니라고 할지라도, 특정한 상황아래에서는 사실상 하나의 특정 개인의 신원을 확정하는 임의의 표현이 '이름'으로 통용될 수 있는 것이다. 만약 유언의 내용으로부터 그리고 그 밖의 부수사정으로부터 유언자가 자신의 의사표현이 누구에게 향해지길 원했는지가 드러나는 경우에는 친족관계의 표현에서도 그것은 그런 경우인 것이다: 그렇게 지칭된 −유언에서 통상 이름으로 등장하는− 사람들의 아버지는 친족관계(Verwandtschaftsbeziehung)를 통해 명확하게 결정된다. 최종적인 것이고 따라서 효력을 발생하는 기능도 −예를 들어 친족들 사이에 서신교환에서 〔원문 74p〕 드물지 않은− 친족관계로 표시한 서명에 결여되지 않는다.

그럼에도 **언어적 법률해석**의 차원에서 전적으로 우세한 언어관용(Sprachgebrauch)은 이러한 서명이 충분하다는데 반대한다. **체계적−논리적 해석**을 통해 그것은 오히려 더욱 강력해지는데, 왜냐하면 이름과 성의 취득과 관련한 규정들은 분명하게 일반−언어관용적 의미에서의 이름을 지향하고 있기 때문이다. 물론 그 규정들은 완전히 다른 관심사(Interessenkonstellation)에 관련된 것이다. 즉 다양한 유산대상자들 사이의 충돌이 아니라 단순히 일반적 동일성표지(Identifizierungsmerkmal) 바로 그것의 획득에 관한 것이다.

역사적 해석의 영역에서는 단지, '작성'(Fertigung)은 피상속인(Erblasser)이 '일반적으로 사용하는'(Ofner I 347) 방법으로 해야만 한다는 언급만이 있다. 만약 피상속인이 가족 내에서 그렇게 서명을 하곤 했다면, 역사적 해석은 서명의 유효성을 지지하는 것일 수 있다. 물론 이것은 약한 논거이고 사실 양가적인 논거이다. 왜냐하면 바로 이것은 단지 가족 내에서의 일이고 일반적으로 문제된 것이 아니기 때문이고 단지 다수의 아버지들이 자신이 사는 동안 그렇게 하는 것이기 때문이다.

그곳에서 증명된 서명의 최종결정 기능과 유효성기능은 주지하다시피 하나의 다른 결어형식(Schlussformel)을 통해서도 -예를 들어 "그것은 나의 마지막 의사이다" 또는 "그것은 내가 죽은 후에 내 재산에 일어날 것이다"라는 결어형식을 통해서도- 표현될 수 있을 것임에도 불구하고, 왜 서명이 '이름'(Namen)으로 행해져야만 하는지 그 이유는 자료들에서 나오지 않는다. 하지만 그렇게 '서명된'(unterschriebene) 유언은 분명히 형식무효인 것인데, 왜냐하면 우리가 생각할 수 있는 어떤 의미에서도 그것을 유언자가 '그의 이름으로' 서명한 것이라고 말 할 수 없기 때문이다. 앞서의 이른바 일반적 고찰들로부터 **객관적-목적론적**으로 도출되는 결론은, '이름'이라는 법률적 구성요건표지로 부터는 단지 합리적으로 받아들일 수 있는 하나의 **목적**이 귀납적으로 추리 가능하다는 것이다: 이름으로 서명함으로써 **문서 자체에서 서면작성자의 동일성확인**이 결정적으로 쉬워지게 하는 것에 유언장의 약간의 수고가 예상된다. 만약 유언상의 지시들이 우선적으로 향해진 사람들을 호명하고, 그 밖의 사정들이 이러한 사람들이 누구인지에 대해 어떠한 의심도 들게 하지 않는다면, -이미 말한 바와 같이- (원문 75p) '아버지'(Vater)라는 표시는 명확한 유언자의 동일성확인(Identifizierung)인 것이다. 그것은 여기서 중요한 목적을 확실히 충족시킨다고 할 것이다.

문서 자체를 통해서 신뢰할 만한 진본성심사를 가능하게 한다고 하는 역사적으로 잘 입증된 형식을 규정하고 있는 전체 형식규정(Formvorschrift)의 목적이라는 관점에서는 그럼에도 모종의 의심이 제기

될 수 있다: 한 사람이 일반적으로 사용하는 서명은 그 사람의 그 밖의 수기보다는 여전히 보다 강하게 개인적으로 각인된 것이다; 잦은 반복을 통하여 특수성들이 보다 확고해진다. 달리 말해 통상적 의미에서 이름으로 수기 서명을 하는 것은 그 밖의 자수로 작성된 문서의 심사를 넘어서는 진본성 통제(Echtheitskontrolle)를 가능하게 한다. '너희들의 아버지'라는 서명에서는 그것이 결여되어 있다. 따라서 전체적으로 문서의 비교를 위해 가용한 문서들의 관점에서의 그 흠결이 아주 사소한 경우라도 진본성 심사의 법률목적은 최대한 실현되는 것은 아니다. (기계적으로 만들어진 글에 단지 서명만이 '자기 손으로' 된 경우는 당연히 그것과는 다르다) 따라서 언급된 법률목적이 사실상 지금 언급된 최종결론으로까지 실현되어야 한다는 결론이 내려진 것은 아니다. 이것은 지나치게 극단적이고 불필요한 형식주의로 나타날 수 있는 것이다.

따라서 사람들은 추가적 논거들을 모색해야만 하고 동시에 **원칙들**(Prinzipien)의 영역에서 (그리고 가능한 **원칙들의 충돌**의 영역에서) 찾을 수 있을 것이다. 그 한도에서 보다 좁은 해석이 필요한가에 대한 의심은, 예를 들어 우리가 **유언의 자유**(Testierfreiheit)를 고려한다면, 그 근거가 마련될 수 있다. 상속법을 지배하는 이러한 원칙에 따르면 누구나 기본적으로 자신의 재산을 자신의 사망 이후 시점에 자신의 의사에 따라 처분할 가능성과 권한을 가지는 것이다. 이러한 원칙이 '유언'이라는 전체 법제도에 기초되어 있다는 것은 명백하다. 물론 그 원칙은 얼핏 보면 유언의 형식필요성의 원칙(Grundsatz der Frombedürftigkeit von Testament)을 통해 제약된다. 이러한 원칙은 마찬가지로 충분히 이유를 가지고 있는 것인데, 왜냐하면 형식을 엄격히 한 통상의 이유들에 (특히 지나치게 경솔함을 보호를 위한 것에) 더하여 특정 법률행위에 있어서 사람들은 피상속인에게 더 이상 그의 의사의 내용과 최종성에 대해 물을 수 없다는 것이 상속법에서 추가되었기 때문이다. 따라서 원문 76p 유언자유의 관철을 위해 형식규정들을 일반적으로 가능한 한 폭넓게 제한하는 것은 의심할 바 없이 허용되지 않는다. 왜냐하면 거기에는 -목적론적으로 잘 근거지워진- 형식필요성이라는 원칙의 침해가 있을 수 있기 때문이다.

따라서 언급한 서명의 문제에서는 유언의 자유와 엄격한 형식성의 충돌 중 하나의 작은 하부부분의 문제이다 (여기서 형식의 엄격함은 그 처분이 사실상 사망한 자로부터 나왔다는 것과 -이로써 확실한 방법으로 피상속인의 이해도 전적으로 보호해야만 한다는 것을 확실하게 한다는 선한 목적을 가지고 있다). 비판적 판단자로 사람들이 지배적으로 우세한 언어관용이 ('아버지'를 포함하지 않는) 보다 좁은 이름개념을 알고 있다는 것에 바로 만족하지 않는 이유는 당연히 언어적 의심에 있는 것이 아니다. 사람들은 희귀하고 '더 이상 사용되지 않는' 다른 언어관용을, 특별한 규범적 이유 없이는, 진지한 대안으로 인정하지 않으려 할 것이다. 하지만 문제는 심지어 중요하지도 않고 따라서 약한 형식요구라는 관점에 유리하게, 유언의 자유라는 고차원의 원칙이 물러나야만 한다는 것에 있다.

전체 법제도들 또는 법소재들이 뿌리를 두고 있는 **원칙들**(Prinzipien), 즉 법적 기본가치평가들은 구체적인 법적 규칙들(Rechtsregeln)과 같이 직접적 적용에 맞추어진 것이 아니다. 또한 그것들은 가능한 최대한으로 넓게 실현할 수 있는 것이 아니고, 이미 그것들의 빈번한 충돌로 인해 기능할 수 없다. 그 원칙들은 오히려 **최적화요구들**(Optimierungsgebote)인 것이다: 충돌사례에서 그 하나의 원칙을 그에 반대되는 다른 원칙으로 인해 필요하고 비례적인 만큼만 제한하는 형량은 불가피하다. 이러한 필요성(Notwendigkeit)과 비례성(Verhältnismäßigkeit)이 우리들의 문제에서는 법률에서 그리고 그것의 직접적인 목적의 기초에서 명확하게 사전결정된 것이 아니다. 여기서는 '너희들의 아버지'라는 서명을 인정하는 경우에도 형식규정의 목적들이 비록 완전하지는 않지만 매우 광범위하게 실현되는 것이다. 그것이 물러서는 것은 진본성 심사에서 무조건적으로 필요한 것에 해당하는 것은 아니고 단지 하나의 추가적 요소에만 관계되는 것이다. 하지만 그 대가로 형식규정들로 인해 말할 것도 없이 강하게 제약된 유언의 자유는 강화된, 과도하게 요구되는 제한으로부터 벗어나게 되는 것이다. 바로 이러한 문제에서 두 개의 서로 대립하는 원칙들의 '어느 정도까지'의 문제와 관련하여 법률과 그의 기초들에서는 명확히 사전에 정해진 기준들이 결여되어 있기 때문에 필요한 형량, 특별히 (원문 77p) 문제에 관련된 형량에 따르면 오히려 유언의 유효성을 지지하게 되는 것이다. 유언의 자유에 대한 이러한 추가적 제약은 실질적이고, 따라서 단순히 형식강제(Formzwang)의 원거리의 부분적 관점의 제한보다는 더 중요한 것이 될 것이다.

방법론적으로 '보다 높은 정도의' 객관적·목적적 단계에서 -이른바 **원칙들의 형량**(Prinzipienabwägung)을 통해- 획득된 결과는, 달리 말해 문제해결을 위해 필요한 구체적 법원칙은, 바로 위에서 언급한 형량에 근거하여 다음과 같은 말이 된다: 유언자를 유언의 내용에 따라 그리고 상황들에 따라 명확하게 구별할 수 있는 친족관계표시로 서명하는 것은, '그의 이름'으로 서명하는 요구에 (간신히) 부합한다.

경험적 근거들로 부터 진본성 심사를 위해 통상의 이름으로 서명하는 것에 보다 큰 의미를 부여하는 사람은 여기서 적정한 것으로 여겨지는 것과는 다른 하나의 결론에 이르게 된다. 만약 그가 일반적 의미에서 자필서명·사인(Namenszug)을 보다 강력히 선호해야 한다거나 심지어 필요불가결하다는 것을 지지하는 (이러한 문제에 대한 앞서의 '일상이론적인' 판단에는 반하는) 전문분야의 근거들을 문서검사에 대한 지지근거로 댈 수 있다면 (학문적인 그리고 실천적으로 경험 많은 문서전문가의 정보에 따르면 그러한 근거들은 물론 존재하지 않는다), 여기서 주장된 견해를 포기해야만 그를 따를 수 있을 것이다. 보다 높은 난이도의 법적 문제들은 적어도 종종 확실성에 가까운 개연성으로 판단될 수 없다. 하지만 여하튼 앞서의 고찰들은, 그 자체 완전히 명확하게 우세한 언어관용의 순수하게 언어적 차원으로도, 또는 예를 들어 주장된 '건전한 인간오성'(혹은 심지어 '건전한 민족감정'?)의 이른바 단순하고 일반적인 고려로도 빠져나올 수 없다는 것을 분명하게 보여주었다는 것이다. 왜냐하면 사람들은 우선 법적 분석(rechtliche Analyse)을 그것이 가능한 만큼 광범위하게 추구하여야만하기 때문이다. 때로는 괴로운 이러한 일은 가능한 최선의 합리성을 포기하는 경우에는 피할 수 없는 것이다.

또한 법 실무(Rechtspraxis)에서 방법론적 논증은 통상 이미 시간상의 이유로 거의 상세하거나 명시적으로 발전되지 못하였고, 그 방법론적 논증은 언급한 문제에서 아마도 애당초 좁은 의미에서 자필의 서명이 진정성 심사를 위해서 하나의 본질적인 의미를 가지는지 또는 단지 하나의 사소한 보충적 의미만을 가지는가라는 문제에 집중한다는 다툼의 여지가 없는 사실도 이에 대해 아무것도 변화시키지 않는다. (물론 '너희들의 아버지'라는 서명은 표현된 것이 최종적인 것이고 마무리라는 것의 명확한 표시로서는 어쨌거나 충분하다.) 폭넓은 법적 경험은 종종 그러한 단축된 논증을 가능하게 한다. 우연하게 맞아떨어진 경우를 무시하면, 물론 이것은 통상 우리가 적어도 처음에는 논거의 완전한 방법론적 전개를 모델사례(Modellbeispiele)를 통해 깨우쳤다는 전제조건하에서만 가용한 것이다. 단지 그런 경우에만 사람들은, 무엇이 명백한 것으로 언급되어야만 하는지 혹은 진부한 것이라고 전혀 명시적으로 언급되어서는 안되는 것인지, 그리고 어디에 그 문제의 고유한 중점이 놓여있는 것인지에 대한 충분한 '느낌'(Gefühl)을 발전시킬 수 있다.

여기에서는 원칙들의 충돌에 대한 다른 측면에 대해 좀 더 언급해야 하겠다. 이러한 현상은 **법의 창설**(Rechtssetzung), 즉 입법에서는 물론, **법적용**(Rechtsanwendung)에서도 주목할 가치가 있다. 여기서는 항상 그렇듯이 극단주의(Extremismen)를 피하는 것이 중요하다. 이것은 **소비자(보호)법**(Verbraucher(schutz)recht)의 예에서 잘 제시될 수 있을 것이다. 비록 그곳에서는 **'약자의 보호' 원칙**(Prinzip Schutz des Schwächeren)에 특별한 의미가 주어짐에도 불구하고, 소비자보호법적 규범의 관점에서 모든 새로운 규정 혹은 해석의 노력이 단지 이러한 원칙의 관점에서만 이루어지는 것은 아니다. 물론, 예나 지금이나, 예를 들어 계약충실이라는 일반·사법적 원칙(der allgemein-privatrechtliche Grundsatz der Vertragstreue) 또는 정의의 핵심적-그리고 동시에 구체화가 필요한 - 이념(zentrale Idee der Gerechtigkeit)에 필히 주목하여야만 한다; 달리 말해 소비자의 계약상대방의 보호가 필요한 이익도 고려해야만 한다. 따라서 이러한 의미에서 만약 우리가 해석이 필요한 규범들에서 항상 참여한 소비자를 위해 유리한 결과에 이르는 해석유형을 흡사 자동적으로 선택하려고 한다면, 이것은 거부해야 될 것이다. [현재는 예를 들면 KSchG 제6조 제3항에 정착되어 있는 '투명성요구'(Transparenzgebot)의 적용에서 그러한 경향을 관찰할 수 있다: AGB* 조항 중 어떤 조항도 판례가 보기에는 이러한 기준을 충족하기 위하여 명확히 충분해 보이지 않는다.} 오히려 다른 부분의 이해할 수 있는 관심사들에도 마찬가지로 관심이 주어져야만 한다. **법적 효과의 양측면의 정당화**라는 새로운 이론(neue Lehre von der beidseitigen Rechtfertigung von Rechtsfolgen)은 이러한 중요한 관점을 강조한다. 만약 입법자가 〔원문 79p〕 명확하게 이러한 척도를 최대한으로 무시한 상태에서 하나의 규정을 만들었다면 (하지만 극단적인 경우에는 그렇다면 경우에 따라서는 헌법위반이 된다) 이러한 고려들은 물론 전혀 도움이 될 수 없다.

> 예: 스위스의 소비신용대부법(Konsumkreditgesetz)은 우선 금융신용도 심사를 위하여 아주 상세하게 기술된 대부·신용제공자(채권자, Kreditgeber)의 의무들을 포함하고 있다. 그에 이어서 법률은 그에 대한 심각한 위반 사례에 대해서 신용제공자는 이자와 비용에 대한 자신의 청구권뿐만 아니라 보장된 신용총액의 반환에 대한 청구권까지도 상실한다고 명확하게 규정하고 있다(제32조 제1항)!

하지만 단순한 법률(einfaches Gesetz)의 차원에서 명확한 규범내용으로 받아들이는 것은 명확한 만큼 부적절한 것이기도 하다. 입법자는 여기서 소비자의 이해관계 및 방지측면을 공공연하게 매우 일방적으로 고찰했고 강조하였지만, 그럼에도 여기서 예를 들면 신용(대부)을 받는 사람이 그 신용으로 무엇을 하였는지, 그가 적어도 신용의 일부를 바로 상환할 수 없었던 것은 아니었는지 등을 구별하지는 않았다. 달리 말해 양측면의 정당화는 여기서는 말도 되지 않는다. 기업

---

* 「일반거래약관」

가에게 -스위스의 예와 같이 그렇게 완전히 극단적이지는 않지만- 그에 의하여 완전하게 계약에 부합되게 처리된 은행거래(Bankgeschäft)에 대해서조차, 만약 그가 그 은행거래를 그것을 위해 필요한 권리{은행영업면허(Bankkonzession)}없이 영위한 경우라면, 어떤 보상청구권(Vergütungsanspruch)도 부인하고 있는 오스트리아 BWG(은행업법) 제100조에 대해서도 동일하게 적용된다; 마찬가지로 그런 거래에서 기업가에게 유리하게 예정된 신용보증과 출자보상(Bürgschaften und Garantien)은 무효인 것이다.

C. 보충적 법창조(특히 유추와 환원)

(Die ergänzende Rechtsfortbildung)(vor allem Analogie und Reduktion)

Ⅰ. 기초

1. 보다 좁은 의미에서 해석에 대한 관계

통상 '보충적 법의 사후형성·법창조·법형성'(ergänzende Rechtsfortbildung) 이라는 표현을 처음으로 듣는 사람은 이것으로는 전혀 무언가를 시작할 수가 없다. 이 표현은 여하튼 다분히 의문스럽고 결코 그 자체 자명하지도 않다. 이것으로 무엇을 표현하는 것인가?, 그리고 어떤 형상들에서 이러한 방법이 '법발견'(Rechtsfindung)에서 선택될 수 있는 것인가?, 또는 반드시 선택되어야만 하는 것인가? 자주 그렇듯이 이러한 방법론적 법형상의 관심사는 구체적 사례형상, 여기서는 양도담보권(Sicherungseigentum)의 창설(Begründung)이라는 실례를 통해 가장 명확하게 설명할 수 있다.

예: 많은 법규정들은 질권(Pfandrecht)의 유효한 발생을 위해, 즉 물적으로 유효한 담보물권과 변제권(Sicherungs- und Befriedigugsrecht)의 유효한 발생을 위하여 (특히) 질물(Pfandsache)의 물체적 교부(현실의

인도)를 요구한다(ABGB 제451조*, BGB 제1205조**). 당사자들이 그와 전적으로 유사한 효과를, 말하자면 개별 채권자들의 우선적인 담보를, 그러한 현실의 인도(물체적 교부)없이도 (담보목적의) 소유권의 창설을 통해 달성할 수 있는가? 소유권에 대해서는 통상 보다 쉬운 교부형태들이 예정되어있다: 따라서 예를 들어 ABGB 제428조*** (BGB 제930조****와 마찬가지로)에 따라 물건은 양도자에게 그대로 있고, 취득자는 그럼에도 소유권을 취득하는 점유개정(Besitzkonstitut)도 충분하다. 순수하게 법문에 따르면 ABGB 제428조는 만약 당사자들이 -단순히 일시적이라도- 소유권창출을 원한 경우에 적

---

* [옮긴이 주] 이미 앞서 소개하였듯이 오스트리아 일반민법 제451조에서는 질권을 실효적으로 취득하기 위해서는 권리가 있는 채권자가 동산인 질물을 반드시 점유하여야만 하는 것{§ 451 (1) Um das Pfandrecht wirklich zu erwerben, muß der mit einem Titel versehene Gläubiger, die verpfändete Sache, wenn sie beweglich ist, in Verwahrung nehmen}을 원칙으로 한다. 부동산인 경우에는 그 청구권을 표시하는 방법으로 질권설정이 가능한 것으로 하고 있다.

** [옮긴이 주] 독일 민법 제1205조의 경우에도 물건의 점유가 질권 성립의 기초이고, 질물의 교부와 합의를 필요로 한다고 명시하고 있다(§ 1205 Bestellung (1) Zur Bestellung des Pfandrechts ist erforderlich, dass der Eigentümer die Sache dem Gläubiger übergibt und beide darüber einig sind, dass dem Gläubiger das Pfandrecht zustehen soll.).

*** [옮긴이 주] 인도·교부를 통한 소유권취득을 규정하고 있는 오스트리아 일반민법 제423조 이하의 규정 중에서 동법 제426조는 현실의 인도를 통한, 즉 물체의 교부를 통한 소유권이전을, 제428조는 의사표시를 통한(durch Erklärung) 동산의 교부(Übergabe bey beweglichen Sachen)에 대해 규정하고 있다. 제428조 전단에서는 "판매자·양도인이 증명할 수 있는 방식으로 자신이 그 물건을 미래에 양수인의 이름으로(대신해서) 점유하겠다는 의사를 표시한 경우에는 그 물건은 의사표시를 통해 교부된다."라고 규정하고 있다(Durch Erklärung wird die Sache übergeben, wenn der Veräußerer auf eine erweisliche Art seinen Willen an den Tag legt, daß er die Sache künftig im Nahmen des Uebernehmers inne habe).

**** [옮긴이 주] 독일 민법 제930조는 점유개정(Besitzkonstitut)을 규정하고 있는데, "소유자가 물건을 점유하고 있는 경우라면 소유자와 매수인 사이에 법률관계의 합의를 통해 양도가 대체될 수 있으며, 이를 통해 매수인이 간접 점유를 취득할 수 있다"(Ist der Eigentümer im Besitz der Sache, so kann die Übergabe dadurch ersetzt werden, dass zwischen ihm und dem Erwerber ein Rechtsverhältnis vereinbart wird, vermöge dessen der Erwerber den mittelbaren Besitz erlangt.)라고 하여 물건의 현실적 교부없이 간접점유취득 요건을 제시하고 있다.

용가능할 것이다. 하지만 그들은 사실 단순히 질권과 유사한 권리를 창설하려고 한 것이다. 따라서 방지되어야만 하는 법률위반(Gesetzumgehung)이 있는 것은 아닌지를 물어보아야 한다.

사람들이 이 사례에서 볼 수 있었던 것과 같이 보충적 법창조의 허용성과 허용범위의 문제는 '통상적' 해석(normale Auslegung)이 **진지한 목적론적 고려**(ernsthafte teleologische Bedenken)에 반하는 경우에는 항상 등장하게 된다. 즉 (특히 AGBG 제451조의) 해석만으로는 더 이상 도움이 되지 않는다: 오늘날 압도적 다수에 의해 인정된 한계설정은 바로 그 적용될 법 규정, 따라서 해석되어야할 법 규정의 여전히 가능한 언어적 의미(noch möglicher sprachlicher Sinne)에 따라서 구별한다: 〔원문 81p〕 **아직도 가능한 단어의 의미의 범위 내에서 움직이는 방법론적 결과들은 해석**에 속한다. 이에 반해 이러한 가능한 단어의 의미를 **넘어서게 되면** {소유권창설은 어떤 질권(담보물권)창설이 아니다}, 이제는 단지 **보충적 법형성**(ergängzende Rechtsfortbildung)만이 있을 수 있다. 그것의 합법적 전제조건들은 아래에서 밝혀지게 될 것이다.

다른 하나의 견해는 입법자의 의도에 상응하게 구별하려고 하고, 단지 그것을 넘어서는 경우에만 법형성이라고 받아들이려고 한다. 하지만 그것은 구별할 수 있는 역량이 보다 더 약하다: 만약 입법자의 의사에 관한 역사적 표명들이 다른 방향들로 가고 있다면, 엄격하게 법문에 맞는 법률적용도 법창조라는 것인가? 입법자의 주관적 의도에 대한 역사적 자료가 결여되었기 때문에, 객관적-목적론적 법적용이 언어적으로 수긍이 가는 해석에 이르는 경우라고 하더라도 전적으로 그 해석은 법창조라는 것인가?

그에 반해 법적 판단자에게 직접적으로 존재하는 것에 따라서, 즉 하나의 가능한 언어적 의미에서 법문에 따라 구별하는 것이 실무적으로 보다 더 쉽게 다룰 수 있는 것이다. 무엇보다 그것은 구별이 가장 큰 의미를 가지는 곳에서, 즉 **유사추론**이 강화된 법적 안정성이라는 요구로 인해 법형성의 주요형태로서 **배제된** 곳에서 나타난다. 이미 살펴본 바와 같이, 그것은 특히 형법에서 피고인에게 불리한 경우이다: 처벌은 단지 범행시에 사람들이 상대적으로 쉽게 정향할 수 있는 공표된 형벌규범이 존재하는 경우에만 이루어질 수 있다. 단지 입법자의 넓은 의사를 지적함으로써, 널리 알려지고 찾아볼 수 있는 법률문장·법문(Gesetzestext)에는 표현되지 않은 가벌성이 도출될 수 있다면 이와는 완전히 반대로 가는 것 일거다. 하지만 바로 오늘날의 형법에서도 많은 사람들이 세부적인 설명을 제시하며 주장하는 것은 가능한 단어의 의미에 부합하는 한계설정은 포기되어야만 한다는 것이다. 물론 이러한 목소리를 내는 사람들도 보다 더 다루기 쉬운 한계설정기준을 제시하지는 않았다. 단지 가능한 단어의 의미라는 표지도 자신의 개념의 뜰을 가지고 있고, 따라서 모든 한계사례들에서 명확하게 구분가능한 것은 아니라는 것은 인정되어야만 한다. 물론 이것은 다른 한계기준의 제안들에는 보다 더 그렇다.

⟨원문 82p⟩ 따라서 원칙적으로 여기서는 법적 개념들과 한계설정들은 단지 그것이 저마다의 개별 사례에서 적용가능하고 칼로 자르듯 명확한 구분(messerscharfe Einordnung)을 허락하지 않는다는 이유만으로는 비판하는 것은 성공할 수 없다는 것이 강조되어야 할 것이다. 그렇지만 그것은 사실 만연한 태도이지만 그리 유용하지 못한 태도이고, 자신의 입장은 그러한 요구를 더욱 충족하지 못하면서 다른 견해들에

대해서는 **수학적으로 세밀한 변별성이 결여**(Fehlen mathematisch präziser Trennschärfe)되어 있다고 꾸짖는 것이다. 단지, 스스로 그렇게 사안에 부합하고 체계에 적합하면서도 보다 정확한 구분을 제공해야만 하는 바로 그런 사람만이 정당하게 그러한 비판을 제기할 수 있는 것이다. 법학에서 사람들은 대부분의 사례들에서는 충분하게 변별력이 있지만, 바로 특별한 한계사례들에서는 해석의 문제를 불러일으키고, 기껏해야 단지 '법관 자신의 평가'(richterliche Eigenwertung)를 통해서만 그 문제에 관련된 최고점에 도달할 수 있는 그런 척도들에 대부분 만족해야만 한다. 이미 그리스 철학은 저마다의 학문분과에서 가능한 것 이상의 정확성을 요구하는 것은 무의미하다는 것을 알았었다.

하지만 무엇보다 가능한 단어의 의미라는 표지가 상이한 방법론적 출발상태(Ausgangslage)를 적절하게 표현하고 있다는 것이 그것을 결정적으로 지지하게 하는 것이다: 글의 형태로(in Gestalt eiens Textes) 자신에게 다가오는 법률의 실정 개별 규정들에 구속되고 당해 사건을 판단해야만 하는 사람은, 단지 그가 우선 의문시되는 문제에 관련한 글(법문)의 내용에 관하여 하나의 입장을 형성한 경우에만 그의 구속을 실현할 수 있다. 달리 말해 그 규정을 적용할 수 있는 것이다. 그것은 해석 없이 바로 되지 않는다. 하지만 실정 규정의 가능한 언어적 의미가 부족하다면 적어도 개괄적(추상적)으로 볼 때(in abstracto), 실정적으로 공표된 규정에의 구속을 침해하지 않고, 하나의 규범의 어떤 가능한 단어의 의미에 의해서도 파악되지 않는 사례 혹은 사례의 요소에 대한 법적 판단을 이미 그런 이유로 거부하는 것을 생각해 볼 수(Denkmöglichkeit) 있다. 우리는 그러한 하나의 사실관계를, 말하자면, 계속적으로 법적으로 중요하지 않은 것(**'법에서 자유로운 영역'**)(rechtsfreier Raum)으로 다루게 되거나, 어쨌거나 그 법문의 표현에는 맞지 않는 규범에 종속시키지는 않을 것이다. 이것은 사실, 아래에서 곧 보게 되듯이, 오류일 수 있다. 그 언어적 내용이 실정적으로 공포된 규정에 포섭되지 않을 수도 있는 사실관계의 법적 중요성과 판단필요성은 물론 반드시 별도로 근거가 제시가 되어야만 한다. (원문 83p) 예를 들어 누군가가 친절에 대해 충분히 감사의 표현을 못한 경우에, 누군가 바빠서 지인에게 인사를 하지 못하거나 누군가 전화를 해달라고 부탁한 것에 대해 즉각적으로 반응하지 못한 경우에 손해배상을 인정하는 것처럼, 모든 인식가능한 법적 이해에서 많이 벗어난 어떤 임의적인 과정들에 법효과들을 연결하는 것은 당연히 받아들일 수 없을 것이다.

보충적 법창조의 방법론적 특이성은, 말하자면, 하나의 실정 규정의 가능한 최대한의 언어적 이해에 있어서도 그 규정에 포함될 수 없는 특정한 하나의 사실관계가, 그럼에도 불구하고, 하나의 법적 판단을 받아야 한다는 것을 증명할 필요가 있다는 것에 있다; 그리고 더구나 규범의 문언이 충족되지 않았기 때문에 그 규범의 법 효과도 발생하지 않는다는 격언(Motto)에 따른 단순한 **반대추론**(Umkehrschluss)의 방법(이에 대해서는 나중에 더 상세하게 다룸)으로는 아니다. 따라서 법창조를 해석(Interpretation)으로 또는 (넓은 의미의) 해석(Auslegung)으로 표현하는 상이한 통례적 -특히 EuGH에 의해 행해져온- 언어관용도 추천할 만한 것이 못된다. 사람들은 사실 전적으로 여전히 해석(Interpretation)이 문제되는 것이라고, 물론 지금은 개별규정의 의미에서 법률의 해석이 아니라 전체 법체계에서의 해석이 문제되는 것이라고 말할 수도 있을 것이다. 하지만 법 창조의 특성을 강조하는 표지가 여기서 거부된 용어를 통해 목적에 맞지 않게 사라져 버릴 수도 있을 것이다.

2. '일반적 부정원칙'(Der „allgemeine negative Satz")

법실증주의적 입장들(gesetzespositivistische Meinungen)에서는 보충적 법창조를 구별하는 것의 합목적성은 물론이고, 보충적 법창조의 가능성도 전혀 없다. 이러한 입장들은 -다소 엄격하게- **'일반적 부정·원칙'**(allgemeinen negativen Satz)을 주장한다. 이에 따르면 실정 법규정 외부에 어떤 법도 존재하지 않는다. 따라서 특정 실정 법문에 편입될 수 없는 사실관계들 혹은 사실관계의 요소들은 법적으로는 항상 중요하지 않은 것이 된다. 그것들은 달리 말해 어떤 법적 효과도 가져오지 않으며, 특히 어떤 청구권들이나 이의신청(권)을 만들어내지도 못한다. 따라서 보충적 법형성을 통해서만 비로소 해소되어야만 하는 **법률흠결 또는 법흠결**(Gesetzes- oder Rechtslücke)을 생각할 수 있다는 것은 애당초 **부인되는** 것이다.

〔원문 84p〕 물론, 사실상 결정적인 것은 이러한 기본태도가 **이론적으로도 실천적으로도 근거를 댈 수 있는**(weder theoretisch noch praktisch begründbar) 것이 아니라는 것이다. 물론 사람들은 바로 앞에 기술된 결과와 같은 결과에 이르는 특히 좁은 법개념을 형성할 수 있다. 하지만 법적 기본과제(충돌사례들에 대한 이성적으로 이해가능한 판단)의 극복을 위해 본질적으로 보다 합목적적인 다른 법개념도 마찬가지로 충분히 가능하다. 더구나 만약 법률의 하나의 법규정 자체에서, 특히 ABGB 제7조와 OR 제1조에서와 같이, 법률흠결(Gesetzeslücke)의 가능성이 명확하게 인식되고 보충적 법창조가 지시된 경우에는 법실증주의적 축소(Verengung)라는 특히 역설적(paradox)이다.

AGBG 제7조는 그렇게 자구대로 말하고 있다: "법적 사례가 이 법률의 단어로부터도, 이 법률의 자연적인 의미로부터도 결정될 수 없다면 법률들에서 특별히 판단된 비슷한 사례들과 이와 유사한 다른 법률들의 이유들이 고려되어야만 한다."

이것을 무관한 것이라고 능숙하게 해석(weginterpretieren)하기 위해서는 많은 에너지가 필요하고, 순환논증을 두려워하지 않는 것이 필요한데, 왜냐하면 법의 무흠결성을 가지고 논증해야만 하기 때문이다. 달리 말해 이미 원래 먼저 증명되어야할 명제로 논증해야만 하기 때문이다. 이러한 목적을 위하여 사람들은 흠결은 가능하지 않다고 할 정도로 바로 그 법개념을 아주 좁게 파악하는 것이다.

말하자면, 법률흠결의 가능성에 대한 실정주의적 비판과 동시에 법창조에 대한 실정주의적인 비판에는 유용한 기초가 결여되어 있다. 결코 사전에 형식화된 법규정만으로는 충분할 수 없고, 항상 다양한 모방(의존)과 확장이 필요했고, 필요하다는 폭넓은 **법사적인 경험**도 그에 더해진다. 전혀 결의론적 완전성에 맞추어지지 않은 법에서는, 예를 들어 오스트리아 사법과 같은 법에서는, 특히 바로 아래의 예에서 보게 되듯이 유추를 통한 법발견(Rechtsfindung) 없이는 전혀 무엇을 해나갈 수가 없다.

끝으로 간략히 말하자면: **'일반적 부정원칙'**(allgemeine negative Satz)은, 명시적으로 제시되었건 아니면 암시되었든, 하나의 **상상적 산물**(Fantasieprodukt)이다. 단지 관건은 보충적 법창조(Rechtsfortbildung)를 위해 가장 좋은 근거를 가진 표지들의 얻어내는 것이다.

(원문 85p) ## 3. 법률흠결

위의 1. 에서 서술된 보충적 법창조의 특수한 방법론적 출발점의 문제(Ausgangsproblem)에는, 타당한 견해이자 전적으로 우세한 견해에 따를 때 그것에 적용되는 **법률흠결**(Gesetzeslücke)의 전제조건이 일치한다. 사람들은 그것을 직접적·구성요건적으로, 적어도 가장 넓은 가능한 언어의 의미의 범위에서, 현안이 된 사실문제에 적용가능한 규범의 결여로 이해한다. 그렇지 않으면 충전되어야할 규정의 흠결이 단순히 법으로부터 자유로운 영역 일반과 구별될 수 없기 때문에 이러한 전제조건은 필수적인 것이다. 그것은 틀림없이 실정법과 어떤 관련성도 없이 자의적인 법창조에 이를 것이 분명하다.

법률흠결의 개념정의는 이미 사용된 담보양도·양도담보(Sicherungsübereignung) 사례가 **추가적인 방법론적 문제**를 제기한다는 것을 보여준다: 왜냐하면 소유권의 창설(Eigentumsverschaffung)이 문제되는 것이기 때문에, 법문에 따르면 당연히 소유권취득의 법적 규율들을 끌어들여올 수 있어야 할 것인데, 그 소유권취득에 대한 법적 규칙들은 당연히 존재하고 있고, 따라서 이미 하나의 흠결이 존재한다는 것에 대해서는 근거제시가 필요하다; 독일에서는 그럼에도 법률적 소유권취득규정을 제시하며 부인하는 것이 완전히 지배적인 태도이다. 명료하게 하기 위해 여기서 해명되어야 할 (목적론적) **축소**[여기서는 : 바로 그 담보소유권(Sicherungseigentum)의 근거제공을 위한 -그러한 한에서 너무 넓게 표현된- 소유권창설규정의 적용범위의 축소]라는 선결문제(Vorfrage)는 조금 뒤에 별도로 다루기로 한다.

통상 법률흠결은 존재하는 법규정들의 **'계획에 반하는 불완전성'**(planwidrige Unvollständigkeit)이라고 표현된다. 즉, 구체적으로 판단되어야 하는 사실관계에 대하여 그 법문에 따를 때 (그 법문의 가장 넓은 이해에 있어서도) 적용가능한 규정이 결여되어 있고, 그럼에도 만약 입법자가 그 법질서를 위한 자신의 계획에 또는 구상(초안)에 단지 일관되게 따르기만 했더라면 그 적용가능한 규정은 존재했을 것이라는 말이다.

물론 공포될 전체 법질서에 대한 그러한 하나의 포괄적 일반 계획이 사실상 초안으로 계획되었는데도 불구하고 나중에 충분하게 고려되지 않았다는 것은 현실성이 떨어지는 생각일 것이다. 그러한 생각은 입법의 실제와 가능성들을 간과하게 되는 것일 것이다. '계획에 반하는' 불완전성에 대한 〔원문 86p〕 현실적 해석은 구체적인 법률적 규정들에서 -입법 그 자체가 저마다의 문제되는 맥락에서 따르게 되는- **목적들과 기본가치평가들(원칙들)이 일관되게 실현되지 못하였고, 광범위하게 실현되지 못하였다**는 식으로 이해하는 것이다. 따라서 입법활동 이전에 하나의 체계적 계획(systematischer Plan)의 비현실적 전제조건은 중요하지 않다; 그렇지만 사람들이 진행 중에 있는 규정의 목적들과 근본가치평가들에 관하여 생각을 한다는 의미에서 '부분계획들'(Teilpläne)은 전적으로 현실적이다.

규범들을 작성하면서, 즉 표현을 만들면서 포괄적이고 일관된 목적이 결여되고 일관성이 결여되는 이유는 종종 입법에서 활동하는 사람들이 그 목적들 혹은 근본가치평가들에 의해 파악되는 무수한 변종이 가능한 사실관계에 대해 완전히 개관하지 못하였다는 것에 있곤 한다. 그러한 **'완전성의 결여'**(Vollständigkeitsfehler)는 무엇보다 입법작업이 과도하게 하나의 특정 사례형상에 고착되어 있는 경우에 발생할 수 있는 것은 물론, 법률문장을 만들면서(Gesetzesformulierung) 오히려 비일상적인 사실관계형상들에 생각이 미치지 못했기 때문에 발생하게 된다(예를 들어 여기서는 아마 이미 익히 알려진 하자보증법에서 철거-설치-사례들을 생각해보면 될 듯하다). 때에 따라서는 불충분한 분석으로 인해, 확실한 사실관계의 차이가 달리 말해 자세히 고찰하면 사실상 그렇지 않은데 사실의 착오들에 의해, 목적 또는 가치평가에 따를 때 중요한 것으로 보일 수도 있다. 착오로 인해 그것들은 법률의 구성요건 표현에 있어서 함께 포착되지 못할 수 있는 것이다. 입법자가 하나의 특정한 사실관계를 아주 당연히 규율이 필요한 것으로 인식하였지만 (실제로 혹은 추정된) 미약한 실무적 의미로 인해 어떠한 명시적 규정도 그 사례에 대해 만들지 않고, 오히려 필요한 경우 그 규범의 획득은, 특히 유추를 통해, 법률·입법자료들에서 종종 표현되는 바와 같이, '학설과 판례'에 위임하는 경우도 또한 드물지 않게 발생한다. 또한 이러한 사례에서 필요한 규정의 도출이 환원주의적 핑계들(reduktionistische Vorwände)을 구실로 함구되는 경우에도 '계획에 위반하는' 것이 될 것이다.

따라서 법률흠결의 표지는 우리가 그 '흠결'을 직접적 적용에 맞춰진 규정의 층에, 즉 구체적으로 만들어진 〔원문 87p〕 법률규범들에 관련을 짓고, 이를 넘어서 그 구별을 위해 법체계의 내용적-체계적으로 깊은 목적과 원칙들의 층위들을 끌고 들어온다면, 큰 어려움 없이 이해될 수 있다. 반드시 그곳에서부터, 즉 목적층과 원칙들의 층위로부터 본질적으로 흠결충전(Lückenfüllung)의 도구들도 나와야만 하는 것이다.

실무적 관점에서 보면, 많은 사람들에 의해서 착오를 불러일으키는

'부진정'(unechte) 흠결이라고 표현되는 **'목적론적' 흠결**(teleologische Lücke)이 전위에 서있다: 여기서는 이미 해석에서 상론된 주관적-역사적 혹은 객관적-목적론적 의미에서 문제와 관련한 법률의 목적이 균질이라는 평등의 원칙과 결합하여 (유추의 기초인) 출발규범(Ausgangsnorm)의 법효과를, 그 규범에 언어적으로 고정된 구성요건에 의해서는 (외연적으로 최대한 가능한 언어 이해에 의해서도) 더 이상 파악되지 않는 사실관계에 미치게 할 것을 요구한다. 그것은, 이러한 사실관계는 출발규범의 기준이 되는 목적에 상응하게 동등하게 규정될 필요가 있고, 동일하게 규율되어야만 하는데도 존재하는 (법적 혹은 관습법적) 법규정이 이것을 말하고 있지 않다는 것으로 근거지워지는 것이다. 여기서 흠결은 하나의 (단일하고) 동일한 방법론적 사고과정을 통해서, 말하자면 법률목적을 재고하고 법률 목적에 회귀함으로써 확정되고 메워진다.

> 양도담보의 **예**에서: 질물을 현실적·물체적으로 인도(körperliche Übergabe)할 것을 법적으로 강제하는 필요성은 논쟁의 여지없이 특히 강력한 공개성을 창출하는 것에 그 이유가 있다. 단지 그 물건이 더 이상 담보·질권설정자(Pfandbesteller)에게 존재하지 않는 경우에만, 담보설정자에게 여전히 존재하는 보증재산(Haftungsfonds)에 관하여 제3자를 기망하는 일들이 배제되는 것이다. 만약 보증관계의 당사자들이 단순히 질권만을 설정하는 것이 아니라 보증목적을 달성하기 위하여 심지어 소유권도 넘겨준다는 결정을 한 경우에도 참여자의 이해관계를 달리 평가할 수는 없다. (물론 그것은 담보의 목적이 사라진 경우 질물과 마찬가지로 다시 질권설정자에게 반환되어야만 한다).

보다 어려운 것은 **'원칙흠결'**(Prinzipienlücken)의 확정과 취급이다. 이에 대해서는 원칙적용(Prinzipienanwednung)을 설명할 때 다시 살펴본다. 이에 반해 보다 간단한 것은 **논리적('진정') 흠결**{logische (echte) Lücken}의 확정이다. 이것은 부분적으로는 심지어 현대 법실증주의자들에 의해서도, 방법론적으로 중요한 것으로 그리고 충전이 필요한 것으로 인정되고 있다. 여기서는 존재하는 실정 규범은 보충 없이는 전혀 적용될 수가 없다.

> 원문 88p

예: 특정 맥락에서 이자율은 제시되지 않은 채 금전청구(채권)의 이자지급이 명해지기도 한다. 전통적 법실증주의적인 해법은 심지어 여기서는 이자율을 임의로 확정하는 판사의 자유로운 재량에 있었다. 보다 실용적 견해들은, 당연히 정당하게, 목적 혹은 기본가치평가에 따를 때 적합한 이자율 상한을 정하고 있는 규정을 유추적용하는 것을 선호한다.

실정법의 한계(Lex-lata-Grenze), 즉 해석론의 한계에 대한 나중에 보다 상세하게 할 설명을 미리 언급한다면, 적용에 초점이 맞추어진 법학의 적법한 방법론적 가능성은 **입법자의 판단특권**{Entscheidungsprärogative (Vorrecht) des Gesetzgebers}을 통해 ―이것 없이는 특별한 입법기관을 형성하는 공동체의 국가적 조직은 무의미하게 되어버릴 것이다― 해석론(de lege lata)으로 특징적인 방식으로 제한된다는 것이 이미 여기서 강조되어야겠다. 거의 모든 현대 헌법들은 엄격히 법창설(입법)과 법적용(법의 집행)을 구별한다. 이것은 물론 보충적 법창조에도 바로 적용된다. 그것은 규정층위(Regelschicht)의 명확한 법문이 분명하게 증명가능한 입법자의 의사와 일치하는 곳에 그 **한계**(Grenze)가 있다. 보충적 법창조의 경우 법문의 요소(Textelement)는 언어적으로 현안이 되고 있는 문제의 사실관계에 적용가능한 규정의 결여에 있는 것이다. 하지만 이제 **하나의 규정 결여**가 바로, 하나의 특정 사실관계는 전혀 법효과를 가져와서는 안된다거나 지금 포착된 그 법 효과를 가져올 수는 없다고 하는 **입법자의 의식적인 결정**에 근거한다면, 어떠한 '계획위반적'인 규정층위의 불완전성(Unvollständigkeit der Regelschicht)도 존재하지 않는다. 심지어 이 결여가 사실적으로 또는 체계적으로 근거가 없고 따라서 입법론적으로 법의 깊은 층위·심층(tiefere Schichte)에서 나오는 정당한 논거들로 논란이 될 수 있는 그 경우 조차도, 이것은 다르게 다루려는 의식적인 입법자의 결정 때문에 유효한 것이다.

예: 기혼 여성들의 성명권에 대한 다수의 오스트리아의 개혁 중에서 아주 초기 단계에, 남편의 이름이 혼인명이 된 경우에, 명시적으로 그녀들의 미혼 시절의 성(Mädchenname)을 남편의 이름 뒤에 기재하는 권리(Doppelname)가 인정되었을 때, 자료들에서 도출가능한 입법자의 의사에 따르면, 그 반대 사례에서 (혼인명으로 여성의 이름을 사용하는 경우) 남편에 대해서는 이러한 가능성은 막혀있었다. 원문 89p 그에 대한 무언가 하나의 충분한, 특히 동등한 권리에 부합하는 이유는 인정되지 않았다. 하지만 입법자는 의식적으로 −그렇게 판례가 보고 있다− 남성에 대해 이름을 뒤에 적는 권리(Namennachstellungsrecht)의 유추적용에 대해 반대하는 결단을 한 것이다. (이러한 해석에서 사람들은 물론 의심할 바 없이, 오스트리아 법에 따르면 헌법재판소(VfGH)를 통해 폐지될 때까지 효력이 있었던 헌법위반적인 규범과 관계했던 것이다.)

물론 해석론의 한계(Lex-lata-Grenze)도 엄격하게 단지 **사정변경의 원칙**

(rebus sic stantibus*)하에서만, 즉 사정의 아주 중요한 변경을 조건으로 하는 것이다. 새로운 법의 층위들에, 구법과의 관계에서 가치평가의 모순에 이르게 되는 입법자의 다른 가치평가가 등장하면, 이러한 한계는 모순의 해소를 위해 **기능변천**'(Funktionswandel)(이에 대해서는 아래에서 봄)을 통해 밀려나게 된다.

II. 유비추리와 반대추론

1. 소위 '시소(그네)' (Schaukel) 타기

가장 우선적인 것은 **유비추리**이다. 왜냐하면 법률에 가장 근접한 법창조의 방법은 이미 '목적론적' 흠결을 살펴본 앞의 장에서 기술되었기 때문이다: 문제와 관련된 법률의 목적(예를 들어 담보에 있어서 현실의 인도 요구)은 역사적인 인식 재료들로부터 도출되거나 또는 객관적-귀납적 방법으로 추론될 수 있다. 이에 따르면 그 목적은 법률문언(Gesetzestext)에 의해 포착되지 않는, 현안 사례의 문제(Fallproblem)에 연역적으로 적용되어야 한다. 이로써 출발규범의 법 효과도 연역(추론)된다: 물론 '직접적' 적용을 위한 것이 아니라, 당연히 유추적 법적용을 위한 것이다. 문언적으로 적용가능하지 않은 규정(담보)과 문제되는 사례(양도담보) 간에 **표준이 되는 유사성**(유추)은 전자의 목적이 또한 후자에도 '들이 맞

---

* Clausula rebus sic stantibus ; 우리 민법 제286조 지료증감청구권, 제312조의2 전세금증감청구권, 제557조의 증여자의 재산상태 변경과 증여의 해제 등의 규정의 저변에 깔려 있는 원칙으로, 법률행위가 기초하고 있던 사정이 변경되어 그 행위의 효과를 그대로 유지하거나 강제할 경우 수인하기 어려운 부당한 결과가 초래되는 경우 그 효과의 변경이나 해제, 해지 등을 청구할 수 있다는 원칙이다. 약속은 지켜져야만 한다(pacta sunt servanda)의 예외규정(escape clause)이라고도 한다.

다'(passt)는 것을 통해 만들어진다.

추가적인 **예**는 타인의 채무에 대한 성급한 채무인수를 막으려고 하는 보증법(Bürgschaftsrecht)의 서면화요구(ABGB 제1346조 제2항, BGB 제 766조)이다. 예를 들어 채무인수(Schuldbeitritt) 또는 보증(Garantie)을 통해 유사한 방법으로 개인적인 책임을 인수(Übernahme persönlicher Haftung)하는 경우에도 그와 동일한 이성(ratio)이 적용된다. 따라서 비록 그 맥락에서 -어쨌거나 특별한 법적 규정들이 존재하는 한- ⌈원문 90p⌋ 형식의 문제에 대한 어떠한 규정도 존재하지 않고, 그 자체 형식자유의 원칙이 유효함에도 불구하고, 목적론적으로는 모든 것이 보증법적 형식의 요구를 이러한 다른 담보형태에도 유추적으로 적용하는 것을 지지하는 것이다. 이러한 추론형태 그 자체는 여하튼 적합하다. 물론 문제들은 상황에 따라서는 목적을 보다 정확하게 조사할 경우, 그리고 그 목적으로부터 추론할 경우에 나타날수도 있다는 것이다.

문제에 관련된 법률의 목적을 적극적으로 찾아내는 것이 충분히 개연적이지 않음에도 때로는 반드시 유추문제가 판단되어야만 한다. 그런 경우 문언적으로 출발규범을 통해 포착되는 사례들과 확실히 이를 넘어서는 현안이 되는 문제 사례들 간의 차이점을 분석하면, 그 사안의 차이는 그 맥락에서 인식 가능한 모든 법적 목적들과 가치평가들에 따를 때 중요한 것이 아니라는 결과가 될 수 있다.

예: 비록 사람들이 왜 임차인의 개인소유주택의 임대에서는 다른 주거임차에서와 달리 보다 적은 보호를 받을 수 있는 것인지 정확하게 설명할 수 없다고 하더라도, 해당 규정은 (오래되고 더 이상 드

물지 않은 직립형인) 층층으로 된 소유물에 있는 주거의 임대차에도 유추적으로 적용될 수 있다. 공통점, 즉 집의 일부에 관한 단순히 물권적인 배타적 처분권은 아주 분명해서, 임차인보호라는 맥락에서 소유권 구조에서의 차이점은 어떤 인식할 만한 역할을 수행할 수 없는 것이다.

유추추론에는 **반대추론**(Umkehrschluss)(argumentum e contrario)이 첨예하게 대립한다. 반대추론에서는 하나의 법 규정에 규정된 법 효과는 단지 이러한 규정의 구성요건적 전제조건하에서만 효력이 있다는 결론이, 달리 말해 문언적으로 포착되지 않는 사례들에까지는 확장될 수 없다는 결론이 도출된다. 그것은 두 개의 반대되는 추론형식들은 항상 선택 관계이며 따라서 둘 다 무가치할 수 있다는 것은 방법론비판론자들의 기본적인 이의제기에 속한다.

하지만 그것은 단지 명확하게 표현된 법 규정들만이 법적으로 중요한 것·관련성이 있는 것으로 고려된다는 잘못된 전제들 아래에서만 옳은 것이다. (그럼에도 보다 실용적인 법실증주의자들 조차도 해석에서는 적어도 다른 인식의 원천으로부터 인식가능한 입법자의 의도에 중요한 의미를 인정한다. 왜 그것이 법창조에서는 달라야만 하는지 그 이유를 찾을 수 없다.) 이미 말한 것으로부터 이의에 대한 반박이 자동적으로 도출된다: 만약 우리가 단순히 법문장만을, 〔원문 91p〕 즉 법률의 '철자들'만을 고찰하는 것이 아니고, -예를 들면 ABGB 제7조로!- 또한 그것의 목적들도 (이유들도) 본다면, 기본적인 반론으로써 **이른바 유비추리와 반대추론 사이에서 마음대로 '그네타기'**를 한다는 것은 전혀 말도 되지 않는 것이다. 오히려 문제와 관련된 법률의 목적이 단지 구성요건적으로 파악되는 사실관계에 미치는 것인지 (그렇다면 반대추론) 또는 그것을 넘어서는지 (그렇다면, 그리고 그 한도 내에서 유추추론)가 관건인 것이다. 이러한 물음에서, 단순히 법률의 자구를 지시하는 것은 무수한 다른 방법론적 문제에서와 같이, 더 이상 도움이 되지 않는다.

예: ABGB 제1327조는 법적 부양청구권자를 위해, 예를 들어 유책하게 사망한 자의 미성년의 자녀들을 위해, 책임이 있는 자 대해서, 그 자녀들이 부양의무자의 사망을 통해 상실하게 된 것에 대한 손해배상청구권을 예정하고 있다. 이제 예를 들어 사망한 자에 대한 매매대금청구(Kaufpreis-), 대부청구(Darlehens-) 또는 손해배상청구(Schadensersatzforderung) 등은 어떻게 판단되어야 하는가? 또한 이러한 채권자들도 그들의 채무자의 사망으로 인해 그들의 돈을 받지 못하게 되고, 그들의 채무자의 사망으로 인해 마찬가지로 ('간접적으로') 손해를 입은 것이다. 부양청구권을 다른 청구권에 유비추리·유추하는 것은 법률의 표현을 내세워 방어될 수가 없다: 당연히 모든 유비추론에서는 이러한 법문을 넘어서는 것이다! 결정적인 것은 오히려, 당사자의 매우 중요한 부양필요성에 특별한 보호를 보장하는 것이 언급된 규정의 명백한 목적이라는 것이다. 법문의 표현이 아니라 그것이 여기서 반박할 수 없도록 반대추론을 요구하는 것이다.

기준이 되는 목적(der maßgebende Zweck)은 충분히 구체적으로 밝혀질 수 없기 때문에, 많은 사례들에서 언급한 표지는 결과적으로 의심스러울 수 있다는 것은 옳은 말이다. 하지만 그것은 보다 사정이 좋은 수많은 사례들에 대해서는 어떠한 논거가 될 수 없는 것이다.

세분화된 관점에서 반대추론과 구별해야 하는 것은 **침묵논증**(argumentum e silentio*)이다. 사람들은 이것을 침묵으로부터 하나의 추론도 법의 이성(ratio legis)이라고 이해한다: 하나의 규정의 목적은 그것의 법효과를 단순히 법문에 구성요건적으로 포착되는 사례들에만 제한하는 것이 아니고, 그 자체 유추에도 허용한다; 하지만 지금 당면한 사실관계에는 아니다. 이러한 사실관계에 대해서는 법문뿐만 아니라 그 목적도 침묵하고 있다.

그에 대한 –그 사이 법사적인 –**예**는 다시 ABGB 제1327조가 제공할 수 있다. 가족법은 예전에는 용어상 〔원문 92p〕 명확하게 (좁은 의미에서) 부양급부(Unterhaltsleistung)와 가족적인 노동급부(결혼생활을 위한 가계운영, 자녀의 돌봄과 교육, 부부간의 조력)(familiäre Arbeitsleistungen)를 구별했었다. 가족법적 채무자의 사망으로 인한 이러한 노동급부의 상실에도 ABGB 제1327조 해당 법률의 목적(생계를 위해 필요한 것의 보장)때문에 유추 적용될 수 있었다. 말하자면 당시에는 다른 청구유형들의 관점(가격-, 대여- 혹은 손해배상청구 등)에서는 침묵으로부터의 추론이 문제되었던 것이다. 법문이 가족법적 노동급부도 –그 이후 넓게 파악된– 부양개념으로 가져온 이후에는 단순한 체계적 법률해석과 반대추론이 관건이 되고 있다.

이러한 맥락에서 입법자가 의식적으로 유추 적용의 허용성에 반대하는 결정을 하였다고 말하자면 자의적으로 또는 단지 법률의 표현을 논거로 –예를 들면 법률은 당연히 단지 특정 사례들만을 파악하고 있

---

* [옮긴이 주] 국내에서는 '침묵논증'이라고 옮기기도 하는데, 침묵으로부터 특정 결론을 도출해내는 논증법이다. 신학의 경우 역사적인 문서에서 언급이 없다는 것에 근거하여 어떤 주장을 내세우는 것으로 사용된다.

고, 따라서 단지 이러한 사례들만을 파악하려고 의도한 것이라는 격언에 따라- 가정될 수는 없다는 것은 명확하게 견지되어야만 한다; 이로써 또한 명백하게 증명된 것은 유사한 사례들을 전혀 의식적으로 배제한 것이 아니라는 것이다. 물론 그것들은 구체적인 입법활동에 참여한 사람들에 충분히 인식되지 않았거나, 아마도 무엇보다 유추추론을 통한 법발견에 위임되었을 가능성이 있다. 의심스러운 경우에는, 입법자는 이미 정의의 균형과 평등의 원칙에 구속되기 때문에 확실히 그에 벗어난, 따라서 자의적인 규정을 원했다고 가정할 수는 없는 것이다. 따라서 이미 입법자를 통해 의식적으로 일관되지 못하게 결정된 규정인가하는 물음에 관하여 의심이 있는 경우에는 유추가 요구되지 반대추론이 요구되는 것은 아니다.

2. 유추의 유형들

a) 가장 단순한 형태는 또한 지금까지 기초가 되었던 **법률유추 또는 개별유추**(Gesetzes- oder Einzelanalogie)이다: 하나의 특정 개별 규정의 목적은 바로 그것을 통해 법과 닮았지만, 법률구성요건으로부터 문언적으로는 확실하게 포착되지 않는 사례에 적용된다.

예: ABGB 제862조의a*는 계약체결에 있어서 승낙의 의사표현을 위한 도달(Zugang)주의 또는 수령이론(Empfangstheorie)에 상응하게,

---

* [옮긴이 주] 계약과 법률행위 일반을 규정하고 있는 오스트리아 민법 제859조 이하의 규정 중에서 계약체결(Abschließung des Vertrages)과 관련한 제862조의a에서는 의사표시가 승낙기간 내에 청약자에게 도달한 경우에는 승낙은 유효한 것으로 본다고 규정하여 도달주의를 따르고 있다. 우리나라 민법 제528조 제1항도 승낙기간 내에 청약자가 승낙의 통지를 받았다면 효력이 발생한다고 하고 있다.

그것이 수신자에게 도달함으로서 효력을 발생한다고 규정하고 있다. 원문 93p〉타인에 대해 표시되어야 하는 다른 의사표현들, 예를 들어 계약의 청약의사표현, 해고통지, 해약통지 또는 선택의사표시 (Optionserklärung)를 위해서는, (모든 이러한 의사표시들은 법률에 당연히 알려져 있었음에도 불구하고) ABGB에서 이와 관련된 규정이 결여되어 있다. 하지만 상응한 규정들은, 우리가 언제 또는 무엇을 통해 해당 의사표현이 유효하게 되는지를 알지 않고서는 전혀 적용될 수가 없다. 말하자면 하나의 **'논리적' 흠결**(logische Lücke)이 존재하는 것이다. 그 흠결은 의사표현 운송의 위험(Transportrisiko)을 그 위험의 지배용이성, 즉 누가 더 그 위험을 지배하기 쉬운가에 따라 분배하는 그 규정의 목적에 상응하게 AGBG 제862조의 a에 대한 유추를 통해 충전 될 수 있다. 발신인은 운송의 종류를 정한다; 이로써 단지 발신인만이 고유한 운송의 위험에 영향을 미칠 수 있다. 수신인의 지배범위로 들어가면서부터, 도달하면서부터, 사물의 본성에 따라, 이 수신인과 그의 조직적인 방지책들이 그 의사표시가 바로 수신자의 인식에 이르게 된다는 것에 대해 책임이 있는 것이다. 이러한 위험분배의 목적(Risikoverteilungszweck)은 이제 승낙의 의사표시에 대해서 뿐만 아니라 모든 수신을 필요로 하는 의사표시에 대해 마찬가지로 맞아 떨어지는 것이다.

하나의 추가적인 **예:** 가계약·예약(Vorvertrag)은 명백하게 사정변경의 원칙(Clausula rebus sic stantibus)하에 설정된다(ABGB 제936조*). 주지하다시피 사람들은 하나의 단순한 가계약의 체결 후 사정의 중요한 변화를 증거로 끌어댈 수 있는데 왜냐하면 그러한 준비계약에서는

---

* [옮긴이 주] 오스트리아 일반민법 제936조는 장래 계약의 합의(Von der Verabredung eines künftigen Vertrages)에 대한 규정으로, 사정변경이 명시적으로 정해진 목적 또는 상황으로부터 명확한 목적을 수포로 돌아가게 하거나 계약의 일방의 신뢰가 상실될 정도인 경우에는 예약의 구속력이 인정되지 않음을 밝히고 있다.

관여자들의 -경향적으로 정말 긴- 구속이 본계약(Hauptgeschäft)에서 보다는 일반적으로 약한 것으로 느껴지기 때문이다. 이것은 또한 법적으로 특별하게 규정되지 않은 옵션계약(Optionvertrag)에 대해서도 동일하다. 따라서 유추가 요구된다. 여기서 그것은 그렇지 않으면 임박한(drohend) 가치평가의 모순인 것이며, 그 모순은 따라서 **목적론적 흠결**(teleologische Lücke)을 존재하는 것으로 그리고 충전 가능한 것으로 증명하는 것이다.

b) **전체유추 또는 법유추**(Gesamt- oder Rechtsanalogie)는 일련의 법률적 규정으로부터 하나의 공동의 기본사고를 찾아내고, 이것을 유사하지만 직접적으로 규정되지 않은 사례에 적용한다. 왜냐하면 개별규정의 어느 것도 맞지 않지만 전체적 법률의 근거는 충분히 맞아떨어지기 때문이다.

예: 법률에서 상세하게 파악되어 있는 모든 계속적 채무관계(임대차, 사용대차, 고용, 조합)들은 하나의 규정을 포함하고 있는데, 그 규정은 모든 당사자들로부터 일방적으로, 합의된 기간의 고려 없이, 중요한 이유를 근거로, 그 계속적 채무관계는 기한 없이 해소될 수 있다고 말하고 있다. 계약의 계속은 특히 다른 쪽의 계약침해를 통해서, 아니면 〔원문 94p〕 객관적으로 변경된 사정들을 통해서도 기대불가능하게 되어 버릴 수 있다. 다수의 계속적 채무관계들은 이제 계약자유에 따라 법적으로 규율되는 계속적 채무관계의 유형으로 분류할 수 없는 것을 내용으로 하여 채결될 수 있다(예를 들어 사용교환(Gebrauchstausch), 계속(적)매매(Dauerkauf), 계속(적)운송계약(Dauertransportvertrag) 등). 하지만 중요한 이유의 규정은 전체유추로 그것(계속적 채무관계)에도 적용가능하다. 계속적 관계에서 기

대하기 어려운 구속을 피한다는 목적은 여기서도 전적으로 타당하다. 임박한 가치평가의 모순이 보여주듯이 여기서는 마찬가지로, 어렵지 않게 메워질 수 있는 **목적론적 흠결**이 존재하다.

3. 유추의 강화된 하부 유형으로 대소추론(Größenschlüss)

대소추론은 **두 가지 형태**(Variante)로 사용가능하다: 소에서 대로 (argumentum a minori ad maius)의 추론으로서 대소추론은 하나의 규정의 법효과를 문언적으로 포착되지 않는 사실관계에, 그 규정의 목적에 따를 때 이러한 법 효과가 그만큼 한층 더 많이 필요한 사실관계에 (즉, 심지어 '단순히 법과 유사한 것'(rechtsähnlich) 그 이상이다) 전이하는 것이다.

예: 1. ABGB 제349조*에 따르면 만약 그 물건이 다시 발견 (Wiederauffinden)될 희망 없이 분실된 경우, 자의로 버려진 경우, 또는 타인의 점유에 들어간 경우라면 그 물건에 대한 점유를 상실한다. –ABGB 제349조에는 이러한 사례그룹이 언급되지 않았음에도 불구하고– 만약 그 물건이 (예를 들어 화제를 통해) 완전하게 파괴된다면 점유상실은 그 만큼 더 많이 발생한다.

2. 오스트리아 부양료선지급법(Unterhaltsvorschußgesetz**) 제22조 제

---

* [옮긴이 주] 점유의 소멸(Erlöschung des Besitzes)을 규정하고 있는 오스트리아 민법 제349조는 "물건(유체물)의 점유는 일반적으로 그것이 다시 발견될 희망 없이 분실되거나 자유로운 의사로 버려지거나 또는 타인의 점유가 된 경우에는 상실한다"(§ 349. Der Besitz einer körperlichen Sache geht insgemein verloren, wenn dieselbe ohne Hoffnung, wieder gefunden zu werden, in Verlust geräth; wenn sie freywillig verlassen wird; oder, in fremden Besitz kommt.)라고 규정하고 있다.

** [옮긴이 주] 법명은 "Bundesgesetz über die Gewährung von Vorschüssen auf den Unterhalt von Kindern (Unterhaltsvorschußgesetz 1985 – UVG)"이다.

1항*은 무엇보다 선불금(Vorschüsse)이 불법하게 지급되었고 금전의 수령자가 그 선불금을 '고의 혹은 중대한 과실로 자녀의 양육을 위해 소비한 경우'라면 선불금의 반환의무를 규정하고 있다. 이제 하나의 구체적 사례에서 수신자는 수령한 금전을 자녀가 아니고, 그 자신 스스로를 위해 지출했을 수 있다. 법률의 규정으로부터 대소추론은 그렇다면 그가 그 금전을 당연히 반환해야한다는 결과를 내 놓는다**.

대로부터 소로의 추론(argumentum a maiori ad minus)은 부정으로 전환된다; 법률의 목적에 따를때 광범위한 구성요건이 하나의 특정 법 효과를 가질 수 없다면, 더 작은 구성요건은 더욱 더 그 특정 법 효과를 가질 가능성이 줄어드는 것이다.

(원문 95p) **예:** 보호가 필요한 선의의 점유자는 소유권자의 반환청구에 대해, 제3자에게 그 물건에 대한 매매대금을 지급하였다는 이유로 항변할 수 없다(ABGB 제333조). 그 목적은 점유자의 제3자에 대한 관계는 그 단순히 상대적인 의미 때문에 소유자에게는 무관하다는 것을 명확하게 하는 것이다. 만약 점유자가 악의이고, 따라서 보호가치가 더 적어지는 경우일수록 이러한 목적은 더욱 많아진다.

---

* [옮긴이 주] 부당하게 지급된 선불금의 변상(Ersatz zu Unrecht gewährter Vorschüsse)을 규정하고 있는 동법 제22조 제2항에서는 보충적으로 자녀로 하여금 부당하게 지불된 선불금 중에 동조 제1항에 따라 반환될 수 없고 자녀(Kind)의 부양을 위해 사용되지 않은 경우는 반환해야만 하는 것으로 규정하고 있다(§ 22 (2) Hilfsweise hat das Kind die zu Unrecht gewährten Vorschüsse zurückzuzahlen, soweit diese nicht gemäß Abs. 1 hereingebracht werden können und nicht für den Unterhalt des Kindes verbraucht worden sind).

** [옮긴이 주] 자녀를 위해 사용된 경우도 그것이 부당하게 지급된 경우라면 반환해야 하는데, 하물며 자녀부양이 아닌 다른 목적으로 사용했다면 당연히 반환되어야 한다는 의미이다.

법효과 측면에 옮겨보면, 마지막에 언급한 논거는 만약 사실관계가 하나의 특정 규정에 따를 때 하나의 광범위한 법효과를 가진다면, 그 사실관계에는 그 만큼 더 덜 광범위한 (단순히 하나의 다른 처분이 아니라!) 법효과가 인정되어야만 한다.

예: 한 주식회사의 감독위원회가 특정 사태에 근거하여 주식회사법 제75조* 제4항에 규정된 대표이사를 (종국적으로) 해고할 권리를 가진다면, 그 위원회는 더구나·당연히(erst recht) 그 보다 더 약한 (잠정적인) 업무정지와 같은 처분을 부과할 수 있음이 당연하다.

III. 목적론적 축소·환원(제한)

만약 해당 규정이 그 법문의 표현에 따를 때 그 목적에 부합하는 것보다 더 많이 포함하는 경우는 −더욱이 이미 '개념의 핵'에서 목적보다 더 포괄적인 법문이 문제되는 경우는− 유추상황에 정확하게 반대되는 상황이 존재한다('개념의 뜰'에서는 제한적인 목적론적 해석이 도움이 된다). 달리 말해서, 만약 이미 **가능한 가장 좁은 단어의 의미가 법률의 목적을 넘어서는** 경우에는 법 창조의 가장 첨예한 문제가 등장하게 된다. 여기서는 −유추와 반대로− 법적으로 규정된 법효과를 목적에 부합하는 범위로 제한하는 **목적론적 축소**(teleologische Reduktion, Restriktion)를 통한 법 창조가 요구된다.

---

* [옮긴이 주] 제75조는 이사의 임명과 해임(§ 75 Bestellung und Abberufung des Vorstands)을 규정하고 있는데, 동조 제4항에서 감독위원회는 이사회의 구성원으로 임명하는 것과 이사회의 장, 즉 대표이사의 임명을 철회(widerrufen)할 수 있는 사유를 규정하고 있고, 중대한 의무침해(grobe Pflichtverletzung), 적법한 사업경영능력의 부재(Unfähigkeit zur ordnungsgemäßen Geschäftsführung), 총회에서의 신임철회(Entziehung des Vertrauens durch die Hauptversammlung) 등을 그 중요 사유로 들고 있다.

물론 존재하는 법규정은, 비록 그것이 목적론적으로 볼 때 지나친 법률자구라고 하더라도 적용이 가능한 법문이 결여된 경우보다 -유추에 있어서- 강한 기대를 일깨우기 때문에 다양한 관점에서 주의가 요구된다. 우선 제한·축소(Einschränkung)를 결정하는 목적은 특별한 주의를 가지고 심사해야만 하고 이유를 제시하여야만 한다. 그것은 문제되는 규정의 축소 없이는 체계적으로 관련된 다른 법규정들을 위한 어떠한 의미 있는 적용범위도 남지 않을 것이라는 것을 증명함으로써 가벼워질 수 있을 것이다. 나아가 주의해야할 것은, ⟨원문 96p⟩ 목적론적 축소를 핑계로 사실은 개별 사례의 모든 상황들을 고려하는 단순한 형평사법(Billigkeitsjurisprudenz*), 즉 관련 규정을 바로 무의미하게 만들어버리는 형평법이 운영되는 것은 아니라는 것이다. 오히려 **추상적으로 기술가능한 하나의 사례유형**(eine abstrakt umschreibbare Fallgruppe)이 규정된 법효과에서 배제되어야 한다는 것이 반드시 증명될 수 있어야만 한다.

목적론적 축소 사례에서 법창조를 위해 요구되는 법률의 흠결은 '**숨겨진**' **흠결**(verdeckte Lücke)로 이해될 수 있는데, 말하자면 법률의 목적에 따를 때 필요한 예외가 명시적인 현행규정(Regelbestand)에서는 결여되었다는 말이다.

---

* [옮긴이 주] Billigkeit는 그리스어 Epikie에서 유래한 것으로 아리스토텔레스의 「니코마쿠스 윤리학」에서 등장한다. 형평, 공평, 공정, 염가(저렴), 유리 등으로 옮겨진다. 법학에서는 Billigkeit는 개별 사례에서 급부와 반대급부 사이의 균형잡힌 관계를 말한다. 따라서 Billigkeitsrecht를 '형평법'이라고 부르기도 한다. 원래 기술된 법률(실정법) 외에서 정의로운 것, 즉 법률을 넘어서는 어떤 윤리적 행위를 의미하는 것으로 결국 실정법을 넘어서는 정의를 내세우며 법적 해석과 판단을 정당화하는 것을 말한다고 하겠다. Billigkeitsjurisprudenz는 '싸구려법학'이라고 폄하하는 용어로 사용될 수도 있으나, 여기서는 문제되는 법문이 애당초 그 규정이 목적한 것보다 넓게 규정되어 있어서 그 적용범위를 축소해야 할 필요가 있다면 결국 그 적용범위의 일부를 배제시킬 수 있다는 것인데, 그 과정이 자의적인 '구체적·개별사례에서의 정의발견'이 되어서는 안된다는 지적인 것이다.

예: 1. (독일 민법 제323조와 거의 동일한) ABGB 제918조에 따른 지체로 인한 해제(*Rücktritt*)에서 기간유예요구(*Nachfristerfordernis*)는 지체한 계약의 상대방에게 늦었지만 즉시의 이행을 통해 계약을 유지할 기회를 준다는 것이다. 하지만 지체한 계약상대방이 이미 진지하게 자신은 계약을 이행하는 것은 생각하지 않는다(*Erfüllungsverweigerung;* **이행거부**)는 의사를 표현했다면, 유예기간을 설정하는 것은 무의미할 뿐, 그 합리적 목적에 기여하는 형식·요식성(*Formalität*)은 아닐 것이다: 우리는 최선의 출처로부터, 말하자면 채무자 스스로로부터, 그가 회복기회를 사용하지 않을 것이라는 것을 아는 것이다. 비록 오스트리아 법은 이러한 사례유형에 대해 – 독일 민법 제323조 제2항 제1호와 달리– 어떠한 명시적 예외도 예정하고 있지 않지만, 여기서는 물론 유예기한 설정 없는 해제도 유효하다.

2. 증여물의 현실적 인도 없는 증여계약(*Schenkungsvertrag ohne wirkliche Übergabe*)을 위해서는 특별한 형식의 준수가 요구된다: 그렇게 공증서법(*NotAktsG*) 제1조 제1항 d호(§ 1 Abs 1 lit d)*에 따르면 공증서(*Notariatakt*)가 요구된다. 그렇다면 이제 수증자는 예를 들면 일반 편지로 수증의 의사를 표현한 반면에 **단순히 증여자의 의사**가 공증서의 형태로 존재하는 하나의 (증여)계약은 유효한 것인가? 형식요구의 목적은 조급·경솔함으로부터 증여자를 보호하는 것에 있으므로, 단지 그의 의사표시는 특별한 형식을 반드시 충족해야만 하는 것이다. [법률은 이러한 의미에서 전적으로 문서형태의 보증인(*Bürge*)의 의사표시만을 가정하고 있다] 말하자면, 전체계약에 대해 요

---

* [옮긴이 주] 오스트리아 공증서법(Notariatsaktsgesetz) 제1호 제1항에서는 "다음의 계약과 법률행위의 효력은 그에 대한 공증서면의 취득을 통해 결정된다"라고 하고 제d호에서 '현실의 인도 없는 증여계약'을 들고 있다.

식성(형식요구)을 적용하는 표현의 규범은 너무 광범위하게 만들어진 것이고 따라서 목적론적으로 제한되어야 하고, 그것은 언급한 사례에서 증여가 유효하게 되도록 하는 것이다. 그에 반해 증여의사를 포착하는 요식성규정의 (추가적인) 어떠한 제한도 해석론적으로는 어떤 증여에 대해서도 가능하지 않다. 왜냐하면 이미 법질서에서 어떠한 제한도 도출될 수 없기 때문이다.

(원문 97p) 3. 이미 여러 번 언급된 양도담보의 경우, ABGB 제428조에 대해서는 아래와 같은 논박이 가능할 듯하다: 그 규정은 단지 보다 적은 공시로도 충분한 (예를 들어 교환-, 매매- 또는 증여계약을 근거로 한) **계속적 양도**(dauerhafte Übereignung)만 생각하고 있는 것이지, 그와 달리 구체적인 채권자가 우선변제권(Befriedigungsvorrechte)을 마련하려고 하는 그런 질권(담보물권)과 비슷한 사례를 생각한 것은 아니다. 따라서 ABGB 제428조* 제1사례(물건이 실제로는 양도자에게 있는 점유개정)는 '보증을 목적으로 소유권을 창설'하는 사례군에만 제한하여야 한다. 이를 통해 보증재산에 대해 발생하는 흠결은 뒤에 이어지는 ABGB 제451조의 질권창설규정을 목적론적으로 파악하여 유추적용함으로써 메워진다. (독일법에 대한 지배적인 입장들은, 실제로 오스트리아와 같은 법상태이고 따라서 오스트리아 법률가에게는 아주 놀랍게도, 점유개정이 -따라서 강행적 질권설정규정을 우회하는 것도- 허용되는 것으로 달리 판단한다.)

---

* [옮긴이 주] 의사표시를 통한 동산양도에 관한 규정인 제428조는 전단(Fall 1)에서 양도인이 장래에 양수인의 이름으로 그 동산을 소유할 것임을 증명할 수 있는 방식으로 자신의 의사를 보여주면, 그 의사표시를 통해 당해 동산이 인도된다고 하고 있다. "c) 의사표시를 통한 양도 제428조 양도인이 증명할 수 있는 방법으로, 그 물건을 장래에 양수인의 이름으로 소유한다는 자신의 의사를 밝힌 경우에는 의사표시를 통해 그 물건은 양도된다"(c) durch Erklärung. § 428. Durch Erklärung wird die Sache übergeben, wenn der Veräußerer auf eine erweisliche Art seinen Willen an den Tag legt, daß er die Sache künftig im Nahmen des Uebernehmers inne habe...).

IV. 일반적 법원칙들의 적용

1. 총설

일반적 법원칙들은 이미 좁은 의미의 해석에서 그리고 유추에서 중요한 역할을 한다(단지 위에서 수신이 필요한 의사표현에서 위험지배원칙에 대한 설명을 참조할 것). 또한 법획득(Rechtsgewinnung)에 있어서 그 원칙들의 직접적 적용은 적어도 대부분 발전된 법질서들에서는 익히 알려져 있을 것이다. 그들 중 많은 법질서들에서 그 원칙들은 심지어 명시적 법규정들로 규정되어 있다. (이에 반해 -그 시절[1811년]에는 성공적이었던- 전체적으로 ABGB 제6조 이하를 통해 상대적으로 광범위한 방법론적 규정의 부분적인 법전화의 시도는 비교법적으로 볼 때 아마도 유일한 것이다). ABGB 제7조에서는 마지막 줄에서 '**자연(법)적 법원칙들**'(natürliche Rechtsgrunsätze*)을 동원하는 것도 예정하고 있다. ABGB에 대한 사전작업에서 부분적으로는 '일반적 법원칙들'(allgemeine Rechtsgrundsätze)이 언급되었다. ABGB

---

* [옮긴이 주] 오스트리아 일반민법 제7조에서는, 앞서 소개하였듯이, 법적 사례가 법률의 문언으로 부터도, 그 법률의 자연스런 의미로 부터(aus dem natürlichen Sinne des Gesetzes)도 해결되지 않는 경우에는 유사한 법률들에서 특정하게 결정된 사례들에, 그리고 그와 유사한 다른 법률들의 근거가 고려되어야만 한다고 하고, 그럼에도 불구하고 그 법적 사례가 여전히 의심스러운 경우라면 그것은 주의깊게 수집되고 법적으로 숙고된 사정들의 관점에서 자연적인 법원칙에 따라 판단되어야만 하다고 하여 '자연적 법원칙들(natürliche Rechtsgrundsätze)을 법률유추 또는 법유추를 통해서도 해결되지 않는 문제를 해결하기 위한 최종 기준으로 제시하고 있다. 이러한 자연적 법원칙들은 오스트리아 법학자들의 이해에 따를 때, 하나의 유추형태를 말하는데, 전체의 법질서는 물론 이를 넘어서 모든 문화국가들의 법들이라는 의미에서 자연법(Naturrecht im Sinne des Rechts aller Kulturstaaten)에까지 확장된 의미이다. 달리 말해 모든 문화국가들의 법질서에 공통된 법원칙(자연법)을 활용한 유추도 가능하다는 말이다. 법률유추나 법유추 다음에 사용되어야 할 것이지만 그 구분이 항상 유동적임을 인정하고 있다[상세는 Heinz Barta의 온라인 민법(Online Lehrbuch Zivilrecht) 교재 참조 ; https://www.uibk.ac.at/zivilrecht/buch/ 2021.5.1. 최종방문].

자체에서 변경된 규정은 사실상 변경하고자한 의도에 기인한 것은 아니었다. 법적 표현에 대해 여전히 퍼져있던 자연법에 대한 공포증을 가진 사람들로부터 종종 나오는 〔원문 98p〕 자동적인 거부반응을 '일반적' 법원칙이라는 표현방식이 보다 적게 활성화시킨다면 이 표현이 우선될 수 있는 것이다. ABGB의 책임편집자 짜일러(Zeiler)는 사실 법이론가로서는 자연법학자(Naturrechtler)였지만, 입법실무가로서는 법률의 의미에 대해 매우 신중하였다. 따라서 그는 법발견에 있어서 일반적 법원칙들은 단지 보완적이고 따라서 상대적으로 드문 직접적 적용에 큰 의미를 두었다; 입법자의 판단특권과 가치평가의 특권으로 인해 오늘날의 관점에서도 전적으로 옳은 것이다. 그렇지 않다면 실정 제정법(Positives Gesetzesrecht)은 평화를 조장하고 보다 안전한 법상태의 인식가능성을 조장하는 자신의 기능을 충분히 채우지 못할 것이기 때문이다. 거기에 오늘날은 입법기관의 민주주의적 합법성이 보태진다.

하지만 해석 그리고 -법률에 가까운- 유추에 뒤따르는, 즉 보충적 법발견의 방법으로서 어려운 개별사례들에서 일반적 법원칙들에 직접적으로 기대는 것은 이성적으로 보면 불가피한 것이다. 그 상대적인 모호성에 불구하고 그렇다. 통상 이러한 모호성을 지적하는 비판가들은 물론 저마다의 판단자의 도대체 기준이 없는 재량 또는 개인적 가치판단만을 제공하면 된다.

2. 원칙들의 발견과 특성

일반적 법원칙들(Rechtsgrundsätze)은 이른바 **원칙들**(Prinzipien)에 응고되어있다. 다양한 법영역에서 그리고 법제도들에서 고래부터 그러한 원칙들이, 말하자면 전체에 해당하는 법소재에 중요한 영향을 미치는 기본가치평가들이 알려져 있다. 경계가 뚜렷하지 않은 경우(Übergänge)에, 법률의 목적들과 이유들은 특정한 개별적 법률의 규정들(예를 들어 하나의 특정 조항)에 기초가 되어 있고, 그에 반해 포괄적 법집합체(Rechtskomplexe; 예를 들어 전체 계약법)에 기초가 되어 있는 것은 아니라는 점에서 원칙들은 법률의 목적들 또는 그 근거들과 구별된다.

사람들은 지도적 원칙들(leitende Grundsätze)의 **예들**로서, 말하자면 헌법에서 민주주의, 법치국가성, 그리고 기본권보호, 책임원칙 또는 형법에서의 '법률없이 형벌없다'(nulla poena sine lege), 기판력의 원칙들 또는 소송법에서의 자유심증주의, 물권법에서 (제한된) 소유권의 자유과 공시원칙과 주관적 권리의 절대적 효과, 채권법에서의 사적 자치라는 지도적 사고와 〔원문 99p〕 신뢰보호, 두 개의 영역을 포괄하는 법률적 외관주의(Rechtsscheinprinzip), 가족법에서의 포괄적 부조의무의 원칙, 상속법에서의 유언의 자유와 가족 상속(순위) 등과 같은 것들을 생각할 수 있을 것이다. 이미 오래된 원칙론(Prinzipienlehre)은 다양한 맥락들에서 일반적 법원칙들을 이러한 의미에서, 즉 일반적으로 체계를 지탱하는 기본적 가치평가로서 부각시켰고, 해석과 법창조에서 이용하였다. 이러한 의미에서 **원칙들**(Prinzipien)은 어떠한 구성요건과 법효과로 분류되지 않는, 단순한 적용에 맞추어진 법규범들이 아니라, 광범위한 사실관계와 그에 관련된 구체적 법집합체에 관련된 **일반적 가치평가의 경향·동향들**(Wertungstendenzen)인 것이다.

보다 새로운·근대의 원칙론은 법이론적으로는 우선 법도그마틱으로부터 나오는, 발터 빌부루크(Walter Wilburg)의 '가동적 체계'(bewegliches

System)이론의 형태에서, 내용적으로 하나의 다른 규범유형, 즉 직접적 적용에 맞추어진 '**법규·규칙**(Regeln)'과는 구별되는 **원칙의 구조적인 특성**을 강조하였다; 원칙들은 -위에서 이미 지적했듯이- 전적으로 따를 것을 요구하는 것이 아니라 **최적화요구**(Optimierungsgebot)를 함유하고 있는 것이다. 그것은 단계의 구별이 가능한 당위요구들이고, 단지 가능한 경우에, 특히 **충돌하는 다른 원칙들을 고려하여** 따라야하는 당위요구들 인 것이다. 이 새로운 법이론은 원칙유형의 규범들의 '더 많거나 아니면 더 적은(다소) 구조'에 대한 통찰을 본질적으로 심화한 것이다. 따라서 원칙들은 그것들이 충돌하는 경우에는 이미 입법자를 통해 이를 형량하는 조정(abwägende Ausgleichung)이 필요하고, 나중에는 또한 법적용에서도 형량적 조정이 필요한 것이다.

일반적 법원칙들을 찾기 위한 두 가지의 상이한 입장들이 관찰된다: 짧게 줄이면 그 중 하나는 실정 법률로부터(aus dem positiven Recht) 그 기본적 사고들을 끄집어내서 요약하려고 하고, 다른 한쪽은 그에 반해 법과 무관하게 인간 사이의 거래에서 관찰될 수 있는 가치관과 관행, 즉 사실적 소여들(bei faktischen Gegebenheiten)에 착안하려고 한다. 이미 가장 최선의 통제를 위해서는 두 가지 방법의 혼합이 요구된다. 사람들은 법적용을 위해서는 가능한 사안에 근접하게 실정법으로부터 그것의 **가치평가에 부합하는 기초**로의 귀납으로부터 시작해야만 할 것이고, 그것은 전체 법제도 또는 체계적 소재들로의 방향으로 개별적 규정들의 규범적인 기초들을 넘어가는 것이다. 따라서 원칙의 [원문 100p] 조사(Prinzipienermittlung)도 유추추론과는 달리 특정 법효과에 이르는 것이 아니라, 이른바 출발규범(Ausgangnormen)의 특정 법효과에 도달하는 것이 아니라, 법효과의 관점에서는 단순히 **원칙에서 표현된 가치경향**

(Werttendenz)에 초점을 맞추게 되는 것이다.

광범위한 귀납은 그밖에도 결국 '법이념'의 가장 **보편적 법원칙들**(법의 목적들)에 이르게 된다. 이른바 **정의**(Gerechtigkeit), **법적 안정성**(Rechtssicherheit), **그리고 합목적성**(Zweckmäßigkeit)의 원칙들에 이르게 되며, 그 내적 구분은 여기서 추가적으로 살펴보지는 못한다. 이러한 원칙들은 ―다소간 명백하고 종종 법외적인, 무엇보다 권력에 연관된 기본적 경향(Grundtendenz)을 통해 겹쳐지기도 한다― 적어도 우리의 법역의 법규정들에서는 증명가능하고 경험적으로 최대한 증명된 **법의 기본요소들**(Grundelemente des Rechts)이다. 그것들은 또한 침착하고 주의 깊게 자신의 고유한 장기간의 이해관계들을 형량하고 동시에 동일한 권리를 가진 이해관계자로서 자신과 함께 살아가는 사람들을 고려하는 사람이라면 어느 누구나 반드시 받아들여야만 할 것들이고, 따라서 확실한 합리적 근거가 있는 것들이다.

물론, 유효한 법규칙들(Rechtsregeln)의 일반적 가치평가의 기초들을 찾아내는 것은 종종 우리가 가장 먼저 한 공동체의 대부분의 구성원들 또는 영향력이 많은 구성원들의 법과는 무관한 행위들로부터 그곳에 표현된 가치평가들을 도출할 수 있는 경우에만 가능한 것이다. 왜냐하면 이것들은 사실 반드시 법률들로 들어가야만 하는 것들이기 때문이다. 예를 들어 신뢰의 침해들('배신')과 그로부터 나오는 기대실추들을 일반적으로 강력하게 부인하는 것은 법질서에서 널리 효력을 가진 신뢰의 원칙(Vertrauensprinzip)의 명백한 표현이다; 무수히 많이 인식가능하게 실증된, 자신의 고유한 일들을 자신의 고유한 의사에 따라 처리할 수 있는 바람은 사적 자치(Privatautonomie)와 소유권의 자유

(Eigentumsfreiheit)에 대한 표현인 것이다. 실정 법원칙들로부터 단순히 귀납하는 것은 무수한 가능한 추상화단계 사이에서 혼동하거나 심지어 잘못된 법률의 기본사고를 법원칙으로 다루게 되는 위험을 수반한다.

특정 시점에 그리고 특정 장소에서 지배적인 사회적 견해들이, 특히 입법에의 그 영향력을 포함하여 '충분하게' 정치적이고 매체적인 선동이 있는 경우에는 가장 비인간적이 될 수 있다는 것은 결코 잊혀 질 수 없다. 단지 사람들은 아직 상대적으로 가벼운 시작들에서 피비린내 나는 대량학살에까지 이르게 되었던 〔원문 101p〕 지난 몇 십 년 전에 같이 살아가는 특정 집단의 사람들에 대한 차별을 생각해 보면 될 것이다. 극단적 사례에서는 형식적으로 '바르게' 공포된 그러한 내용의 법률명령(Gesetzesbefehl) 자체도 실질적으로 법적 성격(Rechtscharakter)을 상실한다. 하지만 그러한 변종이 있기 훨씬 전에는, 전체주의의 체계들 아래에서 종종 선전되고 실현된 것과 같이, 심지어 '실정적'으로는 아직 전혀 포착되지 않은 차별적인 법률들의 흠결들에서 일반적인 법원칙들을 상응한 척도들로 적용하는 것은 이성적으로는 주장할 수 없었을 것이다. 오히려 법에서는 그와 반대로, 명백하게 사안에 반하는 또는 체계에 반하는 법률들을 사실상 적용하지만 가능한 제한적으로 해석하고, 유추추론을 통해 또는 심지어 일반적인 법원칙의 승인을 통해 확장하지 않는 방법론적인 척도들이 적용된다. 무엇보다 그 밖의 일반적인 법원칙들을 조사함에 있어서는 **근본적인 법원칙들을 통제관청**(Kontrollinstanz)**으로 끌어들임**으로써 여기서 거부된 방식이 저지되어야만 하는 것이다. 또한 정치적으로 오도된 입법의 인식가능한 표지들, 마치 오스트리아에서는 예를 들어 택시면허(Taxikonzession) 사례에서 증명가능한 척도들과 같은 표지들, 즉, 목소리가 크고 잘 조직된 직업집단은 심지어 헌법의 기본권에 충돌해도 괜찮다는 척도들은 따라서 일반적인 법원칙의 지위를 가질 후보일수 없는 것이다.

그러한 하나의 원칙을 **조사**하는 것은 따라서 다수의 것들이 반드시 함께 작용해야만 하는 하나의 **세분화된 과정**(differenzierter Vorgang)이다; 실정 법규칙들과 법제도들로부터의 귀납, 해당 공동체의 공동 삶에서 명백하게 두드러진 가치평가의 선호들 및 근본적 법원칙의 근거로 수반되는 통제가 그것들이다. 추정된 일반적 법원칙의 근거를 대거나 통제하기 위하여 상대적으로 다루기 쉬운 수단은 그밖에도 **법적 비교·비교법**(Rechtsvergleichung)이 있다: 다수의 법질서들에서 같은 방식으로 승인된 것은 통상 일반적 법원칙으로 소급될 수 있는 것이다.

이미 이 장의 초반에 언급한 예들이 증명하듯이 모든 어려움에도 불구하고 **상이한 법 영역에서 무수한 수의 다툼의 여지없이 승인된 법원칙들이** 존재한다. 마지막에 암시된 문제점들은 잘 알다시피 대부분 극복 가능한 것들이다.

원문 102p

3. 원칙들의 흠결들

'보다 많거나 보다 적은 규범들(다소규범들)'로서 원칙들의 성격은, 달리 말해 단순한 최적화요구로서의 원칙들의 성격은, 실정규칙들의 법률층(Rechtsschicht)이 하나의 원칙에 –독립적으로 고찰할 때– 가능한 최대한의 범위에서 일치하지 않는다고 하여 바로 하나의 **원칙의 흠결**(Prinzipienlücke)을 받아들이는 것을 배제한다. 그것은 당연히 모든 **원칙**

들의 충돌들(Prinzipienkollisionen)에서 피할 수 없는 것이다. 그러한 충돌들은 또한 그 적용범위가, 달리 말해 충전될 흠결의 범위가 알려지지 않은 한 최적화적 형량을 불가능하게 만든다. **원칙들의 흠결의 찾는것은** 따라서 흠결의 **충전과는 분리되어** 이루어져야만 하고 사실, 이미 존재하는 그리고 보충되게 되는 실정 규정들에 가능한 최대로 좁은 연계하에서 이루어져야만 한다. 그 **목적**은 물론 **가능한 일관된 전체체계**이다.

두 개의 가능성이 존재한다: **유사성 심사**(Ähnlichkeitsprüfung)에서는 바로 지금 판단되는 문제 사례가 특정 개별규칙에서 포착되는 사례들에 적어도 유사해서 –평가의 결과를 가정하고– 어쨌거나 법적 가치판단이 도대체 필요한 것인지, 즉 '법적으로 자유로운 영역'으로 정서하는 것을 배제하는 것인지 여부가 심사된다. 유추에서와는 달리, 문제 사례에 대한 아직 특정 법 효과, 즉 '출발규범'에 정서된 법효과의 추론이 문제되지는 않는다; 지금 끌어들여온 출발규범의 법효과 또는 법효과들은 지금 판단될 사례를 위해서는 문제와 무관한 것이고, 전적으로 적용이 불가능한 것이다. 오히려 우선적으로 존재하는 실정 규범들의 목적 또는 기본가치평가가 '맞아떨어진다'는 것으로부터 단지 법적 판단필요성 그 자체가 도출되는 것이다.

완전성심사(Vollständigkeitsprüfung)에 있어서는 광범위한 법적 규정들을 통해 법제도로서 인정되고, 동시에 장려할 가치가 있는 것으로서 인정된 법적 삶에서 전형적인 생활관계가 고려된다. 이어서 이러한 규정이 법현실에서 이러한 제도가 직접적인 참가자를 위해 바람직하게 기능하는 것을 충분하게 조장하는지 여부가 심사된다. 만약 아니라면, 일반적 법원칙을 끌어들여와 메워야 할 하나의 흠결이 존재하는 것이다.

흠결심사의 두 가지 가능성은 조합이 가능하고 서로를 명확하게 강화시킬 수 있다.

(원문 103p) 문제사례를 위해 필요한 법효과는 (또는 세분화된 결과에서는: 다수의 법적 효과들은) 관여된 법원칙들의 최적화의 의도에서 조정된 가치평가의 경향(Wertungstendenzen)에 부합하여야만 하고, 가능한 한 법질서내에 다른 맥락들에서 알려진 법효과의 유형들에서 도출되어야만 한다; 마지막의 것은 불필요한 추가적 어려움과 불안정성을 피하기 위한 것이다.

4. 예들

지금까지의 추상적 고려들은 이제는 -예외적으로 하나의 독립된 편장에서- 상이한 실물자료를 통해 반드시, 그리고 당연히 포착가능 해야만 한다. 오스트리아에서 그 첫 번째의 예는, 죽음의 현상을 몰아내는 근대 문화에 특징적인, **사적 사망법**(privates Totenrecht)이 제공한다. 문제는 누가 죽은 사람의 매장의 유형과 장소에 관하여, 그리고 상황에 따라서는 심지어 사체의 개장에 관하여 결정해야만 하는가이다. 그에 관한 사적 참여자들(private Beteiligten) 간의 분쟁에 대해서는 직접적 혹은 유추적으로 적용가능한 규칙들이 결여되어 있다. 그러한 법적 논쟁은 드물지만, 참여자들 사이에서는 점점 더 큰 치열한 다툼으로 치닫게 된다 (예를 들어 사망한 자의 부인과 여자 친구 사이, 사망한 부모의 자식들 사이, 또는 사망한 자식의 이혼한 부부 사이). 사체에 대한 반환청구권, 특히 발굴청구권들(Exhumierungsansprüche)이 주장되거나 또는 그러한 청구권들에 대한 이의들이 주장된다.

매우 오래된 판결에서 오스트리아 최고법원(österreichische OGH)은 전적으로 '일반적 부정 원칙'(allgemeiner negative Satz)의 의미에서 (다음과 같이) 말한 적이 있었다: 법적 규정의 결여로 인해 이와 관련된 어떤 청구권이나 이의 제기라는 것은 없다. 이러한 관점의 결정적인 불합리성은, 그럼으로써 사체에 대한 분쟁을 책략을 사용한 또는 폭력을 이용한 제멋대로의 해결에 넘겨주게 된다는 것이었다. 왜냐하면 어떤 방법이건 항상 사체를 사실상 차지하고 있는 자는 법적으로 공격받지 않을 것이 분명하기 때문이다. 따라서 법적 문제는 그 사이 이미 오래 전부터 판례에 의해 그것을 위해 발견할 수 있는 법 원칙에 따라 판단되었다: 우선은 예를 들어 유언의 형식에 표현될 필요는 없는 사자의 의사(Wille des Verstorbenen) 자체가 결정한다. 이 의사는, 〔원문 104p〕 만약 사자가 자신의 매장에 관하여 어떤 실제 의사를 인식할 수 있도록 하지는 않았지만, 존재하는 상황에 따를 때 그 자신이 이러한 물음에 대해 성찰한다면 모든 개연성에 따를 때 그가 가졌을 것 같은 하나의 특정의 사가 받아들여질 수 있는 경우라면, 심지어 가정적 의사로 작용한다. 이차적으로는 가장 가까운 가족 구성원이 결정하는데, 사실 예를 들어 형식적인 몇 촌 사이의 친족인지에 따르는 것이 아니라 사망하기 전에 사망한 자와의 실제 친소 관계에 따를 때 가장 가까운 가족 구성원이 결정한다. 끝으로 유념해야만 하는 것은 사자의 평온(Totenruhe)의 원칙이며, 따라서 무조건적으로 필요한 발굴이 아닌 것은 독실한 믿음·경건함을 이유로 회피되어야만 하는 것이다.

이 모든 것은 가장 강력하게 인격권이 각인된 의미에서 **사적 자치의 원칙**(der Grundsatzes der Privatautonomie)과 두 번째로 끌어 들여올 **가족적 부조**(Familienfürsorge)의 원칙과의 조합(Kombination)을 의미한다; 사실 어느 정도 기능하는 가족관계에서 일반적으로 다툼의 여지없이 나타나는 그런 구체화된 형태에서의 가족적 부조의 원칙과의 결합을 의미한다. 언급된 원칙들의 문제와 관련된 구체화는 달리 말해 이미 설명된 의미에서 **'사물의 본질·본성'**(Natur der Sache)에 따른다. 왜냐하면 심지어 사체를 둘러싼 분쟁 보다 훨씬 덜 감정적인 이해의 충돌도 하나의 발전된 법치국가에서 자명하게 하나의 정돈된 절차에서 해결될 수 있고, 반드시 해결되어야만 하기 때문에, 그리고 가족이라는 법제도에 가족의 구성원이 사망한 경우에 대한 규정이 결여되어 있기 때문에, 유사성 검사뿐만 아니라 완전성 검사는 충전을 필요로 하는 **원칙들의 흠결**(Prinzipienlücke)이 존재한다는 것을 보여준다.

추가적인, 실무적으로 보다 중요한 **예**는 이른바 부동물·부동산(unbewegliche Sache)의 **'임차인의 준물권적 권리'**(quasidingliche Recht des Mieters)인데, 확고한 판례에 따를 때 −학계에서는 이러한 문제에 대해 의견이 다르다(이에 대해서는 아래에서 곧 살펴본다)− 임차인은 자신을 방해하거나 심지어 몰아내려는 권한 없는 제3자에 대항하여 방어할 수 있다. (오스트리아 법에 따르면 고유한 임차인의 보호는 여러 가지 이유들로, 특히 점유소송을 위한 아주 짧은 기한 때문에, 항상 그렇게 충분한 것은 아니다.) 무엇보다 **임차인보호라는 일반적 원칙**은 오늘날의 법에서는 임대차에서 이러한 물권적 요소를 근거지울 수 있다. 이 원칙은 물론 법률의 표현에서는 단지 임대인과 그의 소유권 승계자에게 향해진 것이고, 무엇보다 주거공간과 사무실의 경우, 임차인에게는 존재를 위해 필요불가결한 주거의 사용을, 그리고 〈원문 105p〉 −본질적으로 더 문제가 많은− 사무실의 경우에는 공간적인 사업의 기초(Unternehmensgrundlage)를 안전하게 확보해준다는 목적을 위해 임대인의 해약고지권(Kündigungsrecht ders Vermieters)을 제한하는 것이다. 만약 그것이 심지어 소유권자와 임대인에 대하여도 효력이 있다면, 권한 없는 제3자에 대한 이러한 안전(확보)목적은 더더욱 효력을 발생해야만 한다 (**대소추론을 사용한 유사성심사!**) 사람들이 그 규범의 유추를 즐겨 끌어대곤 하는 ABGB 제372조*의 물권법 규범은 단순히 그 법문의 표현에 따른다면 맞아떨어지지 않는다: 또한 그 목적도 다른 것이다. 이러한 목적은 말하자면 가능한 (하지만 전소유자의 의심으로 인해 증명할 수 없는) 소유권자에게 또는 −취득시효(Ersitzung)의 전제조건을 통해 충분히 자격을 갖춘− 소유권자가 될 자(werdender Eigentümer)에게 미리 소유권과 유사한 물권적 청구권을 주려는 것이다 (단지 유효한 소유권자에게는 거부된다.) 이를 위해서는 무엇보다 소유권취득을 위해 기본적으로 유용한 취득(거래)행위가 필요한데, 그것은 임대차계약에서는 말이 되지 않는다. 나아가 ABGB 제372조는 유추적용의 경우에도, 판례에서 시도하고 있는바와 같이, 동산의 임차인과 부동산의 임차인 사이에 어떤 구별도 정당화할 수 없을 것이다. 유지될 수 있는 그 근거는 말하자면 임차인 보호라는 원칙에 있고 또한 이를 통해 임차인의 제3자에 대항한 '준물권'의 범위를 그 존속이 법적으로 특히 보호되어 있는 임대차관계로 제한하는 것이다. 오스트리아에서는 특히 자주 행해지는 임대차법(MRG; Mietrechtsgesetz)의 적용을

---

* [옮긴이 주] 오스트리아 일반민법 제372조는 "원고(청구인)가 자신이 보유하고 있는 물건에 대한 기득의 소유권에 대한 증거로는 사실 충분하지 않지만, 유효한 (소유권에 대한) 권원과 그가 소유하게 된 실제 방법을 보여주었다면, 그는 자신의 재산에 대한 소유권(원)을 제시할 수 없거나 약한 소유권만 보여줄 수 있는 모든 점유자들을 감안하여 진정한 소유자로 간주된다"(Wenn der Kläger mit dem Beweise des erworbenen Eigenthumes einer ihm vorenthaltenen Sache zwar nicht ausreicht, aber den gültigen Titel, und die echte Art, wodurch er zu ihrem Besitze gelangt ist, dargethan hat; so wird er doch in Rücksicht eines jeden Besitzers, der keinen, oder nur einen schwächern Titel seines Besitzes anzugeben vermag, für den wahren Eigenthümer gehalten.)라고 규정하고 있다.

받는 계약이 그런 경우이다.

언급한 사실문제(Sachproblem)에 대한 논의는 극도로 다채롭고 다른 착안들도 당연히 논의될 수 있다는 것은 물론 부인되어서는 안된다: 많은 사람들은 체계적 이유들로 임차권의 '물권화'(Verdinglichung)를 전적으로 거부한다: 또 다른 사람들은 특히 임대인을 거치는 우회적 방법은 -임대인은 당연히 그 스스로 계약적으로 제3자의 침해에 대해서도 임차인의 이익을 보장할 의무를 진 자이다- 불필요하게 복잡하고, 특히 방해하는 제3자에게는 기본적으로 누가 그를 물리치는지(약화시키는지)는 중요하지 않을 수 있다는 것에 그 정당성이 있다고 본다. 물론 특별히 어려운 것은 제3자가 임대인의 승인 하에 행위하는 그런 형상이다: 여기서 제3자에게는 단지 자신의 고유한 권리만이 도움이 될 수 있을 것이다.

그리고 또 하나의 **예**: 판례와 학설에서는 **조정협상**(Vergleichsverhandlungen)은 〈원문 106p〉 당사자 일방이 이러한 -그 자체 매우 바람직한- 법외적인 협상들을 종결할 때까지 협상에 들어간 청구권들의 소멸시효의 진행을 정지시킨다는 것이 지배적 견해로 승인되어 있다. 비록 직접적으로 또는 유추적으로 적용가능한 법적 규정이 결여되었다고 하더라도 그렇다. 많은 사람들은 이러한 관점을 **신뢰의 원칙**으로 근거지우고, 다른 사람들은 명시적으로, 그리고 일반적으로 **'정의의 원칙들'**을 제시한다. 또한 여기에 일반적 법원칙들을 끌어들여오는 중요한 실천적 적용사례가 있다. 이어서 법효과는 -직접적으로도 유추적으로도 적용가능하지도 않은- ABGB의 (소멸시효) 정지규정(Hemmungsregeln)에서 도출된다. (현대화된 독일의 시효법은 조정협상에 대해서는 BGB 제203조*에서 명시적이고 일반적으로 규정하고 있다.)

마지막이자, 바로 고전적인 **예**이자 **법외관주의**(Rechtsscheinprinzip)의 적용에 대한 예는 다음과 같은 형태의 사례가 제공한다: A는 차용인(Entleiher), 임차인(Mieter), 보관자(Verwahrer)로서 B의 물건을 소지·점유하고 있는 자(Inhaber)이다; C는 그 물건을 유책하게 손상하였고 손해배상금을 즉시 A에게 지급하였고, C는 A를 그 손상을 입은 물건의 소유권자라고 생각했다. A는 하지만 C에게 설명하지 않았다. 그리고 나서 진짜 손해를 입은 자이고 따라서 진정한 손해배상청구권자로서 B는 C에게 손해배상을 요구했다. A는 ABGB 제367조**의 법외관규정의 의

---

* [옮긴이 주] 독일 민법 제203조는 협상의 경우 소멸시효의 정지(§ 203 Hemmung der Verjährung bei Verhandlungen)라는 명문의 규정을 두어 "채무자와 채권자 사이에 청구권 혹은 청구권의 근거가 되는 사정들에 관하여 협상이 진행 중인 경우, 한 쪽 또는 다른 쪽 당사자가 협상의 지속을 거부할 때까지 시효는 정지한다. 시효는 빨라도 장애사유가 종결된 후 3개월이 지나야 완성된다."(Schweben zwischen dem Schuldner und dem Gläubiger Verhandlungen über den Anspruch oder die den Anspruch begründenden Umstände, so ist die Verjährung gehemmt, bis der eine oder der andere Teil die Fortsetzung der Verhandlungen verweigert. Die Verjährung tritt frühestens drei Monate nach dem Ende der Hemmung ein)라고 하고 있다.

** [옮긴이 주] 오스트리아 일반 민법전 제367조는 선의취득(Gutgläubiger Erwerb)을 규정하고 있는데, 제1항에서는 "동산의 적법하고 선의의 점유자에 대한 소유권소송은, 만약 그 점유자가 그 물건을 공개된 경매에서 유상으로 취득하였거나, 사업가(상인)의 일상의 영업에서 그 기업가로부터 취득하였거나, 또는 이전 소유자가 그 물건을 위탁한 사람으로부터 취득하였다는 것을 증명한 경우에는 기각되어야 한다. 이러한 사안들에서는 적법하고 선의의 점유자는 그 소유권을 취득한다. 자신의 수탁인 또는 다른 사람들에 대한 이전 소유권자의 손해배상청구권은 영향을 받지 않는다."((1) Die Eigentumsklage gegen den rechtmäßigen und redlichen Besitzer einer beweglichen Sache ist abzuweisen, wenn er beweist, dass er die Sache gegen Entgelt in einer öffentlichen Versteigerung, von einem Unternehmer im gewöhnlichen Betrieb seines Unternehmens oder von jemandem erworben hat, dem sie der vorige Eigentümer anvertraut hatte. In diesen Fällen erwirbt der rechtmäßige und redliche Besitzer das Eigentum. Der Anspruch des

미에서 소유권자의 수탁자(Vertrauensmann)이고, 따라서 A가 소유자라고 선의로 믿은 C는 반드시 보호되어야만 한다는 것이었다. ABGB 제367조에서는 그럼에도 선의자의 소유권 취득만이 관심이고, 여기서와 같이, 단지 외관상의 채권자에 대한 지급의 모종의 예외적인 (채무)면제효과는 관심이 되지 못하고 있다. 채권양도(Forderungsabtretung)법에서는 ABGB 제1395조* 에서 그에 상응한 면제규정이 있다. 하지만 그 규정은 완전히 다른 법외관의 전제조건들을 가진 것이다. 공통의 법외관원칙(gemeinsames Rechtsscheinprizip)은, A가 소유자라는 존재하는 법적 외관이 제367조에서의 법적 평가에 따라 B에게 귀속가능한 것이기 때문에, 선의로 지불한 자의 보호를 요구하고 있고, 따라서 그 지불을 면제하는 효과를 요구하는 것이다. 구성요건과 목적에서 볼 때 물론 맞지 않는, ABGB 제1395조에 기대어 그곳에 규정된 법 효과(채무자의 채무면제)를 인정해야만 한다. 왜냐하면 (단지) 그것만이 제기된 사실문제에서 법외관주의원칙을 완전히 고려하는 것이기 때문이다.

---

vorigen Eigentümers auf Schadenersatz gegen seinen Vertrauensmann oder gegen andere Personen bleibt unberührt.)라고 규정하고 있다.

* [옮긴이 주] 오스트리아 일반민법 제1395조 양도의 효과에 관한 규정은 본문에서 양도계약을 통해서는 단지 청구권의 양도인과 양수인 사이에만 새로운 책임이 발생하는 것이지, 청구권의 양수인과 채무인수자(인수채무자)사이에 새로운 책임이 발생하는 것은 아니라는 원칙을 선언("Durch den Abtretungsvertrag entsteht nur zwischen dem Ueberträger (Cedent) und dem Uebernehmer der Forderung (Cessionar); nicht aber zwischen dem Letzten und dem übernommenen Schuldner (Cessus) eine neue Verbindlichkeit.")하고 단서에서 채무자는 자신에게 청구권의 양수인이 알려지지 않은 한 첫 번째 채권자에게 지불하거나 그와 다른 식으로 협의(타협)할 권리가 있다("Daher ist der Schuldner, so lange ihm der Uebernehmer nicht bekannt wird, berechtiget, den ersten Gläubiger zu bezahlen, oder sich sonst mit ihm abzufinden")라고 하고 있다. 단서의 경우 이른바 외관에 대한 신뢰를 보호하는 것이다.

> 원문 107p

D. 법 발견 방법들의 순위

Ⅰ. 추상적 순위문제

1. 통상의 실천적 처리방법

　법적 이유를 제시함, 즉 법적으로 논증함(Argumentieren)의 실무는 일반적으로 법적 방법들 또는 기준·표준들을 일련의 순서(Reihenfolge)로 끌어들인다. 앞서의 서술에서도 그런 순서가 선택되었었다. 사람들은 만약 제기된 문제가 보다 이전의 단계 또는 단계들에서 해결될 수 없는 경우, 그리고 단지 그러한 경우에만 그 후속 방법으로 진행한다. 이러한 관행은 누구도 불필요한 노동을 하지 않고, 스스로는 물론 다른 사람에게도 불필요한 어려움을 만들지 않는다는 좋은 이유를 가지고 있다. 따라서 누구나 가장 먼저 적용가능한 것으로 추정되는 법규칙, 즉 그 **법문**이 공식적으로 출간되었고 따라서 가장 쉽게 접근 가능한 그 법규칙들을 끌어들이고, 언어에 능통한 다른 사람에게와 마찬가지로 그에게 처분가능한 그런 언어적 경험으로 그 문언을 받아들이게 된다. 단지 필요한 경우에만 법적 판단자는 **체계적**으로 보다 풍부한 시사를 주는 다른 법규정들을 탐색하게 되고, 경우에 따라서는 **역사적**으로 시사하는 바가 많은, 이제 반드시 발견되어야만 하는 입법자의 의사에 관한 인식의 재료(Erkenntnisquelle)로 넘어간다. 기준이 되는 **법률의 목적**의 객관적 조사·확인은 추가적으로 분석적이며·사실적인 요구조건들을 세우고, 나아가 반드시 개연성고려(Wahrscheinlichkeitsüberlegungen)를 가지고 작업해야만 한다. **보충적 법창조**는 ―이미 고찰한― 법률흠결에 대한 추가적 근거지음을 요구하는 것이고, 법률과의 관계에 있어서는, 유추의 경우에는 보다 가까이, 일반적인 법원칙들의 적용에서는 더 떨어지는 것이다.

그럼에도 불구하고 **실무**에서는 예견컨대 **소득이 없을 방법론적 단계는 뛰어넘어** 버린다. 그와 마찬가지로 이미 성공한 문제해결 다음에 여전히 남아 있는 떨어져 있는 단계는 무시해 버린다. 이 모든 것은 통상 정확한 설명 없이 이루어지고 암묵적으로 그리고 당연한 듯 이루어진다. 또한 종종 다수의 방법론적 단계로부터 추가된 논거들이 비로소 충분한 이유가 제시된 해결에 이르게 한다. 많은 경우에 또한 그 **결과의 검사**(Kontrolle)와 결과의 강화를 위한 특별한 주의를 이유로 하여, (이전의) 단계에서 원문 108p 이미 문제해결에 성공했음에도 불구하고, 예를 들어 예비적 근거제시 또는 택일적 이유제시의 의미에서, 나중 단계의 방법이 다시 활용되기도 한다. 그러한 방식에 대해서는 비판할 것이 없다. 방법론적 논거들이 종종 문헌과 판결에서의 목소리들을 거쳐 단지 간접적으로 들어오게 된다는 사실에 대해서도 동일하다. 이미 앞에서 그에 대해서는 살펴보았다.

그럼에도 이러한 통례의 실천적 처리방법에 대해서는 두 가지 보충이 있어야만 한다: 첫 번째는 가장 먼저 도달한 결과들에 대한 검사·통제(Kontrolle)로서, 모종의 가치평가의 모순성(Wertungswidersprüchlichkeit), 사안 또는 기능 위반성(Sach- oder Funktionswidrigkeit) 또는 사회의 광범위한 동의를 받는 부정적 의견에 대한 충돌(Verstoß gegen breiten negativen Konsen der Sozietät)에 대해 '법이념'(Rechtsidee)의 기본적 원칙들의 도움으로 행해져야만 하는 **'반대심사'**(Gegenprobe)의 필요불가결성이 지적되어야 한다. 여기서는 이미 나온 결과들이 (지금까지의 결과의 획득에서는 적용되지 않은) 보다 떨어진 방법론의 단계로부터도 함께 이용되어야만 한다. 그러한 하나의 반대 심사없이는 지금까지 획득된 결과의 논리정연함이나 충분함이 인식되지 못한 중대한 실수(grober Fehler)에 근거할 수 있다는 위험이 존재하는 것이다. 그런 실수·오류는 예를 들면 언어의 다의성('자신의 손으로')에 대한 잘못된 통찰로부터 나오거나 역사적인 법 상태에 관한 잘못된 생각에서 나올 수 있는 것이다.

두 번째로 힘주어 강조되어야만 할 것은 단지 문제와 관련하여 우연하게 적용되게 되는 법규칙에 수반되는 언어적 모호성, 불명확성 그리고 다의성의 단계적 해체만이 관건이 아니라는 것이다. 그것은 이미, 법률의 문언 그리고 모든 언어적 모호성의 영역을 ('가능한 단어의 의미'를) 명백하게 앞서가는, 보충적 법창조를 통해 명확하게 입증되었다. 오히려 또한 문제가 되는 것은, '법적 이념'에 요약된 **보편적 법적 가치** (universale Rechtswerte) 바로 그것이다. 따라서 사람들은 언어적으로 좋은 근거를 댈 수 있는 추론을 달성한 경우라도, 만약 그것을 통해 달성된 해석의 결과가 명확한 가치평가의 모순, 명백한 목적불합리성 (사안- 또는 기능위반성) 또는 광범위한 부정적 동의에 대한 놀랄만한 침해를 수반하는 경우라면, 그 방법론적 단계에 머물러서는 안되는 것이다. (그렇지 않으면 전혀 유사추론을 통한 법발견은 있을 수 없을 것이기 때문이다!) 오히려 바로 언급할 해석론의 한계내에서 〈원문 109p〉 이러한 규범적 흠결이 제거될 때까지 법적 분석을 계속해야만 하는 것이다. 즉, 하나의 문제해결은 그것이 언어적 난점은 물론 규범적 어려움도 벗어나도록 한 경우에만 비로소 충분한 근거가 제시되는 것이다. 이러한 관점에서도 언급한 반대심사 없이는 일이 될 수가 없는 것이다: 만약 대략적 심사가

의심을 불러일으킨다면 이것은 지금까지 아직 고찰하지 않은 방법론 단계들의 도움을 받아 보다 심화된 논증을 하도록 강요하게 된다.

하지만 특정한 방법론적 단계에서 제기된 문제점이 언어적 요구들 (또는 하나의 흠결의 근거지음에 대한 요구들)과 동시에 근본적인 규범적 체계의 요구들을 충족시키는 방법으로 해결되었다면 추가적 방법론적 단계는 필요하지 않다.

> **예: ABGB 제431조***가 언어적으로 그리고 등기법의 관련 규정과 관련하여 명백하게 물권 취득을 위한 등기·등재원칙(Eintragungsprinzip)을 표현하고 있고, 이것(반대심사!)이 사안적으로 그리고 체계적으로 충분히 주장 가능한 결과라는 것이 인식되었다면, 역사적 입법자가 그저 단순히 공시원칙(Publizitätsprinzip)만을 의미한 것은 아닌지 여부에 대한 조사는, 중요하지 않기 때문에, 시간이 남아도는 일인 것이다.

2. 순위문제의 이론적 정당화

또한 언급된 개별적 방법론들의 순서는 법이론적으로도 지지될 수 있고, 따라서 그 순서는 -일정 한계가 있지만- 동시에 하나의 **우선순위**

---

* [옮긴이 주] 부동산과 건축물의 소유권 취득에 관한 내용을 규정하고 있는 오스트리아 일반민법 제431조(§ 431 ABGB (Bei unbeweglichen Sachen und Bauwerken)는 "부동산의 소유권 취득의 이전을 위해서는 취득계약이 그것을 위한 공적 장부에 반드시 기재(등재)되어야만 한다. 이러한 기재를 사람들은 편입(통합)이라고 부른다."(Zur Uebertragung des Eigenthumes unbeweglicher Sachen muß das Erwerbungsgeschäft in die dazu bestimmten öffentlichen Bücher eingetragen werden. Diese Eintragung nennt man Einverleibung (Intabulation))라고 규정하고 있다. 부동산 등기를 요구하는 것으로 이해할 수 있다.

규정(Rangordnung)으로 인정될 수 있다.

해석(Interpretation, Auslegung)에서 **법발견의 출발점들**은 문언적으로 선재하는 규정·규칙들(Regeln)이다. 법창조에서는 반드시 그런 규정들이 우선 발견되어야만 한다. 해석의 소재는 누구나 활용 가능한 언어경험(Spracherfahrung), 특히 규범적 유형의 복잡한 표현들의 통례적 맥락, 별도로 조사되어질 역사적 소재와 기대가능한 법의 목적과 필요한 사실적 정보들을 포함한 수단-목적-관련성에 대한 일반적인 경험이다. 법획득의 소재(Rechtsgewinnungsmaterial)는 문언적으로 쉽게 확정가능한 법률로부터 점점 멀어짐으로써 보다 얻기 어려워지고 보다 불확실해진다. 따라서 **추상적**이고 **일반적**으로 고찰할 때 저마다의 이전의 방법론적 단계들은 개별사례들을 판단함에 있어서 더 많은 〈원문110p〉 예견가능성, 균형성 그리고 이유제시의 경제성을 약속하는 것이다.

이것으로 부터 -다시 추상적으로- 기술된 선후관계는 정당화된다. 하지만 이것이 직접적으로 결정적인 의미가 있는 경우는 단지 특별한 사례, 즉 상이한 방법들이 동일하게 강한 서로 반대되는 논거를 제공하는 사례에서만이다. 이러한 의미에서 예를 들면 정당하게도 오스트리아 사법부에 의해서도 지속적으로, 자료들로부터 나오는 이와 다른 입법자의 의도보다는 특히 언어적으로 (또한 체계적인 맥락에서도) 명확한 법률의 문언이 우세한 것으로 주장되고 있다.

하지만 **구체적으로**(in concreto) **논거들의 강도가 상이하다면**(die Stärke der Argumente unterschiedlich), 추상적 우선순위는 어떤 결정적 역할을 할 수 없다. 그러한 하나의 사례형상은 예를 들자면 가능한 언어관용 또는 약간 우세한 언어관용이 그와 반대되는 명확한 입법자의 의사에 서로 대립하는 경우 또는 약한 언어적 또는 역사적 참고자료가 명확한 객관적-목적론적 상태에 모순되는 경우에 나타난다. 그러한 사례들에서 최대한 근거제시가 가능한 해결방법은 오히려 구체적으로 발견할 수 있는 논거들을 **포괄적으로 형량**(umfassende Abwägung)함으로써 비로소 나올 수 있다.

3. 변칙 모델들(abweichende Modelle)

추상적 우선순위문제는 말하자면 극단적인 비평가들이 법학 방법론에 덧붙이고자 하는 그런 의미와는 멀리 떨어져 있다. 간단하게 말한다면 그들의 입장은: 모든 경우를 위해 확정된 방법론의 순위관계가 결여되어 있어서 법적 방법론은 가치가 없다는 것이다.

하지만 이러한 입장은 어떤 관점에서도 맞지가 않다. 한편으로는, 이미 말했듯이, **추상적으로 견고한 순위관계**는 확실히 존재하며, 비록 실무적으로는 근소하다고 해도, 확실한 적용가능성을 가지고 있다. 하지만 다른 한편으로는, 일반적으로 효력이 있는 순위관계는 가능하지 않다는 것이 자명한데, 왜냐하면 주지하다시피 개별 방법론적 단계들은 **완전히 상이한 강도의 논거들**을 제공할 수 있기 때문이다: 그렇게 예를 들어 언어적 해석도, 단지 이해될 수 있는 언어관용, 〈원문 111p〉 우세한 언어관용, 가능한 언어관용, 먼 가능성의 언어관용 등 다양한 언어 관용을 보여줄 수 있는 것이다.

여기서 언급된 보편적 비판(Globalkritik)에 대한 법학의 통용되는 대답은 개별 **해석요소들**은 저마다 **일원·통일적 해석의 과정**(einheitlicher Auslegungsvorgang)**의 단지 부분들**이고 따라서 항상 병렬적으로 투입되어야만 한다는 것이다. 이러한 입장을 취하는 것은 현실과 동떨어진 비판을 방어하기 위해서는 전적으로 충분한 것이지만 그 자체는 현실에 부합하지 않는다. 단지 특별히 어려운 문제들에서만 상이한 시도들과 그 개별 결과들을 주의 깊게 비교하는 분석으로 모든 방법론적 단계들을 광범위하게 끌고 들어오는 것이 필요한 것이다. 생각할 수 있는 그러한 모든 해석의 소재들을 모든 평이한 해석과정에 광범위하게 끌어들여올 것을 요구하는 것은 아마 이론적으로 오류일 뿐만 아니라 (무엇보다) 실무적으로도 가망이 없는 것 일거다. 어떠한 이성적 법관단자도, 만약 자신의 문제를 이미 언어적 단계에서 일반적 (적어도 명백하게 우세한) 언어관용의 도움으로 해결하였다면, 보편적인 '반대심사'(globale Gegenprobe)가 어떤 의심도 내놓지 않고 있고, 더구나 그 결과가 다수에 의해 주장되는, 거의 또는 전혀 다툼이 없는 관점에 부합하는 경우라면, 예를 들어 체계적 탐구를 하거나 역사적 조사를 하거나 수단-목적-분석을 행하지는 않을 것이다. 그러한 반대심사는 말할 것도 없이 명시적으로 판결의 이유에 혹은 의견서에 포함될 필요는 없는 것이다: 특히 만약 그 판결의 결과가 부정적인 경우에 그렇다. 그럼에도 내적 자기통제를 위해서 반대심사는 불가결한 것이다.

II. 필요한 변형들

1. 특별한 경우 해석론의 한계(Die Lex-lata-Grenze im Speziellen)

법적 방법론의 순위이론의 매우 중요한 하나의 요소는 여전히 설명이 필요하다. 그것은 입법에 대해 (민주주의적으로) 권한이 부여된 관청들을 통한 **입법의 법적 평화기능과 법적 안정성 기능**에서 근거 지워진다. 성공적이지 못한, 문제 있는 입법의 산물도 존경할 것을 〔원문 112p〕 요구하는데, 만약 그렇지 않는 경우에는 언급된 기능들이 거의 무한하게 의견의 대립에 노출될 수 있기 때문이다. 하지만 이러한 존중요구는 심히 비인간적이고, 아주 정의에 반하거나 또는 그 외에 법이념에 위반하는, 형식적으로 옳게 생겨났음에도 실질적으로 법적 성격을 앗아가는 내용의 법률들에서 끝난다 -민주주의적, 법치국가적 관계들 아래에서는 전적으로 예외적인 경우에만 문제되는 것이다- ('**라드부르흐의 공식**')(Radbruch's Formel).

예: 이러한 의미에서 가령 국가사회주의 시절 뉘른베르크 유대인법률들 또는 공산주의에서 순수한 비밀경찰의 자의적 권한을 법률의 형식으로 확립한 것은 그 자체 어떠한 실질적인 법적 성격을 주장할 수 없었을 것이다. 이와 동일한 방식으로 통화법(Währungsgesetz)을 통한 명목주의(마르크=마르크)의 실정법 규정에 대해 명백하게 반대 입장에 서있는 20세기의 20년대 독일 제국법원의 평가절상 판결은 정당화될 수 있다. 예상하지 못했던 초인플레이션(Hyperinflation)이라는 극한의 조건 아래에서 여기 통제불가능한 사회적·경제적 결과를 수반한 법상태의 극단적 정의위반성(Gerechtigkeitswidrigkeit)은 '규범영역의 사실'의 엄청난 변경을 통해 비로소 발생하였던 것이다.

하지만 '**법률에 반하지만 법(정의)에 따른**' (이른바 법의 원칙층위에 부합하는) 법 발견(Rechtsfindung contra legem sed secundum ius)은 단지 그러한 유형의 극도의 예외 사례에서만 고려될 수 있다. 소위 다양하게 허용되는 '법률에 반하는 법발견'이라고 하는 광범위하고, 세분화된 이해는 그 특수한 기능을 상실하게 되고 따라서 혼란스럽게 하는 것이다.

극단적 예외사례들을 차치하면, 입법의 우위(Vorrang)는 어쨌거나 법률의 자리를 대신하여 우선적으로 '법 이념'의 근본적인 법적 가치들에 가능한 최대로 가까운 것으로 대체하는 법 발견을 통해서 배척될 수는 없다. 저마다의 법규범은 핵심적 법원칙들에 될 수 있는 대로 최대한 부합한다는 것은, '단지' 입법(de lege ferenda)이라는 법적 작업의 원리이다. 즉 입법과 예를들면 법학으로부터의 제언들을 통한 그 모든 문제영역에서 법적작업의 원리인 것이다. 이미 해석론으로 실제에 적용되면, 그것은 **입법과 법적용 사이의 기능분배와 권력분배**의 합리적 의미를 널리 제거해버리게 될 것이다. 그러한 방해받지 않는 '법창조'는, 비록 그것이 그 자체 좋은 목적 또는 좋은 것을 의미하는 목적들을 추구한다고 하더라도, 더 큰 해악이 될 것이다; 흠결 있는 실정 법률들도 〔원문 113p〕 존중하는 것은 더 작은 해악이다. 그것은 하나의 공동체에서 보다 나은 평화로운 분쟁해결의 가능성을 위해 적어도 가장 가까운 법률개정까지는 치러야만 하는 대가인 것이다.

만약 우리가 **법률**은 가령 단지 공간(publiziert)된 단어들과 문장들로만 구성되어 있는 것이 아니고(**형식**), 하나의 규범적 인간의 의사(**내용**)에 의해서도 구성된다는 것을 생각해 낸다면, 그러한 제한은 기술된 세분화된 법 발견의 방법들과도 조화될 수 있다. 적용 가능할 것으로 추측되는 법률규범의 두 개의 요소들이 일치하면 이러한 확정으로 법 획득의 과정은 종결되고 (1차적으로) **법 발견의 해석론적 한계**에 도달한 것이다. 또한 객관적–목적론적 논거 또는 법의 원칙층에서 나오는 논거들이 명백하게 하나의 다른 해결이 우선할 가치가 있다고 말하는 경우에도 이것은 동일하다. '인간의 조건'(conditio humana)이라는 것과 다양하게 반대되는 인간들의 이해관계를 감안하면, 이러한 입장에서 눈을 떼는 것은 바로 이것 저것 닥치는대로 싸잡아, 달리 말해 특히 전적으로 아주 좋은 근거가 제시된 법률규범 또는 당연히 주장될 수 있는 법률규범들을 완전히 해체될 때까지 질릴 정도로 많이 논의하도록 (그리고 무엇보다 '질릴 정도로 많이 쓰도록') 유인하는 것이 될 것이다. 따라서 깊은 법층위(Rechtsschichte)에서부터 나오는 법적 논거들은 법적으로는 단순히 무관한 것이 아니고, '단지' 해석론적으로 적용 불가능한 것으로 인정되는 것이다. 그 논거들은 단순히 정치적인 논거로서가 아니라, 전적으로 법적인 것으로, 입법자에 대해 법률개정의 제안으로 수신될 수 있는 것이고 당연히 그래야만 한다. 우리가 이로써 효과를 보는가 여부는 하나의 다른 일이고, 많은 요소들에 의존하는 것이고, 또한 불합리한 요소들에 좌우되는 것이다.

예: 유럽연합의 지급연기-가이드라인(Zahlungsverzugs-RL)을 개별 회원국가에 이식하는 과정에, 말하자면 (현재) UGB 제456조*에서 실

---

* [옮긴이 주] 오스트리아 기업법(Unternehmensgesetzbuch) 제456조는 지연이자율(Verzugszinsen)에 관한 규정인데, 금전청구권에 대한 지급이 지연된 경우에는 법정 이자율은 기본이자율 보다 9.2% 포인트 높다(Bei der Verzögerung der Zahlung von Geldforderungen beträgt der gesetzliche Zinssatz 9,2 Prozentpunkte über dem Basiszinssatz)고 하고, 이 때 기본 이자율은 1년 중 6개월의 첫날에 적용되는 금리를 그 6개월 동안의 기준금리로 하고(Dabei ist der Basiszinssatz, der am ersten Kalendertag eines Halbjahres gilt, für das jeweilige Halbjahr maßgebend), 채무자가 지연에 대해 책임이 없는 경우라면 일반민법 제1000조 제1항에 규정된 이자만을 변제하도록(Soweit der Schuldner für die Verzögerung aber nicht verantwortlich ist, hat er nur die in § 1000 Abs. 1 ABGB bestimmten Zinsen zu entrichten)하고 있다. 오스트리아 일반민법전 제1000조 제1항은 '상한을 결정하지 않고 합의된 경우 또는 법률에 의해 정해지는 이자율은, 법률에 달리 규정하고 있지 않는 한, 연간 4/100을 지불해야만 한다'(An Zinsen, die

제 기본이자율에 결합하고 있는 것과 같이, 계획 중인 ABGB의 이자율도 유연하게 형성하자는 제안이 있었다. 정부의 워킹그룹에서 그렇게 되면 계산이 복잡해진다는 판사들이 반대한다는 논거로 그 제안은 거부되었다. (이에 반해 상사사건에서 법원은 철저하게 지연이자를 '9.2% + 기본이자율' 이라는 요소를 기초로 하여 산출할 것을 요구받고 있고, 그렇게 하리라고 신뢰받고 있다.) 따라서 ABGB 제1000조 제1항에서 예나 지금이나 동일하게 규정된 연이자율 4%는 저금리시절은 물론 고금리단계에도 사실에 맞지 않는, 즉 정의롭지 못한 결과들에 이른다는 것은 명백하지만, 그럼에도 해석론으로는 주목할 만한 것이 아니다.

> 원문 114p

해석론의 한계(Lex-lata-Grenze)는 실정 법률의 두 가지 구성부분들, 말하자면 (명확한) 법률의 문언과 역사적 입법자의 명확하게 증명 가능한 의사의 일치를 통해 경계가 정해진다. ABGB 제6조*는 법률의 이러한 두 가지 요소를 적절하게 평가함으로써 명확하게 이를 증명했다. 증명된 입법자의 사실의 착오에 근거한 의도는 물론 고려되지 않을 수 있다. 왜냐하면 그것을 통해 입법자의 가치평가 특권이 침해되는 것은 아니기 때문이다.

법창조에 있어서는 ('가능한 단어의 의미 저편의') 적용가능한 하나의 법

---

ohne Bestimmung der Höhe vereinbart worden sind oder aus dem Gesetz gebühren, sind, sofern gesetzlich nicht anderes bestimmt ist, vier vom Hundert auf ein Jahr zu entrichten.)라고 하여 연 4%의 이자율을 예정하고 있다.

* [옮긴이 주] 앞서도 보았듯이 오스트리아 일반 민법 제6조는 문제되는 맥락에서 '법문의 고유(특유)한 의미'와 '입법자의 명확한 의사'에서 도출되는 이해만을 해당 법률에 부여할 수 있는 것이라고 밝히고 있다.

문의 명백한 오류가, 지금 문제되는 사실관계는 어떠한 법 효과도 가질 수 없다거나 지금 관심대상이 되는 법 효과를 가질 수 없다고 하는 증명할 수 있는 입법자의 역사적 의도와 결합하여 (우선적인) 해석의 한계를 표시한다.

> **예:** 독일법에서 BGB(독일민법전)의 입법자는 계약에 있어서 변경된 관계를 일반적으로 고려하는 것은 거부하고 있다. (새로운 독일 채권법은 그에 반해 대대적으로 변화된 관계의 중요성을 '거래기초의 교란'(Störung der Geschäftsgrundlage)이라는 표제어하에 2002년부터 BGB 제313조*에서 명시적으로 인정하고 있고, 변화된 사정들에 계약을 적용시키는 것을 통상적 법 효과로서 예견하고 있다.)

2. '기능변천'을 통해 해석론의 한계를 밖으로 밀어냄

(Hinausschiebung)

법의 실제 영역에서 무수한 **사실상의 변화들**은 어떠한 법적 문제들도 일으키지 않는다. 민법전들의 공포 후에 비로소 발견된 무수한 기술적

---

* [옮긴이 주] 독일 민법 제313조는 거래 기초의 교란(Störung der Geschäftsgrundlage)이라는 제목으로 제1항에서는 "계약체결 후 계약의 기초가 된 사정들이 중대하게 변경되고, 이러한 변화를 예견했다면 계약을 체결하지 않거나 다른 내용으로 체결했을 것이라면, 개별사례의 모든 사정들을, 특히 계약의 위험분배 또는 법적 위험분배를 고려하여 한쪽 당사자에게 변경되지 않은 계약의 준수가 기대될 수 없는 경우라면, 계약의 조정이 요구된다((1) Haben sich Umstände, die zur Grundlage des Vertrags geworden sind, nach Vertragsschluss schwerwiegend verändert und hätten die Parteien den Vertrag nicht oder mit anderem Inhalt geschlossen, wenn sie diese Veränderung vorausgesehen hätten, so kann Anpassung des Vertrags verlangt werden, soweit einem Teil unter Berücksichtigung aller Umstände des Einzelfalls, insbesondere der vertraglichen oder gesetzlichen Risikoverteilung, das Festhalten am unveränderten Vertrag nicht zugemutet werden kann.)라고 규정하고 있다. 사정변경에 따른 계약 내용의 수정이 가능하도록 한 것이다.

도구들은 바로 매매계약과 소유권이전에 관한 규범들에 따라 다루어진다. 왜냐하면 이러한 규범들은 그 법문과 목적에 따를 때 이러한 새로운 것들도 다루기에 충분히 추상적이기 때문이다. 경제거래에서 새로이 생겨난 계약 유형은, 법적으로 세밀하게 규정되지 않은 그 밖의 다른 계약유형들과 같이, 일반적인 법률행위법과 채권법에 따라, 경우에 따라서는 법적으로 형태가 만들어져 있는 계약유형의 해당 규정에 대한 개별유추로 판단될 수 있다.

[원문 115p] **규범 영역의 일반적 사실들이 변화하거나 또는 그에 관한 경험법칙들이 변화한 경우,** 이미 사용한 석면사례에서와 같이, 출발규범들은 전혀 변경 없는 상태에서, 법 발견의 사실적 전제들에서의 변경을 통해 일탈한 결과가 도출될 수 있다. 그에 반해 규범적으로 관련이 없는 사실의 변경은 법 상태(Rechtslage)를 변경시킬 수 없다. 법적 규칙들(Gesetzesregeln), 법률의 근거들(Gesetzesgründe) 그리고 법원칙들(Rechtsprinzipien) 그 자체는 사실적 변화들을 통해서는 전혀 변경될 수 없으나, 이미 언급했듯이, 그것으로 부터의 추론들은 변할 수 있다.

방법론적으로 더욱 문제되는 것은 단순한 법률개정들을 넘어선, 즉 법률규정들은 형식적으로 변경되지 않은 상태에서, 사람들이 **'기능변천'**(Funktionswandel)이라고 표현할 수 있고 사실상의 변경들과 다양하게 결합하는 규범체계의 변경들(Änderung des Normensystems)이다. 특히, 단지 가능한 규정의 흠결을 통해 표현되는 입법자의 소극적인(negative) 의도의 경우에는, 사실 현재의 입법자가 오늘 포괄적으로 규범화하게 된다면, 그것과 마찬가지로 소극적으로 결단하게 될 것인지 여부를 의심스럽게 할 정도로 규범영역의 일반적 사실들이 명백하게 변경되었다는 결과가 될 수 있다.

예: 제1차 세계대전 이후의 급작스런 초인플레이션은 기본적 법원 칙들의 적용결과에서 변경이 생기게 하였고, 예견할 수 없었던 대공항에 직면하여 해당 일반조항(이에 대해서는 아래의 3. 참조)의 이해를 위해 의미 있는 법인식의 변경에 이르게 하였고, 새로운 입법자의 자의적이거나 우연적으로 범위를 제한한 부분적 반응을 가져왔다. 특히 심각했던 것은 사건의 전개를 통해 발생한 채권자와 채권자 사이의 등가성 원칙의 심각한 침해였고, 그와 결부되어 있는 물건의 소유자에 대한 금전채권자의 자의적 차별이었다. 변화한 사정들의 고려에 반대하는 (1896년의) 최초의 BGB의 입법자의 기본적으로 부정적인 판단은 (물론 그 판단은 법률에서는 명시적으로 표현되었던 것은 아니었다), 따라서 거래의 기초가 탈락한 경우에 관한 규칙을 부각시키고 인정하는 것을 통해 극복되었다. 독일에서 이것은 가장 먼저 신의와 성실(Treu und Glauben, 독일 민법 제242조)이라는 일반조항을 그에 부합하도록 새로이 구체화하는 것을 통해서 있어났다. 그것의 허용성은 우리가 암시된 근거들로부터 (원문 116p) 변경된 사정들의 고려에 반대하는 입법자의 배후결정은 극복된 것으로 보아야만 한다는 것에 근거를 두고 있었다.

국가사회주의 시절의 이혼규정들이 규범적 영역에서의 **기능변천에 관한** (단순한) **예**인데, 그 규정들은 법문에 따르면 혼인관계의 파탄으로 인한 이혼(Zerrüttungsscheidung)에서는 무책하게 피소된 배우자의 이의제기권을 완전히 중립적으로 –하지만 모호하게– '혼인의 본질'(Wesen der Ehe)을 통해 제한하고, 특수한 목적, 즉, '인종적으로 의문의 여지없는' 후손들의 장려라는 특수한 목적에 기여해야만 한다는 것이었다. '제3

제국'이 종말을 맞은 후 이러한 역사적 목적들은 두말할 필요 없이 당시 유효한 법질서의 범위 내에서 의심의 여지없는 목적들에 의해 대체되어야만 했고, 그 규정들은 그 표현형식에 따를 때 그 목적들을 매 한 가지로 충족시킬 수 있었다.

말하자면 기능변천에 있어서는 통상 보다 새로운 법률층위에 특정한 사실영역을 위한 입법자의 목적들과 가치평가들이 전위로 등장하고, 그 목적들과 가치평가들은 체계적으로 관련된 다른 사실영역을 위한 구규정들의 그것과는 충돌한다는 것이 문제된다. 만약 그것들에서 벗어날 수 없다면, 이를 통해서 상이한 법률의 복합체들간에 가치평가의 모순들이 근거 지워지는 것이다. 이러한 모순이 아주 심각하여 옛 규범의 해석변천의 불확실성을 능가한다면, **역사적 목적의 자리**에 가치평가의 모순을 제거하는 하나의 **유효시점의 객관적인 목적**(ein geltungszeitlich-objektiver)이 들어서는 것이다.

예: 감금의 경우 비물질적·정신적 손해배상에 관한 유럽인권협약(EMRK)의 규정들은 사인들 간의 자유침탈에 관한 ABGB 제1329조*의 해석에까지 결정적인 '원거리효'(Fernwirkung)를 미친다. 나아가 우선 특정한 노동자집단을 위해 설정된 모든 노동법적 보호규

---

* [옮긴이 주] 오스트리아 일반민법 제1329조는 "폭력적인 납치, 사적 감금 또는 고의적으로 위법한 체포를 통해 누군가의 자유를 박탈한 자는 피해자에게 이전의 자유를 확보해 주고 완전한 만족을 줄 의무가 있다. 만약 그가 피해자에게 자유를 확보해 줄 수 없다면 살인에서와 같이 유족에게 배상을 해야만 한다."(Wer jemanden durch gewaltsame Entführung, durch Privatgefangennehmung oder vorsätzlich durch einen widerrechtlichen Arrest seiner Freiheit beraubt, ist verpflichtet, dem Verletzten die vorige Freiheit zu verschaffen und volle Genugtuung zu leisten. Kann er ihm die Freiheit nicht mehr verschaffen, so muß er den Hinterbliebenen, wie bei der Tötung, Ersatz leisten.)라고 규정하고 있다.

정들은, 심각한 가치평가의 모순 없이는, 해당 특별법으로 인해 단순히 ABGB가 적용되는 노동자들에게도 거부될 수 없었다. 따라서 그들의 고용주의 부조의무에 해당하는 ABGB 제1157조*는 그 법문의 표현을 넘어서, 그리고 원래의 제한된 목적에 반해 보다 넓게 해석되거나 유추를 통해 확대되었다.

원문 117p

3. 일반조항들의 구체화

바로 순위 문제와 관련하여 '미풍양속'(gute Sitten), '신의와 성실'(Treu und Glauben), '중요한 이유'(wichtiger Grund), '공공의 이익'(öffentliches Interesse), '심히 차별적인'(gröblich benachteiligend), '국가경제적으로 정당화된'(volkswirtschaftlich gerechtfertigt), '적정한'(angemessen) 등과 같은 **일반조항들의 구체화**(Konkretisierung von Generalklauseln)는 하나의 특별한 문제를 보여준다. 여기서는 무엇보다 의식적으로 모호하게 두고 있는 **법적 규정들**이 문제되는 것이다. 달리 말해 **매우 사소한 직접적 정보내용**만을 가진 법규정이 문제인 것이다. 그 규정들의 주요 기능들은 변화된 사정들에 대한 법의 일정한 **적응능력**을 유지하는 것이고, 무엇보다 공동체에서 직접적으로 지배하고 있는 가치표상들에 대한 일종의 개방이다. 그런 규범들의 언어적 내용과 법률에서의 체계적 위치는 매우 넓은 영역에 미쳐 있어서, 개별사례의 문제와 관련한 그 조항의 구체화의 관점에서 그런 일반조항들은 법의 적용에 특별히 광범위한 과제를 부과하

---

* [옮긴이 주] 일반민법 제1157조는 고용주의 보호의무(Fürsorgepflicht des Dienstgebers) 규정으로 피용자의 업무의 성질에 비추어 가능한 한 피용자의 생명과 건강을 보호할 수 있도록 고용주의 비용으로 공간과 장비들을 마련하고 업무를 규제하도록 하고 있다.

는 것이다. 그것은 단지 우리가 일반조항들을 우선 매우 다양한 구체화의 재료를 지시하는 것으로 이해하는 경우에만 어느 정도 합리적으로 극복될 수 있다. 따라서 특정한 일반조항을 단순히 '정당하고 공평하게 생각하는 모든(?) 사람'의 법외적인 예의감각(Anstandsgefühl)을 참고하라는 지시로 이해하거나, 또는 그 반대로 단지 법 내재적인 인식원으로 끌어들이려고 하는 엄격한 반대 입장들은 잘못된 것이다. 오히려 일반조항들은 반드시 **상이한 것들을 참조하라고 지시**하는 것으로 이해되어야만 한다; 근본적인 법원칙들(예를 들면 거래의 기초의 문제에서 등가성원칙; 핵심적 인격권의 범위에 관련한 자유보호)을 포함한 일반적인 법원칙들; 헌법의 규정들을 포함하여 모든 체계적으로 (문제와 가깝기 때문에) 시사하는 바가 풍부한 현행법의 (목적을 포함한) 규정들 ; 그리고 인간사이의 거래교통에 있어서 직접적으로 (국가기관들의 참여 없이) 행사되는 거래교통의 규정들 또는 생겨나거나 그 사이 변경된 거래교통에 대한 입장들을 참고하라고 지시하는 것으로 이해해야만 한다.

동시에 문제와 관련하여 이러한 척도들을 논구해 내고, 비교형량하고, 그 척도들에 지금 제기된 문제에 대하여 필요한 초점을 제공하는 것(Zuspitzung geben)이 판례의 과제인 것이다. 그럼에도 여기서 판례의 과제는 법 규칙 자체의 내용부족으로 인하여 꼼꼼한 규정들에서 보다는 매우 폭넓다. 이것은 또한 (원문 118p) 오해여지 없이 명백한 것이고 일반조항의 입법자로부터 불가피한 것으로 의도된 것이다. 따라서 결국 일반조항들에서는 불가피한 **'법관법'**(Richterrecht)**의 창출과 적용**에 대한 지시도 들어 있는 것이다. 거기에는 가장 중요한 방법론적 문제영역의 하나가 들어 있고, 무엇보다 바로 대륙(법)적인, 즉, 법전화된 법체계 영역에서 그런 것이다(법관법에 대한 상세는 바로 아래의 E 참조).

그 가능한 단어의 의미가 그 모호성으로 인해 엄청나게 넓어지기 때문에 이론적으로 그 구체화에서는 **일반조항의 '해석'**이 관건이 되는 것이다. 따라서 이미 상이한 구체화의 소재가 보여주듯이, 사실상 법의 창조(Rechtsfortbildung)에 오히려 부합하는 여러 가지의 법발견(Rechtsfindung)이 존재하는 것이다. 일반조항들의 구체화에 있어서는, 그것이 구체적인 맥락에서 도대체 소득이 있다면, 기본적으로 모든 법적 방법들이 조합되어야만 한다. '사물의 본성'은 거래의 관행(Verkehrsübung)과 거래에 대한 직관(Verkehrsanschauung)을 참조함으로써 그렇지 않은 경우보다 더 강력하게 드러나게 된다.

법체계에 일관되게 적응되기 위해서는, **충돌의 경우 의심스럽다면 물론 법 내적인 구체화의 방법**이 단순한 거래의 규칙들과 거래의 직관들보다는 **우선**한다. 따라서 또 다시 기능변화의 가능성을 포함하여 해석론의 한계설정을 통해 일반조항의 범위내에서 법적용을 제한하는 것이 필요하다; 그리고 사실 여기서는 하나의 일반조항을 가지고 오는 것이 보다 상세한 다른 규정의 명백한 어구와 그에 부합하는 명확한 역사적 입법자의 의도에 반하는 결론에 이르러서는 안 된다는 의미에서 제한이 필요하다는 것이다 (이미 사용된 거래의 기초에서 기능 변화의 예를 참조할 것).

일반조항들의 기능변천에 대한 추가적인 **예**는 주로 '미풍양속' 또는 '신의성실'의 도움으로 나오는 헌법적 기본권들의 사법에서의 (사법의 규칙들을 통해 중재되고 이를 통해 그것에 맞추어진) '간접적' '제3자효'이다.

> 원문 119p

III. 유럽법에 부합하는 해석의 특별한 우선적 지위?

최근에 유럽법에 부합하는(가이드라인에 부합하는, 유럽연합법에 부합하는) 해석이 (이미 이에 대해서는 B.V.에서 상세하게 다루었음) –다양한 뉘앙스로– 다수에 의해서 특별히 중요한 의미로 여겨지는 것에서부터 (거의) 절대적인 우선순위를 가지는 것으로까지 여겨지고 있다. 국가의 입법자는 일반적으로 내국법화할 자신의 의무(전이의무, Umsetzungspflichte)를 정확하게 이행할 의사('일반적 전의의사')를 가지고 있을 것이라는 것은 옳다. 따라서 만약 **내국의 방법론의 규칙들**(nationale Methodenregeln)이 그에 반하지 않는다면 항상 가이드라인에 부합하는 해석유형을 선택해야만 한다. 그러한 **제한**(Schranke)은 다시 **해석론의 한계**를 말해준다; 국가의 입법자가 구체적 규범을 표현된 그것과 똑같이 입법하기를 원했다면 그 규범은 만약 그 내용이 가이드라인에 위반되는 것으로 밝혀지는 경우에도 역시 그 내용으로 반드시 적용되어야만 한다(이에 대해서는 단지 ABGB 제932조 제4항*에 따를 때 지나치게 높은 비용에 그 한계가 있는 매도인의 개선의무의 예를 참고할 것, B. V. 2.를 볼 것).

---

* [옮긴이 주] 계약과 법률행위 일반에 관한 장에 포함되어 있는 오스트리아 일반민법 제932조는 하자보증으로부터 나오는 권리(Recht aus Gewährleistung)를 규정하고 있는데, 동조 제4항은 "개선뿐만 아니라 교환도 불가능하거나 양도인에게 과도하게 높은 비용을 부담을 지우는 경우에는 양수인은 가격인하를 요구할 권리를 가지거나, 사소한 결함이 아닌 경우라면 변경(Wandlung)할 권리가 있다"라고 하여, 이른바 과도하게·지나치게 높은 비용이 그 한계점임을 밝히고 있다.

> 원문 120p

E. '법관법·판례법'의 의미와 그 적용

I. 현상과 그 실제 의미

사람들이 **법관법**(또는 선례법, 법원의 관용, 사례법, **판례법** 등)으로 표현하는 것은 법원의, 무엇보다 최고법원의 판결의 이유제시에서 사용되었고 단순히 실정법 규정의 반복이 아닌 규범적 원칙들(normtive Sätze)이다.

예: 단순히 규범의 문언에 관련 짓는 것을 분명하게 넘어서는 ABGB 제578조* 에 대한 해당 오스트리아 판례에서의 상론으로부터, 속기의 서명은 자수성이라는 요구를 충분히 충족시키지만 타이핑한 서명은 그렇지 않다는 것이 구체적으로 도출된다.

이러한 확정은 단순히 분쟁당사자 사이에 기판력을 가지게 된 특수한 개별사례들의 판단 그 자체에 해당하는 것만은 아니다. 오히려 근거제시로서 법률적 규칙과 개별 사례의 판결 사이의 **중간정도의 추상화수준**(mittlere Abstraktionshöhe)에 있는 일반화하는 원칙들(generalisierende Sätze)이 설정된 것이다. 따라서 개별 판결들은 다른 사례들에 확장될 수 없다고 하는 **ABGB 제12조****도, 이미 그 문구에 따를 때에도, 법관법

---

* [옮긴이 주] 앞서도 소개되었듯이, 제578조는 자수의 처분(eigenhändige Verfügung)에 관한 규정으로 "증인없이 서면으로 처분하려는 자는 그것을 자신의 손으로 쓰고 자신의 손으로 이름을 서명해야만 한다. 작성의 장소나 일자는 필수적인 것은 아니지만, 추천할 만 하다"라고 한다.
** [옮긴이 주] 오스트리아 일반민법 제12조는 법관의 판결에 대하여, 개별 사례들에서 행해진 처분과 특정한 법적 분쟁에서 법관에 의해 선고된 판결은 법률의 효력을 가지는 것도 아니고, 다른 사례들에 또는 다른 사람들에게 까지 확장될 수 없다고 규정하고 있다(Die

에의 구속이라는 고유한 문제에 대해서는 아무런 것도 말하지 않고 있는 것이다.

유럽대륙에서도 법실무에서 광범위하게 관례화되어 있는 '법발견의 방법'은 문제있는 사례들의 관점에서 관련된 이전 판결들, 달리 말해 당면한 문제사례 또는 (아마도 다수의) 문제가 있는 요소들의 하나에 (연역적으로) 적용가능한 법관법의 규칙('사례규범'이라고도 함)을 함유하고 있는 판결들을 모색하는 것에 있다는 것은 의문의 여지가 없다. 물론 판결선례는 미국의 영화들에서 알려져 있는 그런 방식으로 –변호인은 밤새도록 오래된 판례 모음집을 뒤적이고 마침내 개별적으로 맞아떨어지는 하나의 판결을 찾아낸다. 해 뜰 무렵 피곤해진 그는 그렇지만 행복한 마음으로 잠자리에 든다– 적용되는 것은 아니다. 그는 물론 이제 이러한 판결을 제시하는 것은 그에게 승소를 가져다 줄 것임을 알고 있다.

(원문 121p) **선례 사용의 유형**은 그 사용자의 법적 자질을 판단하기 위한 하나의 좋은 기준이다: 능력이 약한 법률가들에서는 많은 경우 놀라울 정도의 실책이 나타나는데, 왜냐하면 그들은 절연된 채 도출된 원칙들을 –종종 아주 일반적으로 표현된 전문잡지의 '기본원칙'(Leitsätze)이나 데이터뱅크에서의 '법원칙들'(Rechtssätze)을– 가능한 선례들로부터 인용하고, 그것들의 고유한 의미에 대한 성찰없이 실제 전적으로 다른 문제 상황에 적용하기 때문이다. 그것들의 구체적인 ('진정한') 의미는

---

in einzelnen Fällen ergangenen Verfügungen und die von Richterstühlen in besonderen Rechtsstreitigkeiten gefällten Urtheile haben nie die Kraft eines Gesetzes, sie können auf andere Fälle oder auf andere Personen nicht ausgedehnt werden.").

물론 사실적인 사례의 상태들과 이전 사례들의 논쟁이 된 법적 문제의 맥락을 통해서만 충분하게 결정해질 수 있는 것이다.

> **예:** 그것은, 선택권부상품매매계약·옵션계약들은 가계약들과는 구별되어야 한다는 완전히 다른 맥락에서 이루어진 최고법원의 판시로부터, 의외로 그리고 잘못하여 ABGB 제936조의 유보조항 (Clausula-Bestimmung)을 옵션계약들에 유추적용하는 것을 거부하게 되는 것과 같다 (여하튼, 만약 추가적으로 이러한 유추를 명시적으로 긍정하는 판례를 알지 못하는 사람이라면).

실무적인 법발견에 있어 **선례들**(Präjudizien)**을 찾고 선례들을 사용하는 핵심적 의미**는, 만약 우리가 그것으로부터 예를 들어 앞서 상론한 방법론적 표지들과 사고과정들은 과잉하다거나 의미가 거의 없다는 결론을 도출하려고 한다면, 전적인 오해가 될 것이다. 이러한 추론은 사실 많은 사람들에 의해 도출되는 것이긴 하지만, 다양한 이유들로 잘못된 것이다. 가장 먼저 법적 문제들에 대해 아직도 어떤 법원의 선례가 존재하지 않는 경우라고 해도 그 법적 문제들은 반드시 가능한 이유가 제시되어 판단되어야만 하는 것은 자명한 것이다. 나아가 또한 판례에서도 다툼이 있는, 달리 말해 통일적이지 않게 해결된 문제들이 있는 것이다; 마찬가지로 모순들도 발견된다. 끝으로, 아래에서 상세하게 설명되게 되듯이 존재하는 선판례들은 비판적으로 그것들의 고유한 충분한 법적 근거지움에 대해 심사되어야만 하고, 그것은 단지 법학의 방법적 척도들의 도움으로만 가능한 것이다. 물론 이미 오랫동안 축적되어 지속되는 판결에 심지어 반대하는 보다 좋은 논거들이 있다는 것도 당연히 생각할 수 있다. 이러한 논거들이 특히 법학 측에서 논제로

올라오고 법원들이 확신을 하게 되면 항상 이것들은 -차별화된 문제해결의 의미에서 드물지 않은- 추가적 발전 에 이르게 된다.

(원문 122p) 하지만 이제 존재하는 판례들, 상황에 따라서는 심지어 통일된 선례들이 정확하게 어떤 법적 의미를 가지는 것인지는 법전화된 체계(kodifiziertes System)의 유럽대륙법 질서들에서는 극도로 논쟁거리가 되고 있다. 완전히 통례로 행해지는 선판례의 사용은 -문제되는 합법성보다 더 많은 문제가 있는 단순히 공정하다는 판단(Billigkeitsentscheidung) 또는 감정적 판단은 논외로 하고- 이러한 이전의 판례의 근거지움속으로 이미 방법론적으로 올바른 법획득의 논거들이 들어가 있는 것이 분명하고, 따라서 특정한 선례를 지시하는 것은 어쨌거나 간접적으로 그 안에 함유된 (또는 적어도 재구성이 가능한) 방법론적 논거들을 함께 포착하는 것이기 때문에, 이미 통상의 방법론적 규칙들에 반대하는 증거로 들이댈 수는 없는 것이다.

이러한 이유로 **판결선례**(Vorjudikatur)는 상당히 일관되게 적어도 책 또는 학문적 논문과 유사하게 **'법인식의 원천·출처'**(Rechtserkenntnisquelle)로 인정될 수 있다; 여기도 저기도 특정 법적 문제들을 법적으로 근거지워진 방법으로 해결하려는 이미 존재하는 시도들이 관건이다. 동일한 법적 문제를 던지는 현안인 사례에 대한 현실의 판단자들은 그러한 시도로 소급할 수 있다. 만약 현실의 판단자 자신이 해당 법적 문제를 완전하게 분석하고 발견 가능한 논거들을 모두 사용하여 판단할 수 없는 경우라면 그는 항상 반드시 그것을 해야만 한다(당연히 해야 한다). 특히 진행되는 일들의 압력 하에서 실무적인 법적 작업을 할 때에는 매우 자주 그렇다. 따라서 이미 존재하는 문제해결의 비축물로써 선존하는 선례의 판결을 이용하는 것은 고도로 합목적적이고 필요한 것이다.

　물론 그것들의 도움이 있어도 저마다의 판단자들의 고유한 일은 단지 일정한 범위에서만 줄어들 수 있는 것이다. 한편으로는 어느 정도 비판적인 법적 판단자들에게는 그 판결의 공공연한 근거지음의 불충분으로 인해 바로 옳지 않다는 낙인을 짊어지게 되는 선판결들도 있다. 하지만 인식 가능한 잘못된 '법인식'은 실제로는 어떠한 법인식도 아니며, 단지 구체적 사례에서 법인식에 아쉽게 실패한 시도인 것이다. 이미 암시된 것과 같이, 이미 존재하는 판례가 바로 현재 문제되는 사례에 대해 사실상의 선례성(tatsächliche Präjudizialität vorliegender Judikatur)을 가지는지를 판단하기 위해서는 그 외에도 항상 주의 깊은 분석적 심사를 필요로 한다. 따라서 선판례들의 기계적 적용은 판단자의 고유한 법적 사고에 대한 〔원문 123p〕 어떠한 적절한 대용물도 될 수 없는 것이다. 하지만 물론 이렇게 사고하는 것은 저마다의 법적 판단자들이 저마다의 발생된 법적 문제 자체에서 모든 깊고 얕은 문제점들을 파고 들어가야만 한다는 불가능한 과제로부터 벗어나게 된다.

　존재하는, 공간된 판례를 가능한 범위에서 비판적으로 사용하게 될 '법인식의 원천'으로 취급하는 것은 무엇보다 너무나 당연한 것이다. 제기된 법적 문제들을 전체 법체계와 필요한 '진실에 가장 가까운'(wahrheitsnächsten) 경험적 원칙들로부터 가능한 최대한 합리적으로 근거 지워 해결한다는 사법의 지속적 과제는 그 본질상 항상 실무적인 작업의 시간부족으로 인해, 그리고 저마다의 개별 판단자들의 제한된 수단과 능력으로 인해 반드시 상대적인 것으로 이해되어야만 하는 것이다. 이러한 목적을 추구하는 것은 단지 통합된 노력들을 통해서, 그리고 법에 대한 모든 실무적·이론적으로 수준 높은 활동가들의 논의를 통해서 객관적으로 최적화될 수 있는 것이다. 그것의 대표자들은 통상 그들의 전문분야인 그들 스스로 선별한 문제영역을 어떤 직접적 시간의 압박이나 즉각적 판결에 대한 강제 없이 작업할 수 있기 때문에 여기서 이미 법학의 기여는 중요할 수 있고, 중요한 것이 틀림없다. 법관의 지혜의 산물들은 (예를 들어 "EuGH는 말했고, 따라서 법상태는 이제부터 다음과 같은 것이다..."라는 표어에 따라) 그 자체 전문적인 법학의 모든 결과물을 능가한다고 하는 끊임없이 주장되는 견해는 이미 이러한 이유들로 인해 전적으로 잘못된 것이다; -오늘날 물론 누구에 의해서도 더 이상 주장되지 않는- 교수들의 인식은 그 자체로 기본적으로 우선된다는 것도 마찬가지이다. 그러한 유형의 직업적으로 특정된 우선순위에 관한 생각들은, 그것들이 진지하게 표현된 것이 분명하다면, 놀라울 정도로 천진한 것이거나, 아니면 전적으로 의도를 가진 것이다. 왜냐하면 단지 저마다의 맥락에서 **논거들의 강함**(Stärke der Argumente)이 관건일 수 있는 것이지, 그에 반해 누가 그것을 논의에 가져왔는지가 문제되는 것은 아니기 때문이다. (법적 논의의 구체적 결과들에 대해서 단순히 학문적 이해를 가진 것이 아닌 사람들의 설명에 대해서는 -예를 들어 그들이 해당 사건에서 한쪽 당사자를 변호사로 대리하거나 그것을 위해 법적 의견서를 교부한 사람인 경우-, 물론 특히 비판적인 시각이 요구된다) 실무적으로 활동하는 자, 특히 법률조언자는 최고법원의 판결에 〔원문 124p〕특별한 주의를 기울여야만 한다는 것은 이에 대해 어떤 모순도 아니다. 여기서는 무엇보다 사실적인 것의 힘(die Kraft des Faktischen)이 특히 강하게 작용한다.

전문적인 법학적 작업은 단지 그것이 이미 언급된 지속적인 법적 과제를 시각에서 놓치지 않고 적어도 원거리의, 간접적으로 장려되어야

할 이론적 기초작업의 목적으로 마음에 두고 있는 경우에만 실천적으로 쓸모가 있다는 것은 자명한 것이다. 이로써 완전히 다른 목적설정을 가진 법이론적인 노력들은 당연히 배제된다는 것은 아니다: 그것은 하지만 법적 지속과제(juristische Daueraufgabe), 즉 사법에게 주어진 영원한 과제의 충족을 위해서는 기껏해야 우연히 맞아떨어지는 정도의 기여를 할 수 있을 뿐이다.

II. 법관법의 법적 의미에 대한 논쟁(관습법에 대한 고려 포함)

1. 기본적 위치설정

합목적적 수단으로서, 심지어는 종종 방법론의 필요불가결한 수단으로서, 비록 줄여서는 통상적 의미에서 논증적인 법적용의 필요불가결한 수단으로서 지금까지 설명된 '법관법'의 기술적·정보적 의미는 이미 고려된 바와 같이 다툼의 여지가 없는 것이고, 따라서 사실적으로도 논쟁의 여지가 없는 것이다. 이에 반해서 법관법·판례법의 원칙들(Richterrechtssätze)이 또한 독자적으로 법적 의미, 달리 말해 **규범적 의미**를 가지고 있는지, 어느 범위에서 그런 지에 대한 문제에서는 완전히 사정이 다르다.

이러한 물음은 유럽대륙에서, 즉 기본적으로 법전화된 법에서는 예나 지금이나 극도로 논쟁적으로 논의되고 있다. 무엇보다 이에 대해 주장되는 의견들의 폭이 너무나 넓다는 것은 그 실천적 의미의 관점에서는 놀랄 일이고 의문스러운 것이다. 그래서 점점 중요해져 가고 있지만 여전히 무언가 비합법적인 것으로 느껴지는 법관법이라는 현상들을 대하는 것이 문제되는 경우에 최근에는 적절하게도 '방법론적 당혹감'(methodologische Verlegenheit)이라고 표현된 적이 있다.

단순한 인식원(Erkenntnis guelle)**으로서 판례**를 〈원문 125p〉 한 발짝도 넘어서지 못하는 전통적이자 예나 지금이나 널리 퍼진 견해가 **한쪽 극단**을 형성하고 있다. 이러한 견해들 안에서는 한때 고유한 법적 의미는 능가할 수 없는 정도로 간략하고 명확하게, '법관의 판례 자체는 아무 것도 (법적으로 중요한 것을)' 의미하지 않는다는 식으로 판단되었다. 그것은 단순한 법의인식원이라는 관점에서보면 전적으로 일관된 것인데, 왜냐하면 법적 판단자가 자신이 필요한 법적 인식을 어디에서 가져오는가는 전혀 문젯거리가 아니기 때문이다; 말하자면 법적 판단자가 그것을 법률문헌에서 얻었는지, 만약 그렇다면 그 문헌들 중 어떤 조류의 혹은 어떤 작품에서 가져왔는지, 또는 존재하는 선판결에서 얻었는지, 단지 자신의 독자적인 연구에서 얻었는지는 중요하지 않은 것이다.

만약 그럼에도 실제로 판결선례의 모색과 판결선례의 적용에 두드러진 의미가 있다고 언급된다면, 이러한 입장중에서 법적 의미와는 무관한 변형된 입장이 존재하는 것이다. 그래서 존재하는 오래된 판례는 (단순히) 하나의 법사회학적인 의미있는 사실이라고 표현되는 것이고; 그것은 (단지, 하지만 적어도) '사실적' 또는 '실천적' 효력 또는 구속력을 가진다고도 표현되고; 물론 심지어는 **'실천적 의미'**로 충분하기 때문에 법관법의 법적 품질은 전혀 문제되지 않는다고도 하는 것이다.

그것은 어쨌든 법학과 같은 규범적 학문의 범위 내에서는 충분하지 않다. 인용된 개념들은 '효력' 또는 '구속'이라는 규범적 내용 때문에 심지어 모순 같이 들린다. 하지만 물론 우리는 그것을, 저마다의 법적 구속은 결여되어있다고 해도, 법적 교통·법적 거래(Rechtsverkehr)에서 일반적으로 존재하는 판결선례를 사실상 따르는 것으로 생각할 수 있고, 생각해야만 한다는 식으로 해석할 수 있는 것이다. 하지만 사실 **규범적 물음**은 피할 수 없는 것이다; 존재하는 판례법으로부터 (의식적으로) 벗어나는 것은 실제 법적 판단자의, 무엇보다 지금부터 담당할 판사의 판단 권한내에 있는 것인가? 판사는 그것에서 벗어날 수 있는가 아니면 벗어나야만 하는가; 그리고 만약 그렇다면; 어떤 상황하에서? 하지만 당연한 귀결로 후속물음들도 피하기 어렵다; 법적 거래는 (어떤 조건하에서) 그러한 일탈이 발생한다는 것을 반드시 고려해야만 하는가? 그리고 만약 그러한 평가가 오류였다는 것이 나중에 밝혀진 경우라면 어떻게 되는가?

일반적으로 따르는 경향에 관한 보편적 진술(Globalaussagen)은 실제 전적으로 옳은 것일 수도 있으나, 법적으로 결정적인 모든것은 당연히 〈원문 126p〉 미해결 인 것이다. 그 보편적 진술은 물론 개별사례에서는 심지어 그 자체로는 거의 도움이 되지 않는 단지 하나의 일반적 예후 판단(Prognose)인 것이다. 하지만 무엇보다 결여된 것은 법관법은 합법적으로 어떤 역할을 수행해야만 하는가 하는 핵심 물음에 대한 입장표명이다. 만약 그것이 이러한 법적으로 결정적인 문제를 감춘다면 그것은 바로 전래의 방법론의 내용빈약을 증명하는 것이다. 물론 기술된 진술들은, 규범적 영역에서도, 우리가 개별사례들의 판단에 있어서 존재하는 판결선례들을 따라도 된다는 결론에 이르게 하지만, -그것은 많은표현들을 판례들에 의해 표준적인 것으로 여겨지는 법관의 재량들의 범위에서 (그렇다면 지나치게) 특별히 부각한다 -, 또한 우리는 그것을 무시할 수도 있다는 결론에 이르게 한다. 따라서 법적 거래·교류는 반드시, 실제 우세한 준수 경향에도 불구하고, 판결 선례의 무시 또는 배척도 고려해야만 하는 것이다. 그것은 판결의 의무를 지는 법원에게는 물론 법적 거래에도 도움이 되지 않는다.

결국 **법관법만이** 단지 **법적으로 중요한** 것이고 따라서 구속적인 것이라고 생각하는 견해들이 '그 자체 아무것도 아니라는 견해'에 대한 **반대의 극단**을 주장하고 있다: 왜냐하면 법적 규칙들(Gesetzesregeln), 즉 제정법규들은 그 일반성으로 인해 단순한 프로그램이라거나, 그것은 단지 법관이 의무에 맞게(?) 그것으로부터 도출하는 내용을 가지고 있기 때문이라거나, 법률은 여전히 법관의 판결을 규정하고 있는 것이 아니기 때문이라거나(!), 법률은 애당초 어떠한 인식가능한 판결에 중요한 내용을 가지고 있지 않기 때문이라는 것 등이다. 단순한 사례들 또는 단순한 사안의 구성요소들은 바로 법률로부터 단순한 포섭을 통해 지속적으로 문제없이 판단되기 때문에, 이런 모든 이유들은 우리의 경험에 전적으로 반하는 것이다. 또한 이론적으로도 그러한 견해들을 주장하는 사람들은 왜 다른 맥락들에서는 인간의 의사소통의 어려움들과 문언의 이해의 어려움들이 한결같이 잘 해결될 수 있는 것인지, 그런데 그것이 바로 입법자의 진술들에서는 왜 극복하기 어려운 것으로 간주되는 것인지 하는 물음에 반드시 답해야만 할 것이다. 특히 여기서는 이러한 이해할 수 없음이 법률에는 해당한다면서, (역시) -여전히 그것도 참으로 일반적인!- 법관법의 규칙들에는 해당하지 않는다는 것인지도 의아하다. 이러한 언명들 중 다수는 단순히 일반적 인식에 대한 회의(allgemeine Erkenntnisskepsis)가 아니라 특히 법과 법학에 대한 파괴적 경향에 근거하고 있을 것 같아 보인다.

> 원문 127p

2. 법관법과 관습법(Gewohnheitsrecht)

다소 덜 극단적인 입장들은 인식 가능한 법률의 내용이 존재한다는 것을 전적으로 부정하지는 않지만, **법관법을 법률에 동등한 지위를 가지는 법원으로** 보고, 그래서 통상 관습법의 성격을 인정하지만, 부분적으로는 물론 법의 독자적인 발생근거로 고려하기도 한다.

그렇지만 이 견해들도 맞지 않다. **관습법**은 법적 생활에서 사실상 유효한 법원칙들이고, 그것들의 '실정(법)화'는 하나의 특별한, 법적 공동체에서 승인된 입법기관의 결정에 의해서가 아니라, 법적 거래에서 사람들의 균질한 (전적으로 지배적인) 행태를 통해서, 그리고 (거래의 풍습이나 상관습과 구별을 위해) 거기에서 함께 작용하는 그 기초된 원리가 법적으로 구속력이 있다고 하는 확신 아래 나타나는 것이다. (opinio iuris sive necessitatis; 주관적 요소로서 법적 확신). 현대의 입법의 홍수에서 오늘날은, 이전의 시대들과 보통법에서의 지속되었던 것과는 달리, 법공동체의 단순한 구성원들의 행동과 인식 그 자체에 의해서 직접적으로 그러한 법규정이 생성되는 것은 상대적으로 아주 작은 범위에서만이다.

예: 하지만 오스트리아 법에서는 적어도 신탁이라는 법제도, 상해에 있어서 운동규칙에 맞는 또는 운동에 전형적인 행위의 정당화 사유, 시골(농부)영역의 몇몇 특별규칙(법인으로서 마을공동체; 양수인에게 유리하게 살아있는 사람 사이의 양도계약; 공연한 부동산(토지)사용권에 관한 규칙) 그리고 유한책임회사의 관리자가 총회에서 결정 결과를 확정할 권한 등을 언급할 수 있다.

달리 말해 법실증주의적인 등기를 가진 실제 관습법의 결여에 관한 주장들은 여하튼 근거 지워지지 않았다; 마찬가지로 헌법은 이러한 법의 발생근거를 고려하지 않았기 때문에 관습법의 발생을 배제하고 있다는 주장도 매한가지이다. 이러한 논거는 단순히 '일반적 부정 원칙'의 하위사례이고, 헌법은, 그것이 일반적으로 객관적인 법원을 남김없이 모두 파악하는 것을 지향하는 한에서는, 여기서는 (국제법을 논외로 하고) 주지하다시피 단지 의식적인 법 창설만을 생각한다는 점에서 이미 좌초한다. 법적 거래 자체에서 〔원문 128p〕 즉흥적인 관습법의 탄생은 모종의 질적으로 다른 것이다.

그럼에도 법관법·판례법을 관습법으로 분류하는 것은 이미 법적 거래에서 균질적으로 이루어지는 실행이라는 **발생의 전제조건** 그 자체에서 좌초하게 된다. 법관법은, 이것이 또한 일반적 규범들을 창설한다는 의도에서가 아니고, 개별사례의 판단이라는 그들의 과제의 범위 안에서 일을 한 것일지라도, 오히려 국가기관들의 산물인 것이다. 사실 오늘날 '법적 확신'(opinio iuris)은 보통 가장 간단한 경우는 그에 상응한 판례를 통해 증명되어지는데, 왜냐하면 그 판례는 거래교통에서 형성된 원칙(Satz)을 구속력이 있는 법으로 다루고 따라서 법적 거래에 상응한 법적 확신을 매개하거나 증명하기 때문이며, 만약 판례가 거래교통에서 형성된 원칙을 구속력이 있는 법으로 다루고, 따라서 법적 거래에 상응한 법적 확신을 매개하거나 증명하는 경우라면 법적 확신은 보통 가장 간단한 경우에는 그에 상응한 판례를 통해 증명되는 것이다. 하지만 법적 거래에서 일반적이고 사실적인 관행(übung) 그 자체는 관습법을 위해서는 폐기될 수 없는 것이다. 종종 반복되는 판례의 규칙들은 그 자체가 법적 거래에서 널리 존중된다는 것, 이미 변호사의 주의와 조언이 그것을 살펴본다는 것은 그것을 위해 충분한 것이 아니다. 왜냐하면 일반적인 경우 규범문의 산출은 당연히 법원을 통해서이지 법적 거래 자체를 통해서 모든 참가자들에게 명확한 것은 아니기 때문이다. 물론 법적 거래에서 애초의 법관법적인 규칙 자체가 어느 정도 실무와 법적 인식에 침투하였다는 것, 원래 단순한 기초 또는 증명요소로서 법관법의 출처가 전적으로 망각에 빠져 버렸다는 것일수도 있다. (이에 대한 하나의 예는 물론 독일법에서 점유개정을 통한 양도담보가 제공한다) 그렇다면 관습법은 그에 상응한 법적 거래의 관행이 이미 해당 판례 이전에, 그 판례와 병행하여 또는 그 판례 이후에야 비로소 발전하였다는 것이 확정되는가 여부와는 무관하게 인정될 수 있는 것이다.

언급한 내용을 넘어서 관습법이론에 대해서는 강력한 **부조리 논증**(argumentum ad absurdem)이 반대 입장을 보인다; 제정 법률과 관습법의 **동일한 지위**로 인해 반드시 관습법설은 한번 확립된, 단순히 추정적 이지만 상황에 따라서는 명확하게 잘못된 '법률적용'을 통해 근거 지워진 모든 판례는 사실 그것에 모순되는 법률을 동시에 폐지하는 결론에 이를 수밖에 없다는 것이다. 판례의 그렇게 큰 오류는 (보다 최근의) 자칭 관습법의 구속력으로 인해 더 이상 교정될 수가 없을 것이라는 것이다. 그에 반해 실제 폐지하는 〔원문 129p〕 관습법("desuetudo")은 그 보다 더 많이, 이른바 모든 측의 법적 확신으로써 법 공동체와 국가기관에 의한 하나의 특정 법률규정의 장기간의 비적용을 요구할 수 있는 것이다.

언급한 것은 관습법과 법관법의 핵심적 차이를 인식할 수 있도록 해준다: 관습법은 지금까지 유효한 법질서와의 관계에서 법적 거래에서 자율적으로 발생한 것이고, 법관법은 −공연한 법률위반이 문제되는 경우를 제외하면- 적어도 앞서 존재하는, 구속적인 법체계로부터 근거지움의 시도에서 생산되는 것이다.

3. 제정법(법률적 법)의 우위

유사한 반론들은 법관법을 고유하고 구속력있는 법률의 **동일한 순위**의 추가적인 원천으로 생각하는 입장들에도 적용된다. 특히 저마다 한 번 형성된 일련의 판결들이 사실상 그것에 구속적으로 선존하는 법에 완전히 모순되게 생겨난 것일 수도 있겠지만, 그 일련의 판결의 직접적으로 폐지하는 힘에서 나오는 부조리논증은 여전히 적용가능하다; 법원은 그 법률을 이제 단순히 적용하기를 시도했지만 여기서 오류를 범한 것이다; 예를 들어 중대한 해석 오류들의 희생물 또는 사실상의 오해의 희생물이 되었기 때문이다. 하지만 판결은 또한 이러한 상황에서도 그 자신의 독자적인 근거지음의 시도를 통해 그에 선존하는 법체계의 우위를 승인한 것이다! 그로부터 동시에 잘못 적용된 법률을 (그 기초와 함께) 구축하는, 법률에 동일한 순위의 판례법·법관법이 탄생한다는 것은, 이로서 이미 논리적 **모순**(Widerspruch)임을 보여주는 것이다.

동시에 법적으로 결정적인 것은 **법률의 우위**(Vorrang des Gesetzes) 또는 **'입법자의 특권'**(Prärogaive des Gesetzgebers)이다. 여기서는 이러한 다소 축약된 표현으로 법률의 우위는 단순히 공간되고 확인할 수 있는 문언으로서의 의미가 아니라 -관습법은 예외로 하고- 항상 전체의 법체계(gesamtes Rechtssystem)를 말하는 것이다; 달리 말해 법률적 규칙(Gesetzesregeln)에 기초된 목적과 일반적 법원칙들을 포함하여, 그리고 방법론적 규칙들을 포함한 전체의 법체계인 것이다. 법률의 문언들만은, 이미 기술했듯이, 구체적 법적 문제와는 떨어져 있기 때문에 그것 자체만으로는 법적용을 위해서 〈원문 130p〉 전적으로 부족한 경우가 흔하기 때문이다. 즉, '법률의 우위'는 전체의, 판례에 구속적으로 선존하는 법체계를 의미하는 것이다: 따라서 거기에 기대고 있는 방법론적으로 올바른 법발견의 결과들이 우선이라는 것이다.

만약 저마다의 판결의 규칙이 법적으로 동일한 효력을 가지고 있고, 따라서 모순되는 오래된 법률들을 보다 최근의 규칙으로서 폐지해야만 한다면, 이러한 우선순위가 침해될 것이라는 것은 명확하다. 따라서 ABGB 제12조*가 명시적으로 법원의 판결들에 대해 법률과 동일한 효력을 배제하고 있고, 법원의 판결을 그에 상응하게 다른 사건들에 적용하게 하는 것을 배제하고 있는 것은 적절한 것이라고 하겠다. 우선 그 규정은 개별사례들의 판결들 그 자체를 다루고 있고, 동시에 (게다가) 기판력의 주관적 한계(subjektive Grenze der Rechtskraft)도 강조하고 있다. 하지만 또한 공공연히 개별판결들에 포함된 판례법적 원칙(richterrechtliche Sätze)들을 말하고 있다. 단지 이러한 법관·판례법적인 원칙들만이 '다른 사례들'에 적용될 수도 있는 것이다. 그와 함께 이러한 원칙들에 법률과 동일한 효력은 부인하고 있는 것이다(판결들은 "전혀 법률의 효력을 가지지 않는다"). 그에 반해, 그것들은 전혀 규범적 의미를 가지지 않는다(가질 수 없다)는 것은 ABGB 제12조에서는 언급되고 있지 않다.

---

* [옮긴이 주] 앞서 소개하였듯이 오스트리아 일반민법전 제12조에서는 법관의 판결에 대해 법률의 효력을 가지지 않는다고 명시하고, 다른 사례나 다른 사람에게 확장될 수 없다고 명시하고 있다.

다수의 저자들은 오늘날 법관법에 대해 법률이 우위를 가진다는 것을 저마다 그들의 실정 헌법들로부터 상당한 노력으로 근거지우려고 노력하고 있다. 이것은 많은 곳에서 지배적인 법관법의 호황(Richterrechtseuphorie)과 그에 상응하게 생산되는 제어되지 않는 '법관의 법창조'를 이유로 한 하나의 규율시도(Disziplinierungsversuch)로서 이해할 수 있겠지만 불필요한 것이다. 다소간 맞아 떨어지는 원칙들의 해석이 문제되는 것도 아니고, 또는 특정 원칙을 '추가하여 읽음'으로써 맞아 떨어지는 실정 헌법규칙들의 해석이 문제되는 것이 전혀 아니고, (적어도) 우리 전체 유럽 대륙법영역에서의 법문화의 구조적 요소가 문제되는 것이다. (물론 이것이 유럽연합법영역에서는 요즈음 유럽법원이 거의 사법적 전권을 가짐으로써 미심쩍게도 위태롭게 되어버렸다) 그것은, 한편으로는 법창설(Rechtssetzung)의 목적을 위해 그리고 법창설의 기능으로 만들어지고, 다른 한편으로는 개별사례의 판단(Einzelfallentscheidung)이라는 목적과 기능으로 투입되는, **국가기관과 법기관 사이의 권력분배와 기능의 분할**(Gewalten- und Funktionsverteilung zwischen den Staats- und den Rechtsorganen)에 있다. 이러한 과제의 분할은 넓은 범위에서 (보충적) 판례법의 발생은 피할 수 없는 것이라는 것과는 무관한 것이다. 이것은 〔원문 131p〕 기본적으로 이른바 법률의 우위를 통해서 유지되는 것이다. 그에 반해서 한편으로는 상이한 법기관들(Rechtsorgane)을 일반적 법창설을 위해서 투입하고, 다른 한편으로는 개별사례의 결정을 위해 투입하는 것은, 만약 사법부(Judikative)가 법률의 우위에 구속되지 않는다고 한다면, 무의미하고 따라서 과잉의 것이다. 나아가 입법기관들에서 다수를 차지하기 위한 정치적 논쟁들과 민주적 선거는, 만약 그럼에도 그 결과들이 판례에 대해서 기껏해야 추천적인 성격만을 가진다고 한다면, 더더욱 무의미한 것이 될 것이다.

서술된 구조의 차이와 그것의 귀결은 전혀 기술된 (민주적인) 헌법의 상태에 좌우되는 것이 아니라, 단지 언급한 기능분배에 달린 것이다. 또한 바로 그 절대적인 군주제 아래에서도 ABGB가 공포될 때 법률에 대한 법원의 구속에 대해서는, 달리 말해 법률의 자명한 우위에 대해서는 전혀 의문의 여지가 없었다. ABGB의 주편집자인 짜일러(Zeiler)는 이러한 우위를 아주 강력한 어조로 강조했다. (여기서 직접적 관심사가 아닌 하나의 다른 문제는, 어느 정도까지 거꾸로 '지배자'가 개별사례의 판단들 그 자체를 내리거나, 또는 임기응변적인 특정 심급을 도입할 수 있는가하는 것이었다.) 그것은 기본적으로 절대주의(Absolutismus)의 결과로서 예견된 것이었다. 물론 Zeiler는 그에 대해서 지배자를 -물론 단지 비공식적·윤리적으로- 구속하는 법관의 독립성이라는 자연법적 원칙을 주장했었다.

법관법에 대해 주장된 (법적 의미에 대해) '아무것도 아니다'라는 극단적 입장과 '전부' (완전한 법원)라는 극단적인 입장을 피치 못한 채 거부한 다음에 남는 것은 흔히 그렇듯이 하나의 **중간적 해결방법**(mittlere Lösung), 즉 하나의 제한된, 보다 정확히는 **판례법의 보조적인(임시변통적인) 구속력**(subsidiäre Bindungskraft des Richterrechts)을 인정하는 이론이다. 때때로, 오늘날 헌법들의 민주주의원칙으로부터 도출된 반론들은 주효하지 못하다: 만약 저마다의 법관들이 자의에 따라 존재하는 선판결들을 고려하거나 아니면 무시하거나 할 수 있다면, 또는 심지어, 법관이 모든 선판결에 구속된다고 하면, 물론 이 원칙에는 전혀 도움이 되지 못할 것이다.

아직 반드시 설명되어야만 하는 보다 정확한 구속의 전제조건들과 한계들을 논외로 하면, 이미 지금까지의 설명으로부터 판례법을 우리의 법체계에서 사용가능한 것으로 자리매김하는 것은 어쨌거나 (판결선례의 통상적 파급효에 관한 단순히 보편적 사회적 진술들이 아니라) 원문 132p 규범적 구속력의 문제에 대한 답을 주는것이며, 법률의 우위는 반드시 불가침의 것으로 남아야만 한다는 결론이 도출된다.

III. 판례법의 제한된 구속력에 관한 여러 단초들

판결선례의 구속력을 제한하는 이론은 -지금까지 언급한 바에 따를 때 그리 놀랍지 않게- 상대적으로 오래되었고 특히 스위스 문헌들에서 광범위하게 퍼져있다. 하지만 그 이론은 결코 단일하지 않다. 여기서는 그것을 단지 몇몇 예들을 통해 보여줄 수 있을 것이다.

'**사례규범**'(Fallnorm)에 관하여 상세하게 작업된 판례법이론은 그 (엄격하게 이해된) 구속을 법관의 **법창조**의 영역에 제한하고, 동시에 법률해석의 영역에서는 판결선례에 대한 모든 구속을 거부한다. 여기서 주장된 관점에서 볼 때 이러한 구별에 대해 어떤 충분한 근거도 찾을 수 없다. 왜냐하면 (보충적) 법관의 법창조의 영역도, 이미 언급했듯이, 통제하는 법적 척도들에 전적으로 종속되기 때문이다. 이것을 거부하고 법관의 법창조를 기본적으로 법률에 반하는 법창조(Rechtsfindung contra legem)로 이해하는 사람은 하나의 다른 관점에 도달한 것일지도 모르겠다. 물론 여기서 이미 다른 전제들, 즉 법률의 우위를 포기하는 것은 인정될 수 없다. 통상 법적 규정화와 그 규범적인 기초가 더 적게 정해지면 질수록 법률의 우위는 덜 침해될 수 있다는 것은 당연히 옳다. 하지만 그것은 법창조의 합법성이라는 관점에서 어떠한 결정적으로 유효한 상이성을 인정할 이유가 되지 않는다.

하나의 다른 견해는 판결선례법의 규준성(Maßgeblichkeit)을 단지 **법적 분쟁에서 선례가 논증적으로 '다투어지지' 않는** 경우(Präjudiz im Rechtsstreit nicht argumentativ angegriffen)에만 인정한다. 하지만 여기서는 지금까지의 하나의 판례의 규칙의 가능한 약점들 그리고 이에 따른 심사필요성이 절차의 당사자들이 판결선례를 공격하는 논거들로부터 가시화될 수 있을 뿐만 아니라, 판단하는 법관 〔원문 133p〕 스스로에게 들어와 눈에 띄게 되거나 법학적인 문헌에서 추출되어질 수 있다는 것이 제대로 평가되지 못한다.

유명한 한 이론은 존재하는 법관법에 **추정적 효력**(präsumative Geltung)을 인정하고, 따라서 만약 그것이 반증되지 않으면 그리고 반증되지 않은 한, 구속적인 것이 된다고 주장한다. 그것은 결과적으로 설득력이 있으나, 어떻게 그리고 무엇을 통해서 그러한 반증이 이루어질 수 있는지 또는 이루어져야만 하는지가 미해결인 채이다. 그러한 한 단지 반대되는 좋은 근거들 또는 그냥 반대하는 '근거들'인 것이고 그것은 그리 도움이 되지 못한다.

특히 좋은 근거들의 유형과 중요성에 관하여 손에 잡힐 만한 것을 언급하지 않고, 단순히 판결선례의 법원칙들에 좋은 근거들이 반대하게 될 수 있는지 여부에 초점을 맞추는 **제한된 준수의무이론**(Lehre von der beschränkten Befolgungspflicht)도 도움이 되지 않는것은 동일하다.

IV. 보조적 구속력 이론

요약하자면 법관법의 구속력에 대한 하나의 충분한 이론(eine

ausreichende Lehre)은 법발견을 위한 그것의 실무상인 중요한 의미를 반드시 고려해야만 하고, 자신의 구속력에 대한 규범적 질문에 대답해야만 하고, 법률의 우위를 존중해야만 하고, (이미 그렇기 때문에) 구속력의 전제조건들 또는 이탈의 필요성(Abweichungsnotwendigkeit)을 가능한 체계적으로 안정되고 실무적으로 사용가능하도록 제시해야만 하는 것이다.

지금까지 개관가능했던 이론들 중에서는 기껏해야 **법관법의 보조적(임시변통적) 구속력 이론**(Lehre von der subsidiären Bindungskraft des Richterrechts)이 이러한 요구들에 부합하는 것이다. 이 이론은 오늘날 상당한 동의를 받고 있고, 특히 독일 연방대법원이 명확하게 판결선례의 구속력을 말하고 있는 그 표현과 광범위하게 일치한다는 것을 즐기고 있다.

이러한 이론의 **핵심사고**는 다음과 같다: 정의와 법적 안전성이라는 근본적 법원칙들(fundamentale Rechtsgrundsätze)은 존재하는 판결선례들에 대한 규범적 구속을 인정할 것을 요구한다. 이것은 물론, 법공동체의 특정 구성원들, 이른바 '옛' 소송절차의 분쟁 당사자들이, 그들의 개별사건들에서 국가의 기관들(법원들, 관청들)에 의해 〔원문 134p〕 이미 존재하는 법관법원칙에 맞게 다루어졌었다는 것을 의미한다. 그것은 필연적으로 법관법적으로 이미 포착되었던 사례의 요소들의 관점에서 동일한 유형의 것들인 이후에 발생한 개별사례들과 관련하여 법적 거래(참가자들)의 상응한 기대도 불러일으킨다. 따라서 임의의 '방향전환판결들'은 동일하게 다룬다는 균제(Gleichmaß)의 기본적 요구에 부합하지 않는 것이고, 개별사례의 판단의 예견가능성을 축소시키고, 이로써 법적 안정성이라는 핵심요구를 위축시키는 것이다.

법관법의 제한된 구속력(을 인정하는) 이론의 주장자들의 대부분은 그 밖의 뉘앙스를 도외시하면 **정의의 균형**(Gerechtigkeitsgleichmaß)과 **법적 안전성**(Rechtssicherheit)을 공통으로 끌어 들이고 있다. 물론, 개별적 주장들은 충분한 설명을 제시하지 않은 채, 단순히 정의의 균형에 또는 법적 안정성에 기대고 있다. 그에 반해, 판결선례의 구속력을 위해 보충적으로 국가의 법보호 도구의 필요한 **효율성**이라는 의미에서 **합목적성**이라는 근본원칙을 지적하는 경우에는 확신감을 준다. 만약 저마다의 사례들에서 모든 법적 문제들이 그 근본으로부터 새롭게 조사되어야만 한다고 하면, 사실상 국가의 개별사례 판단의 심급들은 희망 없이 업무과다에 처해지거나, 필요한 인적 확충으로 극도로 고비용이 되어 버릴 것이다; 어쨌거나 단순히 존재하는 판결선례를 법사회학적인 '블랙박스'(Blackbox)라고 고백하기를 원하지 않고, 모든 노력을 다해 법적으로 옳은 판결을 하려고 하는 양심적인 법률가들에 의해서라면 말이다. 여하튼 이를 위해서는 당연히 규범적 기준들이 필요한 것이다.

언급한 **근본적 법원칙**은 당연히 법률의 우위를 (광의에서) 보장하는 판결선례의 구속력에 대해 필요한 제한을 하게 된다. (헌법상의 평등원칙과 같이) 정의의 균형은 매사에서 기계적 평등을 요구하는 것이 아니고, 특히 그릇되게 모든 것을 동일 취급할 것을 요구하는 것은 아니다. 법공동체의 구성원을 다룸에 있어서 단지 자의적이고, 사실적으로 이유 없는 차별들이 금지되는 것이다. 하지만 이것은 단지 국가기관이 단순히 개인적인 또는 집단에 특화된 우선순위를 근거로 하여, 독창적으로, 판결선례를 몰라서 또는 그 실제 사례에서 법적 오류에 근거하여 지금까지 사람들이 〈원문 135p〉 동일한 유형의 상황들에서 다루어졌던 기준에서 벗어날지도 모르는 경우에만 말이 되는 것이다.

이에 반해 **판례의 변경**이 **그 사이에 인식된** 판결선례들에 들어 있었던 **법적 오류를 수정**하는데 기여하거나, 변화된 현재의 맥락에서 판결선례의 기준들이 옳지 않다고 한다면, **판결선례에서 벗어나는 것**은 전혀 자의적인 것이라거나 사실상 이유없는 것이 아니고, 오히려 우선적으로 법공동체에 정향하기 위하여 규정된 법원(Rechtsquelle)으로서 법률의 우위를 통해서 **요구되는** 것이다; 또한 이것이 같지 않은 것의 불평등취급을 요구하는 한, 이것은 동일취급원리(Gleichbehandlungsmaxime) 자체를 통해서도 요구되는 것이다; 그렇지 않으면 동일한 사례들이, 나중에 법적용의 오류 발견 후에 또는 맥락에서 중요한 변경이 일어난 이후에 발생하게 된 경우라면 상당히 불평등해 지는 것이다.

또한 법적 안정성의 관점(Rechtssicherheitsaspekt)에서도 법률의 우위는 존중되어야만 한다. 실정적 법창설은 (그리고 따라서 그것에 불가피하게 연결된 방법론적 법발견은) 바로 법공동체에서의 인간의 행위에 가능한 명확한 정향을 제공하는 것이 주요 목적이다. 이러한 목적이, 그리고 이것이 (말하자면, 예를 들어 법률과 사례 사이의 피할 수 없는 거리에 의해, 또는 법률의 결함에 의해 좌초되는 것이 아니라) 반복된 방법적 시도에서만 비로소 도달될 수 있는 것이라고 하더라도 법적 안전성은 법 발견을 통해 법률의 우위를 존중할 것을 요구한다; 따라서 예를 들어 이미 존재하는 반대방향의 판례에서 이반하는 것이다. 지금 타당하고 주효한 것으로 인정된 논거들에 반대하는 의식적인 판결이 그 대안이 될 수도 있을 것이다; 달리 말하면, 법률에 반하는 의식적인 판례형성(eine bewusstes Judizieren contra legem)이다. 그것은 판사에게 요구될 수도 없으며, 그에게 또한 허용될 수도 없다.

국가의 법적 보호기구의 관점에서 합목적성에는, 판결선례에 대하여 숙고 없이는 구속되는 경우에는 역으로 입법기관의 효율성에 극도로 해가 될 것이라는 것을 통해, 하나의 내재적인 한계가 설정된다.

이 모든 것으로부터 도출되는 결론은 다음과 같다: 법관법의 구속성은 원문 136p 사법·판례에 대해 구속력이 있는, 그에 선존하는 법으로부터 (무언가 그 밖의 관점에서 '좋은 근거들로' 부터가 아니라) **옳지 않은 것으로 반박될 수 없다는** 것에 의존한다. 동시에 '정당함(옳음)'(Richtigkeit)은 법학의 역량의 한계로 인해, 그리고 방법론적으로 중요한 논거들이 반대의 해결책으로 분배될 수 있는 가능성으로 인해, 전적으로 겸억적으로 이해되어야만 한다: 만약 지금까지의 판례법으로부터 **이탈하는 문제해결규칙**이 선존하는 법체계로부터 (명백하게) **보다 나은 것으로 근거지워질 수** 있는 경우라면 이미 반박이 성공한 것이다. 이에 관해서는 방법론적 우선순위표지들과 서로 반대되는 논거들에 대해, 경우에 따라 필요한, 폭넓은 형량을 포함하여 위에서 기술된 해석과 법창조가 참고되는데, 그러한 논거들 중에서는 법체계의 규범들과 그리 많이 모순되지 않고 (법의 근거지움이라는 맥락에서) 근본적인 법체계의 규범들과 그리 많이 모순되지 않는 것이 보다 강한 논거인 것이다.

하나의 판결의 옳고 그름은(Richtigkeit) 그것이 나온 시점의 사실 상태와 법 상태가 반드시 기준이 되어야만 한다는 것은 당연한 것이다. 판결선례는 따라서 그것이 이미 예전부터 옳지 않았었는지가 심사되어야할 뿐만 아니라, 무엇보다 그것이 법적 상태와 사실 상태의 중요한 변화들을 통해 (또는 우리의 인식에 기준이 되는 요소의 중대한 변화를 통해) 옳지 않게 되었는지도 심사되어야만 한다.

그것은 예를 들어 단지 직접적으로 적용될 법률의 명확한 변경들에만 해당하는 것은 아니다. 판례의 규칙이 하나의 법률의 변경으로 극복될 수 있다는 것은 자명한 것이다. 오히려 특히 새로운 법률이 (그것의 해석과 보충을 판결선례가 다루었던) 옛 규칙들의 (체계적) 해석 또는 보충에 미치는 방법론적 원거리효(Fernwirkung)도 문제되는 것이다.

예: 1. 오스트리아에 비물질적 손해배상에 관한 규정과 함께 유럽인권규약(EMRK)을 도입한 것은 ABGB의 해당 규정들의 -지나치게 좁은- 해석을 체계적으로 유지될 수 없는 것으로 만들었고, 이를 통해 (최종적으로) 감금의 경우 (손해배상을) 부인하는 오스트리아의 판결선례도 반박되었다.

2. '미풍양속·좋은 풍속'(오스트리아 일반민법 제879조)(guten Sitten*)이라는 일반조항의 범위에서 소비자보호법(KSchG)의 새로운 규칙은, 그에 따르면 인적 손해들을 계약으로 면제하는 것은 절대 허용되지 않게 되는데, 체계적으로는 〈원문 137p〉 동일한 결과를 가진 ABGB 제879조의 구체화 요소로서 작용하는데, 왜냐하면 기업가의 생명과 건강은 소비자의 동일한 법익보다 더 사소하게 평가되어야 하는 것은 아니라는 것이 명백하기 때문이다. 이로써 중대한 혹은 특별히 중대한 책임에 맞추어졌던 지금까지의 판례의 규칙들은 선한 풍속의 범위에서 반증된 것이다. 일반조항들이 일반적인 거래관들과 거래규칙을 참고하도록 하는 한 (예를 들어 하나의 -공동체적으로 근거지워진- 판례의 변경을 통한 형법적 구성요건표지 '음란

---

* [옮긴이 주] 오스트리아 일반민법 제879조는 '계약과 법률행위'와 관련하여 제1항에서는 "법적 금지 또는 선한 풍속에 위반하는 계약은 무효이다."{(1) Ein Vertrag, der gegen ein gesetzliches Verbot oder gegen die guten Sitten verstößt, ist nichtig.}라고 하고, 제2항에서는 여러 가지 무효사유들을 나열하고 있다.

한'(unzüchtig)의 새로운 구체화에서와 같이) 이와 관련한 명확한 변경들이 그 기준이 된다.

3. 최근 몇 년 전에야 비로소 OGH는, 법률행위에 형식에 관한 법적 규정들은 전혀 변화하지 않았음에도 불구하고, 담보를 위한 목적으로 의사표현된 채무인수(Schuldbeitritt)를 보증(Bürgerschaft)과는 구별하여 자유로운 형식으로 허용하는 판결선례와 작별했다. 최고법원은 무엇보다 그 사이에 인적 보증, 독립적 보증(Garantie), 채무인수 등을 광범위하게 동일하게 다루는 것을 암시하는 규범들이 소비자보호법으로 도입되었었다는 것을 지적했다.

또한 법적용에 있어서 정확하게 전제들로 기능했던 그러한 일반적 사실의 변경 또는 그것에 대한 우리의 인식의 변경은 기존에서 벗어난 다른 법적 결과들에 이를 수 있고, 따라서 -원래 잘 근거 지워졌던- 법관법의 규칙들을 실제로 반박하는 결과에 이를 수 있는 것이다. (변화된 관계들을 단순한 미사여구적으로 보편적으로 원용하는 것은 그에 반해 단지 모호하게 작용할 수 있다)

예: 우선 이미 고찰한, 석면을 함유한 건축소재의 건강에 대한 위험이 알려진 후 달리 판단되었던 석면사례를 기억하면 될 것이다. 추정컨대 간접흡연(Passivrauchen)의 경우도 유사하다. 또는, 은행이 고객의 계좌로 이체하는 경우에 지연된 (이자율에 중요한) '이자 기산일 결정'(Wertstellung)을 시행했다. 그것은 원래 법원에 의해서 법률에서 의미하는 고객에게 부적절한 손해로 취급되지는 않았다. 왜냐하면 이체 수령 시에 정확한 '이자 기산일 결정'은 너무나 소모적이고 따라서 -고객을 위해서도- 비용이 비싸지게 될 것이라는 것

때문이었다. 모든 은행이 현대의 소프트웨어프로그램을 갖추게 되고 따라서 즉각적 이자 기산일 산정이 특별한 노력 없이 가능하게 된 후에는 이러한 판례는 타당하게도 더 이상 유지될 수 없는 것으로 인정되었다.

(원문 138p) 따라서 법관법의 구속력에 대한 중요지침은 분명히 다음과 같을 수 밖에 없다: 판례의 규칙이 -현실의 맥락에서- (명백하게) 보다 나은 이유가 제시된 고려들을 통해 반증될 수 없다면, 그리고 그러한 한에서 (언급된 근본적 원칙들에 근거하여) 판결의 규칙을 고수할 수 있다: 달리 말해, 판례의 규칙이 검토에서 옳은 것으로 (명백하게 보다 나은 근거지움이라는 의미에서) 밝혀진 경우(자명한 것), 그건 아니지만 만약 그것이 판례에 우선하는 법체계에 따라 그리고 그 방법론적인 적용에 따라 적어도 충분히 주장할 만한 것인 경우라면 그렇다; 설령 그것에서 벗어난 다른 해결책도 동일하게 충분히 주장할 만한 것이라고 하더라도 그렇다. 대략 **동일한 가치의 반대되는 법적 논거들**(gleichgewichtiger gegensätzlicher rechtlihcher Argumente)이 있는 이러한 영역에서는, 즉 '**방법론적 불명확**(non liquet)'의 영역에서는, 따라서 보충적·임시변통적으로(subsidiär), 언급된 근본적 법원칙들이 존재하는 법관법 원칙들에 구속을 인정하는데 결정적인 것이다. 도대체 정의의 균형과 법적 안정성의 척도로부터 이미 사례해결의 구체적 결과가 확보될 수 있는가라는 소위 비판적 질문은 제시되지 않는다. 왜냐하면 이것은 단지 존재하는 법관법의 규칙들의 도움을 받아야만 생기기 때문이다. 법관법의 규칙의 존재가 비로소 정의의 평등(Gerechtigkeitsgleichheit)과 법적 안정성의 원리에 하나의 중요한 추가 적용범위를 만들어주는 것이다.

(광의에서) 법률의 우위와 법적 맥락 또는 법적으로 중요한 사실적 맥락에서의 중요한 변경의 가능성은 물론, 존재하는 법관법적인 해결에 반대하는 하나의 중요할 수 있는 **새로운 논거**가 구체적 절차의 참가자로부터 주장되거나, 또는 법학적 연구에서 주장되거나, 판례 자체에서 발견된 경우라면 항상 기존의 판례법의 지속적인 심사가 필요하다. 따라서 특별히 편안한 법발견에 대한 모종의 기대들이나 판결에서 강력한 효율성 획득에 대한 기대들은 틀린 것이 될 것이다. 또한 적어도 그 이후 새롭고 관계가 있을수도 있는 반대논거가 시야에 들어오지 않고, 법적 문제가 이미 근본적으로 심사되고 판단된 그런 모든 경우에서 (그리고 따라서 전체적으로 매우 유의미한 범위에서) 합목적성은 의문의 여지가 없는 것이다.

또한 단지 방법론적으로 관련되었을 수 있는 반대논거가 등장하면 그 즉시 **법적 문제를 항상 새롭게 심사할 것을 요구하는 것**(Gebot immer neuer Überprüfung des Rechtsproblems)은, (원문 139p) 여기서 주장된 관점은 '반-동적인 경향'(antidynamische Tendenz)을 가지고 있다거나, 또는 일단 한번 도달된 판결의 상태를 '경직'(Erstarrung)시킬 것이 분명하다는 등 이따금 나타나는 이러한 이의들은 근거 없다는 것을 보여준다. 사실상 여기서 주장된 관점은 단순히 반-자의적이고 법적 안정성을 보호하는 것이다. 마찬가지로 다수의 해결책들이 대략 균등하게 주장 가능하다는 것이 '그렇게 바로'(so ohne weiteres) 확정될 수 없다는 주장도 전혀 결정적 반론이 아니다. 그것은 옳다. 하지만 그 반대 또한 아직도 주장된 것이 아니다. 오히려 판례법의 심사에 있어서는, 필요한 경우에는 어려운 부분들을 포함하여, 전체적 방법론적 도구들이 투입되어야만 한다. 그럼에도 심사하는 법률가에게는 확실히 법적 문제를 첫 번째 검토할 때 보다 더 많은 것이 요구될 수는 없는 것이다. 하지만 그곳에서는 법적으로 관련된 논거들의 확정된 대략적인 교착상태가 단지 '법관 자신의 평가'를 통해서만 해결될 수 있는데 비해, 존재하는 법관법원칙의 심사에서는 하나의 특정된, 명확한 해결책이, 말하자면 근본적 법원칙에 근거하여 판결 선례를 고수하라는 요구가 도출되는 것이다.

판결 선례는 법률과 같이 구속적일 수 없다는 그런 유형의 반론들은 여기서 발전된 견해에 비해 쓸데없이 다된 일을 가지고 헛수고를 하는 것이다. 왜냐하면 보조적 구속력은 자명하게 어떤 법률과도 동일한 구속력을 말하는 것이 아니고, 심지어 그것을 명시적으로 부인하는 것이기 때문이다.

보다 더 심각하게 받아들이지만, 그럼에도 더 설득력이 떨어지는 것은, 판결은 전적으로 동일한 사례에 관계해야만 하고, '논증이 넘쳐나야만'(argumentationsgesättigt)하고, 즉 저마다의 부분 문제에 대해 하나의 논거를 내놓아야만 한다는 반론이다. 선례성(Präjudizialität)이란 분명히 단지 부분 문제에 대해서만 존재할 수 있기 때문에, 따라서 비록 그 사례가 그밖에는 다른 사례요소들을 보여준다고 하더라도, 만약 그와 관련된 법관법의 규칙이 또한 새로운 사례에서도 적용가능하다면, 그것으로 충분하기 때문에, '전적으로 동일한 사례'라는 전제는 옳지 않다.

예: 설명의 착오, 즉 의사표시의 착오(Erklärungsirrtum) 사례에 있어서 발전된 착오론의 법관법적인 구체화들은, 만약 그것이 그곳에서도 특정 사실관계요소에 맞는 경우라면, 그 밖의 거래에서의 착오(Geschäftsirrtum)에서도 동원될 수 있다; 그것은 예를 들면, ABGB

제871조의* 의미에서 착오를 야기한 경우에 착오자의 상대방의 책임이 문제되지 않는다는 규정이 그런 경우이다.

원문 140p 〉 두 번째로, 언급한 법관법의 제한된 구속력을 지지하는 법적 기초들에 맞게 판결 선례의 논증 그 자체는, 이미 사람들이 그에 따라 다뤄지게 된 법관법의 규칙 자체와는 달리, 전적으로 2차적이다: 아마도 여러 면에서 그 규칙의 약한 근거지음이 아니라, 단지 법관법규칙 그 자체만이 그것에 대해서, 그리고 이로써 균질성 원리의 시도를 위해서 의미가 있는 것이다. 판결 선례가 자신의 약한 이유·근거들에도 불구하고, 아마도 하나의 전적으로 다른 이유들로 주장이 가능하다는 것이 심사에서 밝혀진다면, 그것은 균질성을 이유(Gleichmaßgründe)로 유지되어야만 한다. 이른바 법적 거래에서 기대되는 대상은 일반적으로는 단순히 법관법규칙 그 자체이고, 그것의 구체적 근거지음이 아니다. 이러한 근거지음이 특별히 약하다면, 그것은 물론 −적어도 사안의 전문가들에게는− 단지 사소한 신뢰만을 만들어낼 수 있는 것이다. 물론 이것은 명확하게 적용 가능한 균질성의 요구와 결합하여 구속력의 정당화를 위해서 충분하다. 그런 한에서 제한된 구속의 '이중의 근거지음'은 가치 있는 것이다: 그 중 하나의 추론이 눈에 띄게 약한 경우에 다른 하나의 추론은 여전히 전적으로 주효할 수 있는 것이다.

방금 언급된 비판적 입장들과 다르게 방법론적 문헌에서는 여기서 발전된 **법관법에 관한 이론**에 다수의 **중요한 장점들**을 인정하는 입

---

* [옮긴이 주] ABGB § 871 제1항에서는 의사표시의 내용의 일부가 주요사실이거나 주요사실을 구성하는 본질적인 성질의 것에 해당하는 것으로 이에 대해 착오가 발생한 경우, 만약 그것이 상대방에 의해 야기된 경우(durch den anderen veranlaßt war)였다면 착오에 따른 책임을 지지 않는다고 규정하고 있다.

장이 특별한 비중을 갖고 있다: 이 이론은 법관·판례법(규칙)의 제한된 규범적 구속력에 대한 하나의 이론적 기초를 만들어냄으로써 실무에서 통상적으로 대법원의 판결을 대하는 방법을 현실적 방법으로 고려하고 있다는 것이다. 이 이론은 존재에서 당위로의 '자연주의적 착오'(naturalistischer Fehlschluss)의 위험을 피하게 하고, 매한가지로 법관의 법률과 법에 의한 구속을 상대화하는 그 반대의 위험도 피하게 한다는 것이다. 나아가 이 이론은 현행법이 법문은 동일하게 유지되고 있음에도 불구하고 그 적용에 있어서 지속적으로 변화한다는 사실에 대해 가장 세련된 설명을 포함하고 있다고 한다. 끝으로 법관이 일반조항들과 불특정 법개념들을 구체화하는 것이 적절하게 파악된다는 것이다. 이것은 기본적으로 보충적 구속력 이론(Lehre von der subsidiären Bindungskraft)이 유럽대륙의, 무엇보다 법전화된 법에 '법관법'이라는 현상을 체계적으로 그리고 사안적으로 적절하게 분류하는 것임을 증명해주는 것으로 보인다.

원문 141p

V. 실무적인 결과들

또한 법전화된 체계에서도 법관법·판례법이 정확하게 사용되는 **주요 적용영역**은, 이미 설명된 세분화되고 마찬가지로 드물지 않게 모호하거나 모순되는 구체화의 소재들을 가진, 제정법률·실정법률(Gesetzesrecht)에 있는 **일반조항들**과 그와 유사한 **불확정적 법개념들**이다. 여기서 불가결한 최소한의 법적 안정성과 법적용의 균질성은 통상 주의 깊게 판결선례를 고려하는 경우에만 도대체 도달 가능한 것이다. 그것은 예를 들어 계약법에서의 '선한 풍속·미풍양속'(gute Sitten), 위자료에서 '적정성'(Angemessnheit), 개선비용의 '지나친'(unverhältnismäßig) 고액 또는 하자보증법에서 하자의 '사소성'(Geringfügigkeit) 등과 같은 경우이다. 이러한 이유들로 또한 존재하는 법관법의 반박가능성도 제한되고, 그것의 구속력은 달리 말해 실천적으로 확장된다. 하지만 그 이유에 따르면 여기서는 또한 하나의 특정 문제에 대한 지금까지의 판결들에 대해, 규범적인 구체화의 재료에서 또는 규범에 해당하는 따라서 법적으로 중요한 사실에서 명백한 변경들로부터 나오는, 실제로 보다 우세한 근거들이 대립한다는 것을 증명하는 것도 당연히 가능하다. 이 영역에서 잘 근거지워진 수많은 판결들의 변경들도 그것을 증명하는 것이다.

예: *성매매계약을 일반적으로 풍속위반으로 분류하고 따라서 무효로 본 것에서 전향한 것; 감각능력을 상실한 피해자에게도 위자료 지급을 확장한 것.*

하지만 '법관법'을 적용하기 위하여 만들어진 척도들은 바로 구성요건적으로 세부화된 규정들의 범위내에서도 적용가능하다. 그것은 지금까지의 판례의 입장들의 포기에서는 물론이고, 판례에 의하여 주효한 것으로 판단된 반대논거들의 결여로 인해 그 판례를 유지하는 것에서도 나타난다.

판례변경들에 대한 예: *법률행위적으로 단순한 사실적 교부, 즉 현실적 인도를 통해 '등기 외의 소유권', 즉 미등록 소유권(außerbücherliches Eigentum)이 취득될 수 있다는 오랜 시간동안 주장되어 온 입장의 포기; 소유권 유보부로 제공된 물건을 가공한 경우*

의 효력에 대한 오래된 판례의 수정; 손해배상청구권은 이미 저마다의 손해가 발생하기 전에 시효가 시작하고 〔원문 142p〕 따라서 또한 종료될 수 있다고 하는 견해의 폐기; '제3자에 대응한 세입자의 점유의 소'를 부작위 청구권에까지 미치도록 결국 수용한 것; 제3자 청산의 사례로서 질병의 경우에 고용주의 지속적인 임금지급의 인정.

이러한 판례의 변경들이 명시적으로 여기서 주장된 이론을 근거로 하는 한 그것은 동시에 이러한 이론의 '반동적인 경향'(antidynamische Tendenz)에 관한 주장들이 유지될 수 없음을 증명하는 것이다.

하나의 판결의 주의 깊고 광범위한 심사는, 하지만 (적어도) 현재의 맥락에서도 그것의 주장가능성을 여전히 더 자주 보여주는 것이고, 따라서 그 판례를 유지하도록 하는 것이다.

판결원칙들의 유지의 예: 의사의 흠결로 인한 (단순히 법률행위가 아니라) 법원의 계약 취소(Anfechtung)의 요구; 합의된 양도배제(Abtretungsausschluss)의 절대적 효력, 예를 들어 양도금지(Zessionsverbot)라고 부정확하게도 표시됨(2005년 새롭게 만들어진 ABGB 제1396조의a는 그때까지 이러한 입장을 강화했다. 왜냐하면 그 규정은 바로 중요한 부분영역에 대한 절대적 효력을 파괴할 목적으로 도입되었었기 때문이다.); 나아가 공무원의 직무상의 책임(Amtshaftung)의 적용가능성에 관한 다수의 주장에 반하는 일반적 손해배상법에서 법원 전문감정인의 책임의 방임(Belassung der Hafung).

VI. 몇몇의 개별적인 것들

1. 법관법 적용의 단지 몇몇의 중요한 개별적인 것들은 여기서 조금 더 검토되어야만 하겠다: 법관법의 규칙, 즉 판례법에 들어 있는 법원칙·규칙은 판결선례에서 통상 법률과 유사한 규범의 형태로는 결코 언급되지 않고, 예를 들어 하나의 규정에서 요구되는 해석에 관하여 또는 그 규정의 목적에 관한 서술에서 등, **개별사건의 판단을 근거지우면서**(im Zuge der Begründung der Einzelfallentscheidung), 즉 이유를 제시하면서 종종 기술적 문장들(deskriptive Sätze)에서 언급된다. 그것의 규범적 성격과 그것의 보다 정확한 의미는 종종 사실상태와 구체적 법적 분쟁에서 소송 당사자의 법적 논증들을 배경으로 할 때 비로소 걸러져 나올 수 있는 것이다. 이러한 절차는 여기서 광범위하게 법률들의 역사적 해석과 체계적 해석을 대치하게 되어 있다. 원문 143p 물론 판례의 역사적인 발전을 밝히는 것도 중요한 참조를 제공할 수 있다. 우선 좁게 포착된 법관법의 원칙들을 (그것은 진술의 개별사례관련성으로 인해 일반적인 것이다) 중요한 것으로 인식되는 법적 차이점은 전혀 보이지 않는 유사한 사례에 유추 적용하는 것은 종종 필요불가결하다('그 때 그 때 사례에 따른 논증')(Argumentieren von Fall zu Fall).

예: 계약적 보호의무와 부조의무는 예를 들어 동거하는 가족구성원과 같이 계약(급부)과 가까운 제3자에게도 미친다.

2. 사례법(case law)의 법질서들의 예에 따르면, 판결선례에서 규범적 원칙들에는 2개의 유형이 구별된다: **'판결이유'**(ratio decidendi)와 **'방론'**(obiter dictum)이 그것이다. 판결의 결과에 대한 이유를 제시함에 있어

서 필요했던 그러한 법원의 진술들이 첫 번째 유형에는 속하고, 두 번째 유형에는 그것을 넘어서 표현된 것들이 속한다: 예를 들어 비교적 고려들의 범위에서, 가능한 미래의 사례들을 미리 선취하면서, 결과를 보다 추가적으로 설명하기 위하여, 체계적 완결성이라는 법학적 근거로부터, 또는 기타의 다른 어떤 이유로 인해서 판결이유를 넘어선 표현된 것들이 이러한 방론에 속한다. 이중적 근거지음(Doppelbegründung), 택일적 이유제시(Alternativbegründung), 그리고 보충적 이유제시들(Eventualbegründungen)은 물론 그 한계영역에 해당한다. 단순한 방론은 통상 그리 중요하지 않은 것으로 간주된다; 무엇보다 그것에는 실제 판결을 지탱하는 이유들에게 주어지는 동일한 주의가 주어질 가능성이 없기 때문이다. 따라서 만약 그것이 다른 선 판결들의 판결이유에 반대된다면 주목할 만한 것이 못되는 것이다.

그 밖의 **판결의 모순들**(Judikaturwidersprüche)은 명백하게 우월한 판결의 우위를 통해, 특히 개별적으로 '다른 것과 차이를 보이는 판결'(Ausreißerentscheidungen)에게 불리하게, 나아가 나중의 판례에 유리하게, 그리고 물론 특수한 판례규칙에 유리하게 (신판례·후판례 또는 특별판례우선) 해결하면 된다. 많은 경우 모순되는 사례규범들을 저마다 사실적으로 해당하는 사실관계에 겸억적으로 적용함으로써 그리고 좁게 파악함으로써 조화되게 하는것도 가능하다. 제거될 수 없이 모순되는 일련의 판결선례들은 자연스레 판결선례의 구속력을 배제하게 된다. 오스트리아에서는 11명의 법관으로 강화된 OGH의 재판부가 최종심으로 판단해야만 할 (OGHG 제8조*), ⟨원문 144p⟩ 바로 다음의 법적 분쟁에서는,

---

* [옮긴이 주] 오스트리아 Oberster Gerichtshof Gesetz (OGHG) 제6조에서는 대법원의 부는 재판장 1인과 4인의 대법관, 총 5인의 법관으로 구성되는 재판부(Senat)로 구성된다고

물론 (적어도) 이러한 판례의 노선 중 하나는 반드시 거부되어야만 한다.

방론에 대해서는 그 **순위가 밀린다는 것**(Nachrang)을 넘어서 판례·법관법으로서의 모든 의미를 거부할 것인지 여부가 문제로 보인다. 여기서 '이중의 이유제시'는 제한된 기속력 그 자체를 위해서는 효과가 없다는 것에 문제가 있다: 단순한 (판결문의) 진술은 물론 그것으로 특정 사람들이 그것에 상응하게 다루어졌다는 결론에 이른 것이 아니며, 달리 말해 아직도 균제(균형)성논거(Gleichmaßargument)를 위한 직접적 착안점을 제공하지는 못한다는 것이다. 다른 한편으로는 비록 판결에 중요한 것은 아니라도 명확하게 공표된 최고법원의 법적 견해는 아주 – 여러 차례 완전히 의식적으로 추구되어– 널리 알려지게 되고 따라서 법적 안정성 측면에서 아주 중요한 것일 수 있는 것이다. 이에 더하여, 어느 정도의 시간 뒤에 바로 이러한 이유로 하급심 법원들이 이미 그 판결의 표현(방론)의 의미에서 널리 알려지지 않고 따라서 그렇게 쉽게 발견가능하지 않은 판결들을 내렸거나, 법적 조언자가 방론의 의미에서, 그에 상응한 소송의 전망을 제시하며 상담의뢰인의 행동에 영향을 미치는 것도 가능한 것이다. 물론 이를 통해서 사람들은 실제 방론으로 언급된 의미에서 다루어질 수 있는 것이다. 따라서 우리는, 만약 법관법적으로 지금까지 단지 하나의 방론만이 존재하였다면 (그리고 이것이 적어도 주장가능한 것으로 보인다면), 그러한 법원의 의사표현에 **보충적 구속력**(subsidiäre Bindungskraft)을 인정해야만 할 것이다.

규정하고 있다. 제7조에서는 3인의 법관을 구성되는 재판부(Dreiersenate), 제8조에서는 이른바 증강재판부(Verstärkte Senate)라고 하여 제6조의 구성에서 추가로 6인, 따라서 11인의 법관을 구성된 재판부가 관할하는 경우를 규정하고 있는데, 동조 제1항 제1호와 제2호에서는 기존의 판례를 변경하는 경우나 대법원의 재판부의 판결들이 일치하지 않는 경우 등을 예정하고 있다.

3. 끝으로 **최고법원의 판결례가 없는 경우**에 다른 (하급심의) 법원의 판결이 보충적 기속력을 펼칠 수 있는지가 논쟁거리다. 균제성·정의 (Gleichmaß)와 법적 안정성의 요구에 상응하게 이러한 판결들이 일반적으로 접근가능하고, 달리 말해 공개되어 있다는 전제조건하에서는, 물론 이로써 최고법원의 특별한 기능을 저하시키지 않는다면, 당연히 긍정될 수 있을 것이다. 또한 최고법원도 당연히 기준이 되는 근본적 법원칙들에 구속된다. 물론 현실적 맥락에서 하나의 반대 해결책을 지지하는 보다 강한 논거들을 제공할 수 있다는 것에 확신한다면, 법관법에서 일반적인 것처럼, 말할 것도 없이 어떤 구속력도 존재하지 않는다.

하급심급 법원에 대해 최고법원의 판례에 모순들이 있는 경우는 당연히 최고법원의 판결이 우선한다. 설령 양자가 우선하는 법에 따르면 〔원문 145p〕 동일하게 주장가능한 것이라고 하더라도 그렇다. 그렇지 않으면, 동일취급과 법적 안정성이 가능한 정도에 도달할 수가 없다. 왜냐하면 이미 (하급) 심급법원들의 효력범위가 공간적으로 보다 작은 것이 분명하기 때문이다. 하급심에서는, 최고법원에 상소하는 것에 대해 절차적 제한이 존재하지 않는 한, 지속적으로 상급심이 관철되어야만 한다는 합목적성이라는 이유가 추가된다. 그것은 하지만 실체법적 관점에서는 중요하지 않은 우연성으로 평가될 수 있다.

VII. 독립된 문제로서 판례의 변경?

오늘날 유럽대륙에서의 광범위한 논의에서는 판례법의 구속력에 대한 근본적인 물음에 대해서는 입장 표명 없이 판결의 **변경**을 **독립된 문제로서** 다루고자 하는 시도가 있다는 점에서 법관법에 대한 법적 방법론의 많은 부분의 '당혹감'이 특히 명확하게 나타난다. 그러한 접근법은 하지만 방법론적 이유들로 인해 바로 배척된다. 왜냐하면 구속력문제에 대한 단지 (기본적으로 가능한) 완전한 입장들만이 판례변경에 대한 체계적으로 일관된 입장을 취할 수 있기 때문이다.

선판례가 법적으로 '무'(Nichts)를 뜻한다면, 그것은 그 변경에 대해서도 타당해야만 하고, 이러한 판례변경은 달리 말해 그 자체로 아무런 장애 없이 허용되는 것임에 분명하다. 그에 반해 판례가 고유한, 자명하게 구속적인 법원이라면 그 결론은 변경불가능성이어야만 할 것이다: 하지만 적어도 -우리가 단지 제한된 효과만으로 만족한다면- 소수의 그리고 범위를 잘 정할 수 있는 예외적인 상황들에 대해서만 변경가능성을 제한하는 것이다. 판결선례가 제한된 구속력을 가진다면 당연히 바로 그 한계가 판례변경의 허용 또는 요구에 대하여도 기준이 되어야만 하는 것이다.

만약 그 대신 외관상의 실용적 방식으로 판례의 변경이 독립적으로 고찰되고 따라서 그것에 대하여 정말 자의적 관점에서 논증된다고 한다면, 그것은 논리정연하고 따라서 체계적 법사고의 상실을 보여주는 위험한 증거이다. 체계없는-독립적인 논의의 시도라는 단순히 표면적 실용주의는 **원문 146p** 그와 관련하여 오늘날 다양하게 유행하고 있는 판례변경에 대한 '**시한폭탄(시한신관)이론**'(Zeitzündertheorie)들이 (더 심각하게는: **소급효 금지**에 대한 주제들이다) 무수하고 매우 다양한 변형태들을 보여준다는 것에서 이미 나타나고 있다.

항상 중요한 실체법적 법률문제들이 존재한다는 것을 부인할 수 없다고 하더라도 자유롭게 구성된 '소급금지'로는 그것에 대응할 수는 없는 것이다. 물론 많은 경우 전적으로 만족스러운 해결이 도대체 가능하지 않고 따라서 단지 최소한의 해악을 선택하는 것이 관건일 수도 있는 것이다.

예: 오스트리아 판례 중에서 특히 2개의 첨예화된 사례형상이 이를 분명히 보여줄 수 있을 듯하다.

1. 담보수단으로서 독립적 보증(Garantie)은 오스트리아의 법률에서는 개별적으로 법률로 규정되어 있지 않다. 따라서 종속적 보증(Bürgschaft)에 대해서는 문서의 형식이 필수적인 데 반해(ABGB 제1346조 제2항), 주의적 형식규정(warnende Formvorschrift)도 결여된 상태이다. 판례는 오랜 시간동안 또한 자유로운 형식의 (주채무와 독립적인) 보증의 의사표시(Garantieerklärungen)도 유효하다는 입장이었다. 하지만 무자비한 학계의 비판의 영향을 받은 판례는 (주채무에 종속적인) 보증형식의 보호목적은 그 추상성으로 인해 경향적으로는 심지어 엄격한 종속적 보증보다 더 위험할 수 있는 담보방식의 독립적 보증에도 전적으로 맞아떨어지며, 심지어 더 강화되어야 한다는 것을 결국 받아들였다. OGH는 따라서 비독립적 보증에 (ABGB 제7조) 유추하여 단순한 구술의 독립보증은 효력이 없는 것으로 선언했다. 그 후 법원은, 매한가지로 이미 살펴보았듯이, 보증법의 형식요구를 일관되게 보증적-채무인수에(Sicherungs-Schuldbeitritt)도 확장 적용하였다. (두 단계를 독일 연방대법원은 지금까지 실천하고 있지 않다).

2. 2015년 OGH는 자신의 생각에 부합하는 학설에 기대어 지금까

지 자신의 판결이 취했던 입장에서 벗어났는데, 거기에서 법원은 임대료할인을 근거로 한 임차인의 반환청구권을 더 이상 일반적인 30년의 소멸시효의 대상으로 하지 않고, 그러한 청구권들은 특별규정에 대한 유추를 통해 이미 3년 내에 시효 소멸하는 것으로 한 것이다. [여기서 OGH가 MRG 제27조 외에 소규모주말농장법(Kleingartengesetz)의 규범도 유추의 근거로 끌고 들어왔다는 사정은 확실히 놀라움을 자아내었다.]

원문 147p〉두 가지의 예들은 여기서 주장된, 소급금지(Rückwirkungsverbot)를 부정하는 입장에 대해서 특별히 난제이다. 왜냐하면 이 사례들은 많은 다른 사례들과는 달리, 의심할 바 없이, 진정한 **신뢰보호의 문제**(Vertrauensschutzprobleme)를 던지고 있기 때문이다: 지금까지의 판결을 신뢰한 사람은 부지불식 중에 효과적 안전장치 없는 처지에 놓이게 되거나 자신의 청구권의 완전한 실현가능성을 놀라울 정도로 **빠르게** 시효를 이유로 잃어버리게 되는 것이다. (그리고 이로써 너무 늦게 시작된 소송도 지게 된다.)

이러한 신뢰의 보호관점과 동시에 **법적 안정성의 관점**에서 몇 십 년 전부터 (물론 개별 주에 따라서 그리고 다양한 시기에 따라서 의견들이 매우 대립되었고, 지금도 그러한) 미국의 예에 따라서 특히 독일에서, 스위스에서 그리고 마지막으로 또한 오스트리아에서도, 해석 또는 법창조를 통해 근거 지워진 현존하는 판례의 규칙들에 대한 해당 법 주체들의 신뢰가 보호될 수 있는 것인지, 보호되어야만 하는 것인지, 어떻게, 어느 범위까지 그런 것인지에 관한 광범위한 논의가 생겨났다. (극단적인 입장들은 심지어 언급한 이유로 인해 형식과 시효에는 유추가 허용되지 않는 것이 정당하다고 주장하기도 한다. ABGB 제7조도 이러한 규범영역에 적용되는 것이기 때문에, 그것은 당연히 거부되어야만 한다.)

몇 십 년 전까지 유럽대륙의 법전화된 법체계에서는 법원들은 법적으로 **가능한 바르게 판단해야**만 한다는 것에 어떠한 의심도 존재하지 않았다. 무엇보다 그것은 만약 법적 사후심사결과 그들의 지금까지의 법적 견해가 해석 또는 법창조에 있어서 하나의 오류에 근거하고 있었다거나, 또는 법적 맥락에서 방법론적으로 중요한 변경의 영향을 받아, 또는 관계들의 중요한 사실상의 변경의 영향으로 옳지 않은 것이 되어버린 경우에는, 법원들은 지금까지의 입장을 포기하고 반드시 그와 달리 판결해야만 한다는 것을 의미하는 것이다.

바로 이것은 새로이, 대서양 저쪽에서 영감을 준 논의에서 많은 사람들에 의해 공격받았고, 때로는 매우 암시적인 방식으로도 공격받았다. 요구되는 것은 '소급(효)금지'이다. 가장 엄격하고 가장 논리 일관된 입장들(Variante)에서 관련 이론들은, 만약 판례가 그들의 법적 견해의 변경 필요성을 인정한다면, 판례(법원)는 그 법상황에 대한 그 새로운 확신을 〔**원문 148p**〕 우선 단순히 그 판결들에서 알리고, 하지만 사실상 해당 사례는 여전히 그들의 예전의 법적 견해에 따라 판단할 것을 요구한다; 즉 그들 자신의 현재의 확신에 따르면 의식적으로 잘못된 것이다! 이미 선고된 (그리고 공간된) 판결변경 이후에 실현된 그러한 새로운 사례들이 비로소 사실상 새로운 법적 견해에 따라 판단되어야만 하는 것이다. 사람들은 이것을, 당연히 영미법의 개념을 사용해 '**장래에 효**

력을 발생하는 판례변경'(prospective overruling*)이라고 부른다.

  -그 외에도 전적으로 이유제시와 구체화가 필요한- 판례변경에 있어서 관련 이론들이 즐겨 그에 근거하곤 하는, **법률에 있어서 소급금지와의 차이**는 이미 지금까지의 논평을 통해 명확하게 되었다; 그 차이는 분쟁사례들을 법체계에 맞게 판결하는 법원들의 주요기능에 있다. 입법자들은 더 많은 형성여지와 재량여지를 가지고 있고 여하튼, 그것이 소급적으로 규정하는 경우라고 해도, 의식적으로 잘못 판단하는 것은 아니다. 더구나 하나의 특정한 의미에서 판결은 물론 항상 그리고 필연적으로 '소급적'으로 판단한다. 말하자면 시간적으로 앞서있는 사실관계에 대해 소급적 으로 판결한다. 법률의 변경과 판례의 변경에서 소급금지를 유사하게 보는 것은 따라서 피상적이고 논거로는 적절하지 않다.

  이를 넘어서 시종일관된 소급금지 이론에 대해에는, 이미 앞서 요약된 바와 같이, 적어도 아주 주효한 논거들이 반대하고 있다. 그 이론은 실무적으로 거의 완전한 침해불가능성에 이르게 될 것이 분명하고, 도입된 판례의 규칙이 고착화되게 만들게 되고, 설령 그 이론이 아무리 잘못된 경우라도 그렇다: 서술한 의미에서 시종 일관된(철저한) 소급금지를 받아들이면 자신의 소송에서 존재하는 판례에 반대하는 사람은 기껏해야 그에게 판례가 이론적으로 결론에서는 동의하지만 실무적으로는 이미 잘못된 것으로 인정된 이전의 입장을 적용하여 소송상대방

---

* [옮긴이 주] 판례의 변경은 장래에 대해서만 효력을 미친다는 의미로 '판례변경의 미래효'·'장래효'라고 부를 수 있다. 형사법영역에서도 우리 대법원은 판례변경은 '법률'의 변경이 아니라고 하여 소급효금지원칙의 대상에서 제외시키는 해석을 하고 있다.

을 모든 후속비용과 함께 승소하도록 한다는 것을 예상할 수 있을 뿐이다. 그것은 모든 사람을 한번 형성된 판결과 싸우는 것을 두렵게 할 수밖에 없다. 왜냐하면 이로써 기껏해야 장래의 소송의 반대당사자를 돕게 될 것이고, 자신의 고유한 이익은 원천적으로 배제될 것이기 때문이다. 하지만 분쟁사례들로 부터의 계기 없이는 존재하는 원문 149p〉판례에 대한 어떠한 심사도 이루어질 수 없다. 그것은 법적으로 주장 가능한 어떤 관점에서 보아도 결코 바람직한 것이 아니다.

따라서 **소급금지**는, 많은 사람들에 의해서, 소송참가자가 처음으로 판례의 변경을 얻어낸 '동기가 되는 사례'(Anlassfall)에서는 하여간 이제부터 옳은 것으로 인정된 법 상태에 따라 그에게 유리하게 판단되어야 한다는 식으로 **약화된다**. 최고법원의 판결변경의 시점에 아직 법원에 계류 중이던 모든 다른 더 오래된 사례들에서는 그에 반해 지금까지와 같이, 즉 새로운 인식상태에 따르면 옳지 않게 판단되어야만 하는 것이다. 많은 사람들은 새로운 법적 견해는 사실 판례의 변경시에 이미 계류 중이던 모든 절차에서 작용하도록 하고, 그에 반해 나중에 비로소 법원에 도착한 '옛 사례들'(Altfällen)에서는 끌어드리지 않는 변형태를 주장한다. 적어도 하자있는 또는 의심이 되는 판례에 투쟁하는 자극을 유지하는 이러한 변형된 견해들은 제안된 해법의 **정의위반성과 평등위반성**(Gerechtigkeits- und Gleichheitswidrigkeit)에 대립하는 것이다. 사정이 비슷한 다수의 사례들 중의 하나가 얼마나 빨리 최고법원에 가게 되는지 혹은 그 중 하나가 여하튼 법원에 가게 되는지는 다수의 우연에 좌우되지만, 결코 참가자들의 이익의 보호필요성이 실질적으로 다르다는 것에 달려있는 것은 아니다. 하지만, 단순한 우연에 근거하여, 따라서 사실상의 근거 없이 저마다의 참가자들을 상이하게 취급하는 것은 자의적이고 평등위반이라는 것이다.

  소급금지이론의 정제된 사고의 조류는 모든 이러한 문제들을 아주 잘 보고 따라서 일원적 해결들을 포기하려한다: 그들의 법적 견해를 변경하기로 판단한 법원 스스로에게 임시변통적으로 하나의 경과규칙(eine Übergangsregel)을 설정하는 과제가 넘어간다는 것이다. 달리 말해 그 스스로 개별사례에서 '소급금지'가 적용되어야만 하는지, 어느 정도까지 적용되어야만 하는지를 확정하는 과제가 주어진다는 것이다. 하지만 이것을 위해 문헌에서 논구된 지침들은 당연히 매우 애매하여 구체적 사례에 대한 이러한 법원의 확정에 대해 어느 정도 신뢰할 만한 예측이 가능하지가 않다. 이러한 변형된 이론들을 주장하는 많은 사람들은 심지어 명시적으로 이를 인정하고 있다. 이것은 당연히 어떤 추가적 사전 원칙없이 단순히 법원의 재량에 맞추어져 있는 경우에만 맞는 말이다. 그렇다면 법적 안정성은 언급될 수 없다. 달리 말해, 참가자들의 지금까지의 판례에 대한 신뢰가 보호되게 되는지, 어느 정도까지 보호되게 되는지는 사실 〔원문 150p〕 애당초 전적으로 미해결인 것이다. 이미 이것은 실무적 관점에서 볼 때, 계산할 수 없는 위험으로 인해서 한번 뿌리를 내린 판결에 대한 투쟁을 거의 배제하는 것이고, 이를 넘어서 모든 소급금지이론의 기초들, 법적 안정성의 원칙들 그리고 신뢰보호의 원칙들과 전적인 모순관계가 되는 것이다: 바로 그렇기에 우리는 존재하는 판례에 대해 신뢰할 수는 없다는 것이다: 모든 것은 불확실하다는 것이다.

  이론의 기초가 그렇게 불충분한데, 그 범위에서 또한 거의 모든 **후속 질문들이 절망적으로 다투어지고 있다**는 것은 놀랄 일도 아니다. 여기서는 단지 가장 중요한 것만 말해도 될 듯하다: 판례에 대한 신뢰가 추상적으로 가능하다는 것으로 족한 것인가, 또는 소급금지의 실천적 의미를 강하게 감소시키게 되는 개별사례에서 그러한 신뢰는 사실 반드시 존재해야만 하는 것인가, 무엇이 지금까지의 판례의 중요한 내용의 구체적 인식을 전제하는가 (그렇다면 그것은 가능하다면 반드시 입증되어야만 하는 것인가)?

하지만, 이러한 소급금지이론 내부의 논쟁 문제가 시사 하는 바에 따르면, 먼저 이러한 **이론의 모든 변형태(수정이론)들에 대립하게 되는 근본적 이의제기들**이 부각된다. 여기서는 첫 번째로 -이미 고찰한- **법원의 주요기능**, 즉 그들에게 주어진 개별적 분쟁을 **법적으로 가능한 한 확실하게 근거를 가지고 판결하는** 법원의 핵심기능이 언급될 수 있다. 지금까지의 법적 견해가 옳지 않다는 인식 후에 실무적으로 어느 범위에서건 그것이 여전히 고수되어야만 한다거나, 심지어 반드시 그러해야만 한다는 것은 이와 조화되지 않는다. 신뢰의 원칙도 당연히 법질서에도 속한다고 하는 때때로의 반론은 효험이 없다. 이것은 지금까지의 판례에 대한 한 참가자의 신뢰가 (이러한 판례에 대해서는 물론이고 동시에 전자의 신뢰에 대해 어떤 식으로건 책임이 없는 바로 그 다른 사인인 참가자에게 불리하게) 보호된다는 것을 정당화할 수는 없다. 신뢰는 지금까지의 판례에 의해서 조장된 것이지, 다른 참가자에 의해 유인된 것은 아니다. 그것은 다른 참가자에게는 결코 귀속가능하지 않으며, 따라서 그것은 그의 일이 아닌 것이다.

두 번째로 모든 소급금지이론들은, 비록 범위는 다르더라도 방법론적으로 정확하게 해석된 법률의 우위 또는 경우에 따라서는 사후에 형성·창조된 **법률의 우위에 충돌하는 것이다**. 법원이 이제 〈원문 151p〉 법적 문제에 대한 하나의 새로운 해법이 지금까지보다 근거제시가 더 잘 된 것으로 인정하고, 따라서 이러한 의미에서 법적으로 옳은 것으로 인정한다면, 그렇다면 법원은 즉시 그리고 시간적인 지체 없이 이러한 관점에 따라야만 하는 것이다. 왜냐하면 그렇지 않으면 자신의 고유한 지금까지의 법적 견해에 대한 법률의 우위를 침해하는 것이기 때문이다.

모든 소급금지론에 대한 세 번째의 반론은 이미 언급한 신뢰의 관점에 대한 것이다: 왜 사실 한쪽 분쟁 당사자의 지금까지의 판례에 대한 신뢰는 존중되고 보호되어야만 하는지, 하지만 **다른 당사자의** -지금 나타난 바와 같은- **옳은 법상태에 대한 신뢰**는 그렇지 않은 것인지를 이해하기 어렵다. 이러한 신뢰에서 적어도 이러한 다른 일방은 소송에 간여하게 된다. 종종 그 사람은 이에 앞선 자신의 실체법적으로 중요한 행위에서도 이미 이러한 법적 상태에 의해 이끌렸을 수도 있다; 아마도 그 반대였던 당시의 판결의 위험을 인식하지도 못한 채 말이다. 그렇다면 그의 신뢰는 달리 말해 아마도 위험한 것이었겠지만, 당연히 옳은 대상을 가진 것이다. 실제 법 상태에 대한 신뢰보호가 아니라, 단지 판례에 대한 단순한 외눈박이 신뢰의 보호는, 전혀 주장될 수 없는 것으로 보인다.

결과는 무엇보다 가장 먼저 전적으로 부정적이다: **소급금지이론의 모든 변형태들은 거부되어야만 한다**. 법원들은 법적으로 가능한 한 근거를 잘 제시하며 판단해야만 한다는 '오래된' 견해는, 비록 이것이 분쟁의 당사자 한편에서는 판결의 지속성에 대한 자신의 신뢰에 대한 실망에 이르게 하더라도, 계속적으로 따라야만 한다. 이러한 입장은 다행히도 오스트리아 OGH에 의해서도 명시적으로 주장되고 있다.

　이미 두 개의 도입부의 사례가 암시하듯이, 이로써 판례변경의 상황에서는 물론 진지한 신뢰보호의 문제들이 제기될 수 있다는 것이 결코 부인되는 것은 아니다. 따라서 강조되어야만 할 것은, 그 외에는 그리 성공적이지 못한 소급금지에 대한 논의는 적어도 하나의 중요한 깨달음에 기여하는 문제점에 대한 인식을 가능하게 했다는 것이다: 무수한 사례들에서, 전적으로 또는 부분적으로 실체법적 차원에서, 즉 강제적이거나 예견할 수 없는 소급효금지 없이, 구제책이 강구될 수 있는 것이다. 그에 상응한 실체법적 제도와 규칙들은 물론 내용과 목적에 따라 진지하게 받아들여야만 하고, [원문 152p] 외눈박이 신뢰, 즉 단면적 신뢰보호를 위하여 도구적으로 제멋대로 처리해서는 안 되는 것이다. 예를 들어 가해자가 지금까지의 판례에 방향을 맞춘 경우 책임을 부정하는 것; 또는 예상하지 못한 추가부담을 부가하는 등의 보충적인 계약해석, 마지막으로 모든 주의를 다한 권리남용을 언급할 수 있겠다.

　예: 누군가가 자신의 보증의사를 단순히 이메일을 통해, 말하자면 ABGB 제886조*의 의미에서 서면이 아닌 방식으로 송부하였고, 이

---

* [옮긴이주] 오스트리아 일반민법 제886조는 계약의 형식(Form der Verträge)을 규정하고 있는데, "법률 또는 계약 당사자의 의사로 문서로 하기로 결정한 계약은 당사자의 서명으로, 또는 당사자들이 글을 쓸 능력이 없거나, 허약하여 그렇게 할 수 없는 경우라면, 법원에 의해 또는 공증법적으로 공증된 완전한 서명의 대용으로 사용하는 그들의 표시를 첨부함으로써 또는 두 명의 증인 중 한 사람이 당사자의 이름을 서명한, 그 두 명의 증인 앞에서 서명 대용 표시를 첨부함으로써 성립한다"(Ein Vertrag, für den Gesetz oder Parteiwille Schriftlichkeit bestimmt, kommt durch die Unterschrift der Parteien oder, falls sie des Schreibens unkundig oder wegen Gebrechens unfähig sind, durch Beisetzung ihres gerichtlich oder notariell beglaubigten Handzeichens oder Beisetzung des Handzeichens vor zwei Zeugen, deren einer den Namen der Partei unterfertigt, zustande)라고 하여 서면

미 이때 장래의 청구에 대해 형식 하자를 주장하며 방어하겠다는 고의를 가지고 있었다. 이 시점까지 판례는 형식의 자유에 대해 여전히 긍정하고 있었고, 법학문헌에서는 하지만 이미 그에 반해 결렬하게 논쟁되고 있었다.

다수의 사례에서, 예를 들어 도입부의 사례들에서, 하나의 가혹한 결과는 물론 보통의 경우 피할 수가 없다 (바로 제공된 사례유형에서와 같이 완전히 예외적인 특별한 사정들이 권리남용을 근거지우지 않는 한). 하지만 그것은 '외눈박이' 신뢰보호, 즉 편면적 신뢰보호가 암시하는 결과들에 비교할 때 사소한 해악이다. 문제상황이 애당초 분쟁 당사자측들이 영향을 미칠 수 있는 영역 바깥의 매우 불만족스런 상황을 통해, 즉 (아마도) 잘못된 것으로 포기될 판례를 통해 표시된다면, 우리는 어떻게 모든 측을 만족시키는 그리고 모든 사례에서 만족시키는 해법을 발견할 수 있다는 것인가?

결론적으로, 언급한 모든 것은 전적으로 단지 동등한 권리를 가진 당사자들 사이의 분쟁을 법에 맞게(rechtsrichtig) 판단하는 것에 맞춰져 있는 **민사법원의 일상적인 판결활동**에 적용되는 것이다: 달리 말해 아주 명확하게 사법에 해당하는 것이다. 헌법재판소를 통한 추상적 규범통제와 EuGH의 사전판단을 통한 해석 문제의 추상적 해결은 실정법적 규정들의 대상이기도 한 특수성을 가진다. 이러한 영역들은 여기서 더 이상 다루어질 수 없다.

계약형식의 유효조건을 규정하고 있다.

색인

|ㅇ|

OGHG 192

|ㄱ|

가능한 단어의 의미 99
가치평가의 경향 133
가치평가의 모순 49
'개념 뜰' 21
개념의 적용범위를 넘어선 영역 21
'개념 핵' 21
개별유추 116
결의론적 완전성 104
경과규칙 201
계획에 반하는 불완전성 106
관습법 169
권력분배와 기능의 분할 174
규범적 오류 50
균제(균형)성논거 193
균질성 187
균형·평등의 원칙 45
그네타기 113
기능변천 111, 151, 152
기판력의 주관적 한계 173

|ㄴ|

논리적('진정') 흠결 109

'논리적' 흠결 117

|ㄷ|

당연·물론추론 50
대로부터 소로의 추론 120
대소추론 119
대소추론을 사용한 유사성심사 136
대에서 소로의 추론 50
대화이론 85
동일취급원리 180
동일한 순위의 규범들의 모순 63

|ㄹ|

라드부르흐의 공식 147

|ㅁ|

모델사례 94
목적가설 42, 86
목적론적 축소 121
목적론적 환원 121
'목적론적' 흠결 108
목적론적 흠결 118
'문법적' 해석 16
물권 24

|ㅂ|

반대모델 4
'반대심사' 22
반대추론 102, 113
방론 191

법관법 156, 159
법률가의 일의 목적 3
법률에 반하는 법창조 176
법률에 반하는 의식적인 판례형성 180
법률유추 116
법률의 우위 172
법률의 홍수 37
법률흠결 103, 105
법발견 97
법실증주의 103
법에서 자유로운 영역 101
법외관주의 138
법유추 118
법의 경제적 분석 68
법의 사후형성 97
법의 창설 94
'법이념' 7
법적 안전성 179
법적 안정성의 관점 197
법적 확신 170
법적 효과의 양측면의 정당화 95
법제국주의 66
법창조 97
법통일·단일화 67
법학의 '원재료' 2
법학의 주요과제 1
법형성 97
법흠결 103
보조적(임시변통적) 구속력 이론 178
보충적 구속력 193
보충적 법창조 140
보충적 이유제시 192
보편적 법원칙 129
보편적 법적 가치 142

부정적 동의 55
부조리 논증 55, 171
부진정'(unechte) 흠결 108
분리된 해석방법 76
불확정적 법개념 188
비교법 131

|ㅅ|

사례규범 176
사례법 159
사물의 본성 50
사물의 본질 135
사물의 소여 50
사정변경의 원칙 110
사후법·규정의 우위 27
사후이행(개선)의무 77
상당성 58
선례법 159
소급금지 200
소급금지이론 203
소급효 금지 195
소멸시효 77
소비재매매-가이드라인 73
소에서 대로의 추론 50, 119
'숨겨진' 흠결 122
시한폭탄(시한신관)이론 195
신뢰의 보호 197
실정화관청 38
실정화된 헌법 7

| ㅇ |

약속은 지켜져야만 한다 111
'약자의 보호' 원칙 94
언어 경험 23
언어적 법률해석 88
역사적 해석 29
연역 19
완전성심사 132
외견상의 문제 37
'외눈박이' 신뢰보호 205
우세한 언어관용 23
원거리효 154, 182
원칙가설 86
원칙들의 형량 83, 92
원칙의 흠결 131
원칙흠결 108
유럽법규범의 해석 71
유럽법에 부합하는 해석 71
유럽사법 통일화 67
유비추리 111
유사성 심사 132
유언의 자유 90
유엔국제매매협약 79
유추 97
유추금지 13
유추를 통한 법발견 104
이중-사용-사례 76
이중적 근거지음 192
인과관련성 56
일반적 법원칙 126
일반적 부정원칙 103
일반적 예후 판단 167
일반조항 9, 188

일반조항들의 구체화 155
일원·통일적 해석의 과정 146
입법자의 특권 172

|ㅈ|

자연주의적 착오 188
자율적 해석원칙 79
전이의무 158
전체유추 118
정의위반성 200
정의의 균형 179
정의의 원칙 45
정의의 평등 184
제거-설치-사례 74
제정법(법률적 법) 172
제한된 준수의무이론 177
주관적 해석 29
중간적 해결방법 175
지침에 부합하는 해석의 우위 72
집단의사 38

|ㅊ|

철도·자동차손해배상법 48
체계-논리적 해석 24
체계적 맥락 24
최적화요구 128
추상적 규범통제 205
추정적 효력 177
침묵논증 115

| ㅌ |

택일적 이유제시 192
토픽 85
통일법 79
통제적-증명적 기능 67
특별법·규정의 우위 27
특수사례 85

| ㅍ |

판결강제 41
판결이유 191
판례법 159
판례변경 199
평등위반성 200
포섭 18

| ㅎ |

하나의 이론의 '원칙체계' 86
합목적성 179
해석독점 72
해석소재 30
행태경제학 70
'헌법합치적' 해석 60
현행법(해석)의 한계 61
협약(결탁)론 39
형평사법 122
혼합된 우연 56
환원 97
환원주의적 관점 16
효율성 179

저자 소개

프란츠 비들린스키(Franz Bydlinski)는 1931년 폴란드 리브닉(Rybnik)에서 출생, 2011년 스페인 독립령인 그란 카나리아(Gran Cararia)에서 사망한 오스트리아 법학자로 비인대학의 명예교수도 역임했다. 비인, 본, 마인츠, 그라츠, 잘쯔부르크 등 오스트리아는 물론 독일의 대학들에서도 교수직을 역임한 바 있으며 폴란드, 슬로바키아, 독일 등 다수의 명예박사학위도 수여받았다.

프란츠 비들린스키의 학문적 성과는 무엇보다 법실증주의(Rechtspositivismus), 법률실증주의(Gesetzespositivismus)에 대한 저항과 공격으로 특징지워진다. 당시 한스 켈젠 이래로 오스트리아를 지배하고 있는 법학의 시대적 사고에 대한 저항인 셈이다.

또한 그는 법률해석에 관한 논의를 발전시킨 인물로도 평가된다. 예상할 수 있듯이 법문의 자구에 따른 해석 이외에 법률의 배후에 서 있는 입법자의 이해관계나 관심사, 그리고 그들의 가치평가도 해석의 기초로 다루었다.

페터 비들린스키(Peter Bydlinski)는 현재 오스트리아 그라츠(Graz) 대학의 정교수로 1957년 Graz에서 출생하였고, 공저자인 프란츠 비들린스키(Franz Bydlinski)의 아들이다. 400편에 가까운 책과 논문을 발표했고, 민법, 상법, 회사법 등의 전문가로 특히 ABGB의 개혁작업에도 참여한 학자이다. 민법, 계약관계, 민사판례, 물권, 채권, 하자보증법 등을 강의하고 있다.

옮긴이 김성룡

경북 포항출생,
독일 뮌스터대학(NRW) 법학석사, 법학박사
2002년 -현재 경북대학교 법학전문대학원 교수,
한스켈젠 '규범의 일반이론', 프리트요프 하프트 '법수사학' 등 다수 번역 출간

법적 방법론 강요

초판 1쇄 발행 2021년 5월 18일

지은이 | 프란츠 비들린스키, 페터 비들린스키
옮긴이 | 김성룡

발행인 | 박준성
펴낸곳 | 준커뮤니케이션즈
출판신고 | 2004년 1월 9일 제25100-2004-1호
주소 | 대구광역시 중구 명륜로 129 삼협빌딩 3층
전화 | (053)425-1325
팩스 | (053)425-1326
홈페이지 | www.jbooks.co.kr

ISBN 979-11-6296-028-8 (93360)

값 19,000원

* 이 책은 저작권법에 따라 보호받는 저작물이므로 무단 전재와 무단 복제를 금하며, 이 책 내용의 전부 또는 일부를 이용하려면 반드시 저작권자와 준커뮤니케이션즈의 서면 동의를 받아야 합니다.
* 잘못 만들어진 책은 구입처에서 바꿔드립니다.